AF617795

Zumalacárregui
y la República de los Pirineos

JOSE MARI
ESPARZA ZABALEGI

ZUMALACÁRREGUI

y la República de los Pirineos

Colección de historia dirigida por

EMILIO
MAJUELO

PRIMERA EDICIÓN DE TXALAPARTA
Tafalla, diciembre, 2024

TERCERA EDICIÓN DE TXALAPARTA
Tafalla, diciembre, 2025

EDITORIAL TXALAPARTA S.L.L.
San Isidro 35
31300 Tafalla NAFARROA
Tfno. 948 703 934
info@txalaparta.eus
www.txalaparta.eus

ISBN
978-84-10246-15-7

DEPÓSITO LEGAL
NA 1909-2024

DISEÑO DE COLECCIÓN
Esteban Montorio

DISEÑO DE CUBIERTA
Joseba Beramendi

EDICIÓN
Ane Eslava

MAQUETACIÓN
Amagoia Arrastio Ágreda

IMPRESIÓN
Gráficas Iratxe
Polígono Agustinos, calle M, 5
31160 Orkoien – Navarra

txalaparta

A Mikel Sorauren, que me levantó la liebre.

A Emilio Majuelo y Joseba Agirreazkuenaga por su apoyo y consejo.

A Xabier Irujo por su epílogo.

A Fernando Pérez de Laborda, porque su libro acabó por animarme.

A José Javier López Antón, Ana Isabel Ugalde, Iñaki Azkoaga, Manuel Martorell, Juan Carlos Berrio, María Jose Ruiz, Ángel Rekalde, Iñaki Egaña, Juantxo Madariaga y Mikel Alberdi, por sus acertadas correcciones.

A mis enemigos ideológicos citados en este libro, porque sin ellos desearlo nos indican el buen camino.

Esker aunitz.

Índice

Dos vascos por la misma acera

«Ene sorleku goxoa
zendako nauzu nigarrazten?
Gorputzez bainitz urruntzen
bihotez zaitut gehiago maitatzen».

Guk Taldea

EL 29 DE OCTUBRE DE 1833, eludiendo soldados españoles y policías, un hombre euskaldun de 44 años, semiembozado, sale del número 21, hoy número 25-b en la calle del Carmen de Pamplona y se dirige por la acera izquierda hacia el Portal de Francia. Es Tomás Zumalakarregi y lleva semanas vigilado. Se ha sumado a la sublevación carlista para conseguir, entre otras cosas, que se respeten los derechos y libertades vasconavarras.

El 18 de septiembre de 1990, escapando de policías españoles, un joven euskaldun de 23 años, corre por la misma acera de la calle del Carmen de Iruñea, pasa por delante de la antigua casa de Zumalakarregi y unos metros más adelante es abatido por la espalda por disparos de la policía. Es Mikel Castillo y llevaba semanas vigilado. Se había sumado a la sublevación de ETA, para conseguir, entre otras cosas, que se respetasen los derechos y libertades vasconavarras.

No faltará quien juzgue desatinado unir lo ocurrido en esa misma acera 156 años, 11 meses y 20 días después. Sin embargo, al escribir la biografía de su amigo y camarada Zumalakarregi, el olitense Zaratiegui ya advirtió que «cuando una guerra acaba, deja ya sobre los mismos lugares el principal germen de la que debe sucederle».

Tal vez, al finalizar este libro, en esa acera de la calle del Carmen de Iruñea habremos visto más semejanzas de las que pensábamos.

Introducción

UN DÍA DE DICIEMBRE DEL 2018, el historiador Mikel Sorauren me visitó en Tafalla y puso sobre la mesa la fotocopia de una carta manuscrita que había encontrado desatando legajos de Archivo General de Navarra. Enseguida me di cuenta de que era un documento excepcional, de esos que por sí solos revolucionan la historiografía. Sin las gafas empañadas de españolismo ni las orejeras del academicismo oficial, Mikel Sorauren había hallado la piedra Rosetta para descifrar parte del jeroglífico al que muchos han reducido la historia vasca del siglo XIX.

Se trataba de la carta que el 9 de abril de 1834 escribió José Antonio Zurbano, agente de negocios de la Diputación de Navarra en Madrid, dirigida al secretario de la misma José Basset. Es decir, una comunicación al más alto nivel dentro de las instituciones navarras liberales. En el último párrafo de la misma, Zurbano le informaba que había llegado a Madrid «una proclama de Zumalacárregui en la que dice que en atención a la inadtitud [sic] y abandono con que mira la defensa de su causa Don Carlos, se declara el Reino de Navarra y provincias vascongadas en República Federal y para ello se convocarán a los estados, luego que las circunstancias de la guerra lo permitan».

Catorce meses más tarde, Tomás Zumalakarregi moría en el sitio de Bilbao, sin haber podido convocar los Estados de Navarra, ni proclamar dicha república federal, que tantos barruntos dejó sembrados. Este proyecto de federalismo vasco se adelantaba tres décadas a la primera república española y podemos considerarlo como pionero del nuevo y revolucionario concepto europeo.

La carta encontrada por Mikel Sorauren cambiaba la historia y ponía patas arriba la historiografía del país: ahora resulta que, bajo la txapela del Lobo de las Amezkoas, aparecía un carlista circunstancial y un republicano independentista y federal vasco. O podría decirse al revés, pero eso no cambiaría la importancia del hallazgo. Mikel no nos podía haber hecho mejor regalo.

Publiqué el tema en la prensa y la respuesta que obtuve osciló entre el exabrupto de los neoliberales (esos que llaman neocarlistas a los independentistas vascos o catalanes) y el escepticismo de quienes yo consideraba más proclives a alegrarse por la noticia.

Aquello sirvió para palpar el ambiente actual en una polémica que se viene arrastrando desde la muerte del gran caudillo vasco: ¿héroe de las libertades vascas o absolutista reaccionario? ¿Fueron los Fueros y su respaldo por las mayorías del país el principal motivo de su lucha, o era la defensa de la monarquía tradicional y la religión? ¿Qué hay de aquellos anhelos independentistas de los que hablan tantos y tan diversos autores? Durante mucho tiempo, gracias sobre todo a la bibliografía extranjera y a la mayoría de historiadores, parecía innegable el peso fundamental de la cuestión foral en la guerra que sostuvieron las cuatro provincias durante siete años –o todo un siglo, podríamos decir– y que incluso la idea de la independencia sobrevoló antes y después de la muerte del militar vasco. Empero, la máquina imparable de la historiografía oficial españolista, el «relato» que dicen ahora, ha ido marginando esa idea y vendiendo la imagen del carlismo vasco como mera reacción oscurantista al progreso «natural» y luminoso del liberalismo. La nula reacción ante la carta descubierta por Mikel Sorauren indicaba que nadie quería mojarse en defensa de un Zumalakarregi ahora tildado de monárquico, clerical, español y reaccionario. Una carta suelta, al cabo, no podía contradecir cuanto ya se había dicho de él.

Sin embargo, la verdad es como los corchos: no se pueden tener siempre debajo del agua. Insistí en el tema y volví a repasar toda la bibliografía consultada cuando hice mi libro *Vascosnavarros*, amén de todo lo publicado desde entonces. Y una vez más me volví a sorprender de la osadía y prepotencia que, con cuatro datos, tienen los historiadores carpetovetónicos para anatemizar la historia vasca. Y escandaliza la tibieza y los complejos con los que la gente de este país, cargada de razones, defendemos nuestra historia nacional. Muchos profesores de universidades vascas han sido frecuentemente meros altavoces del relato oficial español, cuando no sus portavoces, y han cumplido en el campo académico e intelectual el mismo propósito que los cuarteles de la Guardia Civil en el sometimiento militar: Todo por la Patria.

A la hora de escribir este libro, albergo la duda de si servirá para algo más que de desahogo personal. Aquello de que la ideología dominante es la ideología de la clase dominante bien se puede aplicar a las naciones sometidas y podemos decir que, mientras España siga siendo nuestro opresor, seguirá dominando el relato histórico, los medios de comunicación y el discurso académico, utilizando todas sus poderosas herramientas para postergar las voces disidentes e indígenas. ¿Zumalakarregi? Un retrógrado legitimista español. ¿Sentimiento nacional vasco en el siglo XIX? Inexistente. ¿Guerras forales? Monárquicas por Dios, como en toda España. ¿Independentismo vasco? Una extravagancia más de Chaho que luego asumió un racista llamado Sabino. ¿Nacionalismo vasco? Movimiento reaccionario e insolidario, que trajo como consecuencia el terrorismo separatista. Parafraseando a Valle Inclán, podemos decir que las cosas no son como son, sino como nos las recuerdan.

Parece mentira que, pese a todo lo editado honestamente sobre el origen del conflicto vasco, el relato dominante español, tanto de derechas como de sus sedicentes izquierdas, siga siendo tan burdo. Uno de sus referentes, el historiador socialista Antonio Ramos Oliveira, dijo sin despeinarse que «los carlistas no luchaban por sus libertades locales, fueros o privilegios políticos, sino por privar de la libertad a los demás españoles, por imponer el absolutismo en toda España».[1] Hemos visto editoriales de la prensa actual que en nada se diferencian de los de 1839 o de los de 1875, cuando bramaban *«Delenda est Carthago»* para abolir cualquier particularismo vasco. Es el sentimiento imperial y hegemónico español, que solo se reconoce sometiendo a sus naciones periféricas. Y siempre apoyado, ocurre en toda dominación, por indígenas pusilánimes y arribistas, prestos a ayudar al príncipe a cambio de cualquier sinecura. Abra cualquier periódico, lea *Patria*, escuche a Jon Juaristi, Savater... Están por todas partes, sosteniendo la gran mentira y medrando con ello.

Acabo de cerrar un libro de Molina Aparicio, prologado por el galardonado catedrático Fernando García de Cortázar, miembro del Patronato de Honor de la «Fundación para la Defensa de la Nación Española». Jesuita en Deusto, se suponía que la cercanía y conocimiento de su país le evitaría soltar mentiras tan burdas, como que «nadie, antes de Sabino Arana, había formulado la idea de la independencia política del País Vasco». Más vale que él mismo nos advierte que «con el paso del tiempo la historia es más fácil de manipular». Le traicionó el subconsciente.

---

1. Ramos Oliveira, Antonio, *La unidad nacional y los nacionalismos españoles*. México 1969, p. 125. Cit. Beltza, *Del carlismo al nacionalismo burgués*. Txertoa 1978, p. 20.

Para García de Cortázar, Molina Aparicio y otros «profesionales de la Historia» como se autodenominan, estabulados para más escarnio en las universidades del País Vasco, jamás hubo guerra entre vascos y españoles hasta 1968, «cuando un joven guardia civil fuese acribillado a balazos, tiro de gracia incluido, en un control de la carretera cercano a Tolosa». Ayer, como hoy, Euskal Herria no ha existido. Simplemente ha sido «la tierra del martirio español», porque España era una noble nación que optó por la libertad y el liberalismo, pero que tenía en el Norte unas gentes más cercanas «a los monos antropoides y a los simios», que lo estropearon todo. Así que poco sentido de nacionalidad moderna «podían albergar aquellos que más cerca seguían estando de los monos, sobre todo cuando demostraban esa condición salvaje tomando en masa las armas en defensa del absolutismo y la teocracia, en contra de la razón y el librepensamiento». Valores estos últimos que representaba fundamentalmente –como veremos– el Ejército español.[2] Para los liberales españoles, hacer un solo Estado centralizado era la cúspide de una humanidad en continuo perfeccionamiento, de ahí el horror que albergaron al contemplar cómo en las montañas del Norte «un reducto de campesinos de parentela troglodita se empeñaba en tomar las armas en nombre de la religión y el absolutismo», lo que demostraba «su distancia de la civilización y su cercanía al mundo de los antropoides».[3]

Este tipo de sandeces, que denotan pésima educación y falta de profesionalidad, se siguen publicando hoy día por editoriales del Gobierno español, como el Centro de Estudios Políticos y Constitucionales, y generosas becas del Gobierno Vasco. Si imitamos su fino hilo literario, nosotros también

---

2. Molina Aparicio, Fernando. *La tierra del martirio español.* Prólogo de Fernando García de Cortázar. Centro de Estudios Políticos y Constitucionales. Madrid 2005, p. 16.

3. Ibídem, p. 23.

podríamos decir que los García de Cortázar y Molina Aparicio son solo ejemplares de chimpancés que, metidos en la jaula de sus cátedras, saben que van a recibir más cacahuetes cuanto más escriban en favor de España, una, grande y libre. Aunque escriban, como hemos visto, sandeces.

Veamos qué dijeron de nosotros centenares de viajeros decimonónicos, que nos miraron con ojos más nobles y desinteresados. Y tomemos este libro como un acto de resistencia, una voz contracorriente, un dedo señalando al rey desnudo. A la espera siempre, como escribió Etxebarrieta, de los vientos favorables.

El método

> «El inconveniente de los hombres
> que no conocen el pasado
> es que no conocen el presente».
>
> Chesterton

NADA MÁS LEJOS DE MI INTENCIÓN, ni de mi preparación, que hacer un ensayo de historia al uso. Llevo décadas leyendo sobre el tema libros con todas las bendiciones académicas, que solo me han aportado vacío y sensación de ser sutilmente, y a veces toscamente, engañado. Por eso en lugares como Euskal Herria, divididos y dominados por otros Estados, se han escrito muchos libros de historia sin más soporte académico que la voluntad militante y el amor a la patria. Espoleados desde la insatisfacción que produce haber leído tantas cosas que no se creían. Desde la imperiosa necesidad de tener que investigar por tu cuenta para no recibir gato por liebre, siempre sean salvas las excepciones. «Ver lo que tenemos delante de nuestras narices requiere una lucha constante», nos dijo George Orwell.

Solo desde ese amor a la tierra madre se entienden las gafas gastadas de Arturo Campión; la temprana muerte por tuberculosis de Miguel de Orreaga, agazapada entre los sombríos anaqueles de Simancas; las horas de archivo de Manuel Irujo en su exilio británico; los ficheros interminables de Jimeno Jurío; los problemas diarios para aparcar la furgoneta de reparto junto al Archivo General de Navarra del carnicero Pedro Esarte; la audacia de un grupo de obreros para crear Altaffaylla y editar *Navarra 1936*; la búsqueda incansable de testimonios viajeros de Pérez de Laborda, tan útiles para este libro; la existencia, en suma, de cientos de monografías claves para el país, robadas al sueño de muchos artesanos de la memoria, que sabían, con Rodolfo Wash, que la verdad no solo se cuenta: se milita.

Si para relatar lo sucedido hace solo 30-50 años, cuando fuimos testigos presenciales y protagonistas directos de tantos acontecimientos, existe todo un aparato estatal, mediático, político y académico que lo oculta y tergiversa hasta hacerlo irreconocible, ¿qué nos estará contando ese mismo aparato del resto de conflictos que ha vivido Euskal Herria hace 200, 500 o mil años? Los pueblos a los que se les niega un futuro independiente deben carecer de cualquier pasado que le recuerde sus libertades pretéritas, sus anteriores intentos libertarios, sus epopeyas nacionales. Así fue el pasado, ergo así será el futuro. No fuimos, no somos, no seremos.

Por supuesto, cierta historiografía que se parapeta en nuestras universidades ha sido necesariamente un referente más para este libro, pero muy lejos de ser ningún oráculo de Delfos. Con grandes títulos académicos se han escrito, y se escriben, las mayores necedades. No entraremos a rebatirlas, al menos con sus métodos. Y más que ponernos a nadar en un mar de archivos en busca del legajo que guarda la proclama independentista que tanta gente atribuyó a Zumalakarregi aquella primavera de 1834, vamos a preguntar sobre su posible existencia a sus coetáneos que conocieron al prócer y a cuantos oyeron hablar de él, tanto en vida como tras su muerte. ¿Qué pensaban realmente los vascos y vascas sobre sí mismos y sus instituciones? ¿Cómo veían a sus vecinos españoles y franceses? ¿Hasta qué extremo les podía resultar extraña la posibilidad de una independencia de las cuatro o de las siete provincias? La cualificada opinión del general Harispe, «no se puede negar que la separación fuera algo muy fácil e incluso muy popular en estas provincias», no fue, como veremos, ninguna excepción.

Para constatar la fuerza motriz de los Fueros en las guerras decimonónicas, el ambiente popular que podía hacer factible o inviable el proyecto independentista atribuido a Zumalakarregi, y los numerosos intentos que se dieron a lo largo del siglo, nos hemos dedicado a indagarlo en los testigos que hablaron de ello. De todas las ideologías, de todos los países; involucrados unos, imparciales otros; científicos, militares, periodistas, meros viajeros románticos. Cientos de artículos, cartas y libros de gentes que estuvieron allí, donde ardía la memoria, y palparon, como Santo Tomás, las llagas más hirientes de los vascosnavarros. Gente sin contaminar por los relatos posteriores de la historiografía española o francesa. ¿Alguien se ha molestado en contar la de veces que repiten lo mismo sobre los Fueros, la conciencia nacional vasca o los deseos colectivos de independencia? ¿Por qué se les concede tan relativa importancia? A ningún historiador serio se le ocurriría investigar las rutas del mundo en los siglos XII y XIII sin consultar los relatos de Benjamín de Tudela o Marco Polo. O describir la conquista de América sin citar los cronistas de Indias. O saber del África del XIX sin leer a David Livingstone.

Euskal Herria es distinto. Sus historiadores vasco-españolistas, a base de conjeturas y palabrería, pueden ignorar o considerar «elucubraciones» todos los intentos independentistas vascos, haciendo caso omiso a los centenares de testigos de época que los vieron y los citaron con la misma naturalidad con la que escribieron de la lengua, de la pelota, de sus costumbres y romerías. Un pueblo al que se le reconoce todo tipo de peculiaridad, salvo su derecho a ejercitar esa particularidad en el plano político. Y para ello precisan olvidar y negar el pasado. No lo permitamos. Nos lo dijo Milan Kundera: «La lucha del hombre contra el poder es la lucha de la memoria contra el olvido».

Primera parte

«Las etapas de los pueblos
no se cuentan por sus épocas
infructuosas de sometimiento, sino
por sus instantes de rebelión».

José Martí

El hombre

Tomás Zumalacárregui Imaz nació el 9 de diciembre de 1788, en el caserío *Arandi* de Ormaiztegi. Su padre era escribano real, una profesión liberal que compaginaba con la agricultura y ganadería, «concediendo tanta importancia a los establos y al pajar como a la biblioteca y al despacho», según dice un biógrafo.[4] Catorce hermanos era mucha prole, que pronto quedó huérfana.

Tenía Tomás cuatro años cuando murió su padre y la familia se trasladó a la casa *Iriarte Erdikoa* del mismo pueblo. En la escuela consiguió aprender latín casi sin maestro. A los trece años su madre lo dejó en Idiazabal con un tío, para aprender el oficio de escribano. La separación de su familia, de su pueblo y amigos de la infancia, influyó en su carácter melancólico y taciturno. Sagaz observador y tenaz en el trabajo, sabía ganarse la admiración de los adultos. Hacia 1804 su madre lo envió a Pamplona, al despacho de Francisco Ollo, donde con el tiempo se enamoraría de una de sus hijas, Pancracia, que sería el amor de su vida. En la

4. Del Río Sainz, José. *Zumalacárregui.* Ediciones Atlas. Madrid 1943, p.14.

vieja Iruñea descubrió el carácter de los navarros, con los que se identificaría hasta convertirlos en el centro de su accionar político-militar.

El 9 de febrero de 1808 llegan los franceses a Iruñea y el 16 ocupan la ciudadela. La mayoría de los historiadores, probablemente para engordar el mito, dicen que Tomás se dirigió a Zaragoza para participar en su heroica resistencia. Precisan que el 8 de junio llegó a la capital del Ebro y se puso el uniforme: «Soldadito de 19 años, pálido, algo cargado de espaldas, el mirar duro y un hablar vasco ceceante. Los sargentos en las horas de la lista, tropezaban al leer su apellido», dice de él Iribarren.[5] Luego dicen que cayó prisionero en Zaragoza, que consiguió fugarse rompiendo sus ligaduras y que marchó a su pueblo natal. De allí se unió a la guerra a las órdenes de Jauregui, *Artzaia,* futuro enemigo, y tomó parte en combates y escaramuzas en Azpirotz, Oiartzun, Kanpezu, Untzue, Irurtzun o Bergara, hasta convertirse en un experto en guerra de guerrillas en los mismos lugares del país vasco-navarro que luego le harían famoso.

Sin embargo y como bien señala el historiador Mikel Alberdi, nada hay que pruebe ese paso por Zaragoza y basta ver su cartilla militar, donde ningún militar recorta sus hazañas, para ver que fue en mayo de 1812, en Loiola, donde tuvo su primera lucha contra los franceses. Es decir, que se ignora dónde estuvo Zumalacárregui en estos primeros cuatro años de guerra. Demasiado tiempo de sospechosa pasividad, de falta de patriotismo español podría decirse, como para que sus historiadores no los llenen de brillantes acciones militares en Zaragoza o Tudela, acciones que no constan en su documentación militar.[6]

---

5. Ibídem, p. 25.

6. Alberdi, Mikel. *Zumalakarregi.* Elkarlanean. Donostia 1999, p. 89.

Con 24 años, ya era teniente. Soldado ilustrado, le comisionaron para viajar hasta Cádiz, a hacer gestiones con el Gobierno, allí instalado. En Cádiz se encuentra con su hermano mayor, Miguel Antonio, famoso abogado del bando de los renovadores que urdían la famosa constitución gaditana. Su hermano le introduce entre los ministerios y covachuelas del poder y Tomás regresa de Cádiz con cargo de capitán de Infantería, lo que dio estribo a que se hablara de favoritismo.

Del Río Sainz dice que «algunos suponían que nuestro héroe compartía por este tiempo las ideas liberales de su hermano, y hasta el capitán Henningsen, que tanto le admiraba y que consagró a su vida un notable libro, recoge el rumor, negándolo por supuesto, de que en su juventud simpatizaba con los principios republicanos». Del Río afirma que «no hay un solo indicio que lo pruebe», lo cual, como veremos, también es mucho decir.[7]

El retorno de Fernando VII y la posterior derogación de la Constitución de Cádiz puso en peligro a su hermano Miguel Antonio, que procuró pasar desapercibido. No sabemos hasta qué punto las sospechas sobre su hermano alcanzarían a Tomás, dadas las buenas relaciones entre ambos. Este fue trasladado al regimiento Vitoria, que se hallaba guarneciendo Zamora y allí estaba cuando, a principios de 1820, se produjo el levantamiento de Riego en favor de la constitución de 1812. Fernando VII se adaptó hipócritamente a la nueva situación y Miguel Antonio recuperó sus cargos e influencias.

Tomás, ya casado con Pancracia, estuvo de capitán en Zamora hasta marzo de 1821. De allí a Ciudad Rodrigo. Eran días en que los cuarteles eran un hervidero político donde las logias masónicas extendían fácilmente sus tentáculos entre la oficialidad. Algunos no se explicaban que Tomás, hermano

---

7. Ibídem, p. 26.

de un diputado doceañista, reelegido de nuevo para las nuevas Cortes, no participara en aquellos saraos constitucionalistas. Otros lo excusaban diciendo que estaba condicionado por la familia de su esposa, los Ollo, navarros, beatos y poco amigos de aquella bochornera «progresista» que venía del sur. En cualquier caso, se fue convirtiendo en un sospechoso, reacio a seguir la corriente.

En 1822 estalló la guerra realista y ordenaron a su regimiento el traslado a Iruñea. Tomás seguía bajo sospecha de simpatizar con los insurrectos y un grupo de oficiales liberales pidió su destitución del Ejército, hasta conseguir que se le apartara del servicio activo. Fue entonces cuando, por segunda vez, cruzó las murallas de Pamplona y se marchó a la sublevación, a ponerse a las órdenes de Quesada.

Estuvo con los insurrectos hasta el 1 de octubre de 1823, en que el Ejército francés restablecía a Fernando VII. Era ya teniente coronel. Su hermano cayó en desgracia, pero pudo salvarse una vez más.

Tomás siguió su escalera ascendente y en 1832 fue nombrado gobernador militar del Ferrol donde se ganó numerosos enemigos por su extrema rectitud en perseguir tramas corruptas. «Basta de gavillas –escribe a su hermano Miguel Antonio–. Si fuese yo como generalmente son los hombres del día... nada me hubiera sucedido; antes al contrario, hubiese estado bien visto y con buenos miles en el baúl. Me explicaré mejor: si yo hubiese admitido las ofertas que me hicieron los interesados de aquella infernal gavilla de ladrones de que te tengo hablado, no me hubieran dado este tiro. Pero como desprecié sus dádivas, y conocían que no me vence el interés, he aquí por qué se ha conspirado contra mí para sacarme de El Ferrol, y no dudo que el dinero que contaban para ganarme, lo han derramado en otros para calumniarme». Sus enemigos consiguen apartarlo de sus cargos y dado que sus antiguos compañeros, como Quesada, no le apoyan, decide pedir la licencia ilimitada y volver a Navarra. Según escribe a su hermano el 2 de enero de 1833: «Ya no deseo más que estar en un rincón donde pueda vivir tranquilamente, libre de las tempestades políticas y de las agitaciones del mundo, y dar allí la debida educación a mis niñas».[8]

El 10 de abril de 1833 se publica la Real Orden con la sentencia del Consejo Supremo de Guerra, dándole la razón por los sucesos de El Ferrol y restituyéndole en el Ejército, pero para su sorpresa, el ministro no le recoloca y le dejan sin destino alguno.

Aparentemente, Tomás no había sido «carlista» hasta entonces. Más aún, en octubre de 1832, como gobernador político y militar de El Ferrol, llegó a sacar bandos dando vivas a Isabel, la «augusta descendencia» de la reina María Cristina. Pero pese a las buenas relaciones con su hermano, que nunca cesó en su empeño de atraerlo a su vereda, había conocido la esencia del liberalismo o, mejor dicho, del militarismo liberal español, en todos los cuartos de banderas que había pisado. La puñalada de El Ferrol había sido la gota que colmó el vaso. Si fuera cierto lo que sugiere Henningsen que «en su primera juventud tuvo una gran tendencia hacia la República»,[9] aquella primavera de 1833 Zumalacárregui volvió a Iruñea como carlista. Por descarte, por despecho, por convicción, por circunstancias... quizás un poco de todo.

En conversación con el inglés Henningsen, su mujer Pancracia contaba que era en exceso generoso. Al estilo tradicional de Navarra, toda la paga se la entregaba a ella y luego ella le daba para sus gastos. «Cualquier suma que poseyera por la mañana, había desaparecido íntegra por la noche», repartida a mansalva entre los soldados y mendigos que conocían su punto flaco. «Das más de lo que puedes permitirte», le decía

---

8. Ibídem, p. 45.

9. Henningsen, Carl-Ferdinand. *Campaña de doce meses en Navarra y Provincias Vascongadas con el general Zumalacárregui.* Madrid 1935, p. 66.

Pancracia. «Nos parecemos más a Dios cuanto más damos. Él me puede devolver más de lo que he dado, y por esto algún día seré millonario», respondía. Pero Dios no le devolvió nada, al menos en metálico, y el hombre que llegará a tener en sus manos a casi todo Euskal Herria morirá dos años más tarde en la miseria.

A primeros de junio de 1833, Zumalacárregui vivía en la pamplonesa calle del Carmen. De sus actividades sabemos que acudía con asiduidad a las tertulias de un pariente de su mujer y gran foralista, Ángel Sagaseta de Ilurdoz. También le visitaba Nazario Eguía, cesado de la capitanía general de Galicia. Entre los confabulados ya estaban Benito Eraso, de Garinoain, y Santos Ladrón, de Lumbier, antiguo guerrillero de Mina, ambos de pueblos a la sazón euskaldunes. Como ya venía ocurriendo desde la francesada de 1808, la sublevación que se preparaba iba a ser dirigida por vascoparlantes.

Las tertulias con Sagaseta de Ilúrdoz

¿Quién era Ángel Sagaseta de Ilurdoz, pariente de Zumalacárregui, cuyas tertulias pamplonesas este seguía «con asiduidad»? ¿Por qué los historiadores no han hecho hincapié en la posible influencia política que este importante personaje tuvo en el joven Tomás? Porque Sagaseta de Ilúrdoz (Iruñea, 1784-1843) era, ante todo, un patriota navarro. Fue jurista, síndico del Ayuntamiento de Pamplona y del Reino, tareas que desempeñó mostrando un genuino foralismo. Estallada la guerra, el virrey español ordenó su destierro a Valencia e incluso se le puso en la lista de deportados a Filipinas, listado del que logró escapar, aunque no pudo regresar a Pamplona. Estaba en Valencia cuando supo de la promulgación de la ley de «confirmación» de Fueros de 25 de octubre de 1839, consecuencia del Abrazo de Bergara, que puso fin a la sublevación carlista. De inmediato, escribió un memorial titulado *Fueros Fundamentales del Reino de Navarra*, en el que reclamaba el restablecimiento de su constitución política como «reino de por sí», unido *equeprincipalmente* a la monarquía. Según él, había que conservar los Fueros sin restricción alguna. El folleto fue considerado subversivo y retirado de circulación por la policía. En 1840, lo volvió a editar en Iruñea, pero los vasconavarros habían perdido su primera guerra foral, y lo que no consiguieron con fusiles no lo iban a conseguir con folletos. En 1841, con la Ley de Modificación de Fueros, Navarra perdía la mayor parte de su constitución foral.

Sus alegatos desde su destierro en Valencia son demoledores: «La ley de 25 de octubre de 1839 dice: Se confirman los Fueros de las Provincias Vascongadas de Navarra, sin perjuicio de la unidad Constitucional de la Monarquía». Eso

> destruye la existencia de por sí, y como reino independiente de Navarra; destruye aquella monarquía, y sus tres Estados y la convierte en mera provincia de otra. Esto no es confirmar los Fueros; es destruirlos en uno de sus puntos cardinales. Muy útil podría ser a España la unidad constitucional de Navarra y que este reino fuera una mera provincia, aunque privilegiada; pero la utilidad no es lo mismo que la justicia [...] Si Navarra necesita reformas, si le conviene variar la Constitución y establecer una nueva unión con la corona de Castilla, lo habrán de hacer sus tres Estados; no hay otro medio justo, legítimo, estable y político. El Reino de Navarra, legítimamente congregado, no ha autorizado a persona ni corporación alguna para que puedan variar sus Fueros; no necesita que nadie, por autoridad propia, le introduzca mejoras, aunque sean reales y efectivas; tiene derecho a gobernarse por sí; y tiene dadas pruebas inequívocas de que sabe adoptar las medidas que reclaman las luces del siglo [...] El Reino de Navarra tiene derecho incuestionable a lo que es suyo, a su Constitución, y nadie puede, obrando con justicia, quitárselo, disminuirlo o modificarlo, ni aun con sobre escrito de mejoras.

Y nada debía importar el tamaño de Navarra con respecto a España:

> Los reinos pequeños no se diferencian de los grandes en especie ni en sustancia: lo mayor y lo menor no constituyen en esta materia diversidad sustancial. El reducido reino de Portugal es igual en sus derechos e independencia al vastísimo imperio ruso. Sentado el verdadero origen y naturaleza del Reino de Navarra, es forzoso convenir que ningún otro reino, por extenso que sea, por formidable que aparezca, tiene derecho para dictar providencias al mismo.[10]

Cuando veamos a Zumalacárregui firmar el acta de Estella comprometiéndose a guardar los Fueros y cuando circulen por las cancillerías y la prensa europea sus intenciones de convocar a los tres estados del Reino para proclamar la independencia vasconavarra en forma de república federal, ¿no es lógico pensar que buena parte de estas ideas se habían pergeñado en aquellas tertulias pamplonesas?

Tomás Zumalacárregui y su esposa, Pancracia Ollo.

---

10. Sagaseta de Ilurdoz, Ángel. *Fueros fundamentales del Reino de Navarra y defensa de los mismos*. Pamplona 1840.

Comienza la gran guerra

El 29 de septiembre de 1833, al morir Fernando VII, Tomás seguía en la capital navarra sin mando y bajo vigilancia. Al enterarse el gobernador de la plaza que deseaba comprar un caballo, se lo prohibió expresamente, motivo tal vez por el que no pudo adherirse antes a la sublevación. El 15 de octubre, un cañonazo de la ciudadela anunciaba que había sido fusilado Santos Ladrón. «Aquella noche, cerca de quinientos muchachos de las mejores familias pamplonesas dejaban la ciudad para unirse en los montes al resto de los sublevados».[11] En un informe posterior al Gobierno, Quesada confiesa: «En esta capital no puede formarse la milicia urbana, pues es la población que está en peor sentido, y por lo tanto debe estar siempre desarmado este pueblo».[12] Esta es una de las confesiones que echan por tierra el pretendido carácter «liberal» de las capitales vascas: primero se vaciaron de voluntarios y fueron ocupadas por el Ejército español; luego, se formaron los cuerpos de «peseteros», nombre con el que los voluntarios realistas y carlistas llamaban a los «voluntarios» liberales, que cobraban un jornal por la defensa del ideal. Además, recibieron otras prebendas, como librar a sus hijos del servicio militar, trabajos en el ferrocarril y los estancos, etc. Sobre todo, fueron loados por la prensa y el Gobierno central, que los ponían como ejemplo de buenos vasconavarros y fieles españoles. En 1836, en su famoso libro, Henningsen, de forma un tanto extrema, los definió así:

> El cuerpo de peseteros o voluntarios de la Reina, [...] se reclutaban entre los vagos y la escoria de la sociedad, hombres condenados a presidio o escapados de él o de las

---

11. Del Río Sainz, op. cit., p. 58.

12. Pirala, Antonio. *Historia de la guerra civil y de los partidos liberal y carlista.* Turner. Madrid 1984, t. 1, p. 282.

> galeras, a los cuales se había dado la libertad y quienes se habían reconciliado con la justicia a condición de entrar en el cuerpo Libre o de voluntarios, hacia el que les atraía su afán de saqueo y venganza personal. Además de sus raciones y una peseta diaria, se les concedía carta blanca en los distritos sublevados [...] eran despreciados y aborrecidos por ambos bandos.

Rara es la guerra en la que no se repita un esquema similar.

El día 29 de octubre, el 30 según otros, la ciudadela de Pamplona acababa de bajar los puentes levadizos y las murallas abrieron sus puertas. Tomás se despidió de Pancracia y de sus tres hijas pequeñas, salió de su casa en la calle del Carmen y bajó semiembozado con su uniforme militar. Cruzó el Portal de Francia, que hoy día lleva su nombre, atravesó el Arga y en el camino de Irurzun un paisano le esperaba con un caballo. Dos horas más tarde estaba en Uharte Arakil, donde se reunió con dos afines. Al día siguiente los tres salían hacia el valle de Berrueza en busca del jefe carlista Francisco Iturralde, al que encontraron en Piedramillera.

Poco después salió comisionado hacia Vitoria en busca de armas y municiones, donde fue recibido por Valentín de Verástegui y pocos días más tarde por el marqués de Valdespina en Bilbao, impulsores de la sublevación en ambas provincias. Le ofrecieron quedarse a servir con ellos, pero él regresó a Navarra. Es cierto, como se ha repetido machaconamente por la historiografía españolista, que la primera proclama de Bilbao no hacía mención expresa a los Fueros, posiblemente por obviedad. Suelen ocultar que en las otras tres provincias los Fueros estuvieron presentes por escrito desde el primer momento: el 7 de octubre de 1833, nada más proclamada la guerra, Verástegi sacó una proclama a los alaveses advirtiendo que el triunfo de los isabelinos traería «la abolición de nuestros fueros y privilegios, y la cautividad eterna de nuestras libertades patrias». Al día siguiente, Alzáa se dirigía a los guipuzcoanos: «Despertad, vuestra inacción será criminal. Dios, nuestros Fueros, la Patria y el Rey os llaman».[13] Al mes siguiente les seguiría Navarra.

Estos primeros días hubo fuertes tensiones entre Iturralde y la oficialidad que quería traspasar el mando supremo a Zumalacárregui. Iturralde, como primer jefe en haberse levantado, exigía tener el mando de las partidas navarras, al principio mucho menos organizadas que las vascongadas. Cuando este estaba a punto de regresar a Vitoria para aceptar la oferta de servir allí, hubo una concentración de tropas en Los Llanos de Estella, retuvieron a Zumalacárregui, detuvieron a Iturralde y nombraron a Tomás comandante general interino del Reino de Navarra. En su primer discurso ante la tropa, lejos de lisonjeos, bravuconadas militaristas o promesas vanas, dijo a su gente:

> Voluntarios: desde mañana es imposible daros los dos reales de prest como se ha hecho hasta hoy. La escasez que tenemos de fondos no permite hacer por vosotros todo aquello que quisiéramos. Los únicos recursos con que contamos para proseguir la guerra, son los que ofrece el país, y de estos, la mayor parte se han consumido ya. Por lo tanto, os hago saber que en lo sucesivo no se dará de paga más que un real de vellón diario.[14]

Días más tarde, el coronel Benito Eraso aceptó el nombramiento y, resuelta la cuestión del mando militar, pasaron a organizar la parte administrativa y civil. Nombraron una junta de cinco personas relevantes que gobernaría Navarra: Joaquín Marichalar, Martín Luis Echeverría, Juan Crisóstomo de Vidaondo, Benito Díaz del Río y Juan Echevarría, vicario

---

13. Pirala, op. cit., t. 1, p. 655 / Clemente, Josep Carles. *Los carlistas*. Istmo. Madrid 1990, p. 28.

14. Zaratiegui, José Antonio. *Vida y hechos de Don Tomás de Zumalacárregui*. San Sebastián 1946, p. 53.

de Los Arcos. Con un gobierno civil constituido y un ejército, Navarra comenzó a funcionar como un estado rebelde.

El 14 de noviembre de 1833, se reúne en Estella la cúpula que dirige la sublevación. Entre ellos están los citados Marichalar y Echeverría, y con ellos firman un documento doce jefes militares: Fuertes, Ripalda, Zala, Ichaso, Ilzarbe, Zarragual, Zaratiegui, Berdiel, Zubiri, Echarte, Goñi y Ulibarri,

> quienes después de haber conferenciado largo rato unánimemente dijeron que consecuente al general levantamiento de este Reino de gente armada para sostener y defender los derechos de la corona de España al Rey Don Carlos octavo de Navarra y quinto de Castilla, se ha reunido en este punto un número de fuerza tan considerable que imperiosamente se hace necesario se encargue del mando un Gefe de conocida experiencia y pericia en el arte militar que reúna a la esencial cualidad de fidelidad a los soberanos derechos del Rey N. S. la de adhesión a los fueros y leyes de este Reino.

Copias del texto son enviadas «a la Diputación del Reino y las de las Provincias Vascongadas».[15]

Fidelidad al rey «Carlos octavo de Navarra» y adhesión a los Fueros y leyes del Reino, fue el encargo inequívoco que se le encomendó a Tomás Zumalacárregui en aquel documento que iniciaba la primera guerra carlista en Navarra. Para respaldar sus tesis, María Cruz Mina afirma en su famoso libro, *Fueros y revolución liberal en Navarra,* cantera de todas las tesis antiforalistas actuales, que «ni en las primeras procla-

---

15. Núñez de Cepeda, Marcelo. *El hogar, la espada y la pluma del general Zumalacárregui.* Vitoria 1963, p. 32. Cepeda dice «Carlos VII de Navarra y V de Castilla». En Pirala (op. cit., t. 1, p. 662), se dice que firmaron quince jefes. Sin embargo, en el original digitalizado que posee la fundación Altaffaylla solo firman doce. Faltan Francisco García, Luis Eyaralar y Juan Manuel Sarasa, que bien pudieron firmar más tarde.

Acta de Estella
del 14.XI.1933
en la que nombran jefe
a Zumalacarregi
por su adhesión
al «Rey Don Carlos VIII
de Navarra y V de Castilla»
y a «los fueros y leyes
de este Reino».

mas que se lanzaron en el País Vasco ni en los testimonios que dejó Zumalacárregui hemos encontrado ninguna declaración foral». Según la renombrada historiadora, la aparición de los Fueros en el conflicto «fue posterior a la muerte del general». Es evidente que María Cruz no leyó este nombramiento, imprescindible en la biografía de Zumalacárregui.[16]

Tampoco cita el texto, seguramente porque le rompe todas sus tesis antiforalistas, el historiador Ramón del Río Aldaz, cuya obsesión pro-liberal y anticarlista le lleva al ridículo de minusvalorar hasta las capacidades militares de Zumalacárregui, y dice que lo nombraron jefe debido a que «en tierra de ciegos el tuerto es rey».[17] Es el único autor que he conocido capaz de negar lo que todo el mundo reconoce y que ha sido motivo de estudio en las academias militares de Europa: el genio militar del guipuzcoano. Dejémosle con las obsesiones que contaminan su obra: no hay peor ciego que el que no quiere ver.

El 7 de diciembre, las Diputaciones de Vizcaya y Guipúzcoa, reunidas en Echarri Aranaz con la Junta de Navarra, «de mancomún acordaron conferirle el mando en jefe de las fuerzas vasconavarras».[18] Mientras, el ejército isabelino, al mando del general Sarsfield, se trasladó de Burgos a Logroño y desde allí marchó a ocupar Vitoria. Los voluntarios alaveses abandonaron la ciudad y se dirigieron a la Berrueza al encuentro de los navarros. Días más tarde, el ejército español ocupaba Bilbao. La brillante sublevación inicial de las tres provincias vascongadas parecía venirse abajo,

---

16. Mina Apat, María Cruz. *Fueros y revolución liberal en Navarra.* Alianza Editorial. Madrid 1981, pp. 136, 142.

17. Del Río Aldaz, Ramón. *Revolución liberal, expolios y desastres de la primera guerra carlista en Navarra y en el frente norte.* Gobierno de Navarra 2000, p. 28.

18. Núñez de Cepeda, op. cit., p. 75.

dependientes únicamente de reunir sus fuerzas en Navarra, al parecer el más sólido valladar del carlismo. Thomas Wisdom dijo que Zumalacárregui cogió el mando en una situación desesperada:

> Un príncipe cuyo paradero se ignoraba, del que no tenían más noticias que las que propalaban sus enemigos implacables; Álava sosegada; Merino derrotado; Bilbao a punto de sucumbir; los jefes naturales de la montaña fugitivos y ocultos; Navarra en dispersión... La verdad es que el conjunto de las cosas no podía ser más triste para la causa y para el partido que Zumalacárregui iba a defender.[19]

Por si alguien tenía duda de lo que estaba en juego en aquella guerra, el 24 de mayo de 1834 llegó la noticia de que el Estatuto Real se extendía a Navarra, Guipúzcoa, Álava y Vizcaya, lo que suponía la derogación de los Fueros. Los diputados liberales protestaron con vigor ante el Gobierno de Madrid y elevaron un memorial de agravios a la reina. El 22 de marzo el Marqués de las Amarillas, miembro del Consejo de Gobierno, advertía del grave error de que el Estatuto no reconociera expresamente los Fueros vasconavarros, pues sería «el único medio de anunciar con dignidad y de una manera incontrastable que no se intentaba hacer alteraciones en los *fueros*, de que aquellas provincias están en *posesión*; y nada podría ser más conveniente para separar del partido del Pretendiente a los muchos que peleando por su causa creen combatir por la de sus antiguas libertades».[20]

El 16 de junio fueron denegadas las demandas y ejecutado el Estatuto. «Con lo cual –afirma Campión–, el Reino de

---

19. Wisdom, Thomas. *Estudio Histórico Militar de Zumalacárregui*, p. 113. Jaime Del Burgo, basándose en fuentes orales, dice que Wisdom era un seudónimo bajo el que se ocultaba el escritor de Viana, Navarro Villoslada.

20. Sagaseta de Ilurdoz, op. cit., p. 19.

Navarra quedaba convertido en provincia de España, sin otro recurso pendiente que el triunfo carlista».[21] Manuel Irujo le sigue con la misma contundencia: «El pueblo vasco se afirmó en su posición política. No creyó poder esperar su libertad nacional más que del triunfo de la causa carlista y a ella se adhirió con resolución».[22]

Una guerra nacional

La historiografía oficial española oculta mayoritariamente el carácter nacional de aquel levantamiento vasco, algo absurdo para cualquier observador inteligente. Nada que no sea la defensa de su tierra, de su forma de vida, de sus instituciones y de sus paisanos puede explicar que un pueblo con unas leyes «que ninguna república democrática ha podido igualar», a decir de Evans, se pusiera en pie e hiciera frente al liberalismo español durante siete años, y obligarle a pedir humillante socorro a Francia, Inglaterra y Portugal. El historiador Manuel Tuñón de Lara es una de las notables excepciones: «Por encima de hechos aislados anecdóticos, el rasgo esencial y original que tiene la guerra carlista en Euskalherria es su dimensión popular que viene a ser, ni más ni menos, que el primer signo de formación de una conciencia nacional».

«Conciencia nacional» en el sentido decimonónico del término, cabría decir, ya que el concepto «Nación Bascongada» venía siendo utilizado frecuentemente desde el siglo XVI para referirse a todo el País Vasco. La propia Diputación del Reino de Navarra lo empleó repetidamente. En una carta de dos pliegos enviada en 1672 al Rey, dándole cuenta de

---

21. Irujo, Manuel. *Inglaterra y los vascos*. Txalaparta 2004, p. 114.

22. Ibídem, p. 85.

las «guerras de nación» en el Perú, cita hasta seis veces a la «Nación Bascongada», siempre refiriéndose a «sus hijos, y naturales, y los de las Nobilísimas Señorío de Vizcaya, y Provincias de Guipúzcoa y Alaba».[23] Además, la rebelión vasca puede inscribirse dentro de los movimientos independentistas que se estaban dando en Europa y cuyas comparanzas veremos a lo largo de este libro. Reducir la guerra carlista en el País Vasco a una «batalla decisiva entre el Antiguo Régimen y el Estado liberal», exactamente igual que se dio «en el resto de España», es una solemne tontería, con una larga estela, eso sí, de acólitos entre nuestros historiadores.

Los Fueros eran la amalgama política y ya se encargaba el Gobierno de recordarlo: en enero de 1834 el virrey Valdés advertía a los diputados navarros que «si el Reino de Navarra daba lugar a que fuera conquistado [...] además de perder el Reino sus fueros, sería completamente asolado, hasta el extremo de reducirlo a la más absoluta nulidad», palabras de las que Diputación levantó acta. El Marqués de la Amarillas, miembro del Consejo del Gobierno, reconoció en 1834 ese carácter nacional a la sublevación: «la guerra en Navarra es en el día para aquellos habitantes una guerra nacional, y con corta diferencia lo es igualmente en las tres provincias exentas». Y en fecha tan temprana, recomendaba hacer concesiones «que no podían ser otras que el respeto a las instituciones de las cuatro provincias».[24] Pese a lo que diga María Cruz Mina y todos sus epígonos, los fueros tuvieron que ver, y mucho, con la sublevación. Más aún, eran la cuestión nacional de los vasconavarros.

---

23. AGN. «Memorial de la Diputación del Reyno pidiendo castigo...», *Negocios Extravagantes*, c. 15, 17. Cit. Esparza Zabalegi, Jose Mari, *Potosí. Andanzas de un navarro en la guerra de las naciones*. Txalaparta. Tafalla 1996.

24. Rodríguez Garraza, Rodrigo. *Navarra de Reino a Provincia*. Eunsa 1968, pp. 186-190.

Los testimonios de época son abundantes y rotundos. En Bizkaia incluso, siguiendo a Pirala, cuando el general Sarsfield entró en el Señorío y amenazaba con ocupar Bilbao, Zabala y la junta carlista apelaron ante los voluntarios «a los fueros y la religión, palabras que les llenaban antes de entusiasmo». Y añadía un himno:

Marchad marchad vizcaínos [...]
juremos ante el signo
del lábaro guerrero
morir por nuestro fuero
por Carlos y la fe.[25]

Un observador del Gobierno francés, el coronel Pierre Moline Saint-Yon, destacó desde el principio de la guerra el carácter nacional que Zumalacárregui daba a la misma, que solo continuaba, a su modo de ver, gracias a la resistencia de Navarra celosa de sus Fueros.[26]

El 1 de diciembre se produjo la proclama del general Castañón: «El temple de estas Provincias ni es, ni ha sido, ni será jamás fiel ni tranquilo, entre tanto tengan el norte de sus monstruosos fueros que los constituyen en extranjeros, soberbios e ingratos». Para Manuel Irujo, «la insurrección en Vizcaya era tan poco considerable que fue completamente contenida por una fuerza de mil hombres, hasta que Castaños formalmente abolió los Fueros [...] Desde aquel momento el pueblo se levantó en masa, la insurrección hasta entonces parcial llegó a ser general e irreprimible; y en tal grado está entrelazado el amor a las antiguas libertades con su adhesión a Don Carlos, que un exacto observador de sus sucesos, que acaba de volver de la escena de acción, decla-

25. Pirala, op. cit., t. 1, p. 235.

26. Moline Saint-Yon, Pierre. *Les deux Mina*... París 1840. Cit. Garmendia, Vicent, *A mis amigos de la frontera*... Museo de Zumalakarregi 2006, p. 118.

ra, que si el príncipe, tan venerado como es en Vizcaya, se retirara de la lucha, los vascos continuarían luchando por su propia independencia».[27]

Según la historiadora Idoia Estornés, para los militares liberales no hay duda alguna: el fuero es, desde el primer día, la causa del levantamiento carlista y aparece desde esta primera proclama del general Castañón hasta la última de Espartero. Los pocos liberales vascos también se manifiestan defensores de los Fueros, pero de otra manera: el 2 de marzo de 1834 las autoridades proclaman en Pamplona a Isabel I como reina de Navarra. Según Joaquín Ignacio de Mencos, conde de Guendulain y dueño del palacio de Tafalla, solo las altas familias como la suya y los grandes comerciantes estaban a favor de la reina. Y describe de manera muy gráfica aquella coronación:

> ¡Qué contraste! Nosotros proclamamos a una Reyna legítima según la ley de Navarra [...] invocamos el nombre del Monarca; lo invocamos según nuestros antiguos usos y costumbres; y solo debemos nuestra seguridad a los muros de la Plaza, a las numerosas tropas que ese mismo Soberano envía para hacerse acatar [...] y en este momento ese nuevo general, con nuevas tropas, llega apresurado a combatir contra ese pueblo, o sea el de esta Provincia, ese en cuyo nombre hacemos esta proclamación.[28]

Donostia fue la ciudad que mayor entusiasmo mostró por Isabel II hasta el extremo de que el capitán general comunicó a su Ayuntamiento que sería «el único» que quedaría «con fueros», promesa que, de haberse cumplido, hubiera dado la paradoja de conservar los Fueros el Ayuntamiento que que-

---

27. Irujo, op. cit., p. 184.

28. Mencos, Joaquín Ignacio. *Memorias de Don Joaquín Ignacio Mencos, Conde de Guendulain. 1799-1882*. Editorial Aranburu. Pamplona 1952, p. 87.

ría modificarlos y los perdieran los que querían conservarlos a toda costa. «La emoción liberal dominó con entusiasmo en los espíritus donostiarras –nos dice José Mújica–. Banqueros, grandes propietarios, armadores, comerciantes y profesionales, abandonaron desde el primer día sus comodidades para constituir el batallón de milicianos nacionales de Isabel II».[29] En suma, los potentados y ex-negreros donostiarras, devenidos en paladines de la libertad, bien protegidos, eso sí, por el Ejército español. Solo así se hubieran atrevido a solicitar al Gobierno el cambio de las diputaciones forales por otras provinciales españolas y el quitar las fronteras vasconavarras de las costas y del Ebro. No se andaban en chiquitas los orondos donostiarras: «Dos principios están luchando en España, en Europa, en el Mundo; la libertad y el despotismo, la luz y las tinieblas; el pendón de Isabel II es el de la Civilización [...] el de Carlos V el del Santo Oficio».[30] Vivir para ver, algo tan repudiado y ajeno al territorio vasco, como la Inquisición, se convertía ahora en bandera de los vasconavarros. Nadie como aquellos liberales para colocar sambenitos.

Frente a esta minoría de ricos liberales, Pirala recoge así el ambiente popular: «Todos, ancianos, niños y mujeres, pues los demás estaban en el ejército [carlista], se aprestaban a defender el terreno que ocupaban con entusiasta resolución, pues consideraban que la invasión sería el aniquilamiento de sus hogares».[31] El repaso de las cartas y partes de guerra de los militares muestran un pueblo unánime: «Si este país no fuera tan perverso pronto daría yo cuenta de todos ellos, pero apenas damos un paso ya lo saben, pues los pueblos se avisan unos a otros por toques de campana o mensajeros»,

---

29. Mújica, José. *Carlistas, Moderados y Progresistas. (Claudio Antón de Luzuriaga).* Biblioteca Vasca de los Amigos del País. San Sebastián 1950, p. 107.

30. Ibídem, p. 292.

31. Pirala, op. cit., t. IV, p. 65.

escribía el comandante general de Viana en mayo de 1835.[32] El papel esencial de las mujeres vascas en el levantamiento, manteniendo los campos, espiando, cuidando heridos o trajinando correos y armas, es muy comentada por muchos escritores. No faltaron malsines que, desde el campo liberal, aprovecharon eso para acusar a los vascos de escasa virilidad, por cuanto estaban sometidos a sus poderosas mujeres.[33]

En Navarra, salvo dos islas liberales (la Ribera tudelana y algunos valles septentrionales) la adhesión al carlismo se dio incluso en buena parte de la Ribera meridional. Pueblos como Mendavia o Falces fueron masivamente castigados, «pero en última instancia son los listados de fugados a la facción, que llegan a cubrir a la totalidad de las generaciones entre 15 y 25 años de los pueblos, la fuente más fidedigna». Los Urbanos, llamados luego Nacionales y generalmente «peseteros», de Peralta, Villafranca, Lodosa, Azagra, Lerín... eran una minoría liberal apoyada por el Ejército, asediados en sus pueblos y desprestigiados entre sus vecinos. En Tafalla, bajo control del Ejército, en el recuento de 1835 aparecen 175 jóvenes ausentes «en la facción de los revolucionarios», mientras que solo hay nueve «sirviendo a Nuestra Señora la Reina».[34] «La facción –reconocía el comandante de Lerín en 1837– hace todo lo que le da la gana pues no hay quien le diga nada». Miembros de al menos 108 de los 264 ayuntamientos navarros fueron encarcelados o destituidos por proporcionar suministros, organizar la recluta de mozos o dejar de informar al ejército liberal.[35]

---

32. Pan-Montojo, Juan. *Carlistas y liberales en Navarra (1833-1839)*. Gobierno de Navarra 1990, p. 134.

33. Molina Aparicio, op. cit., p. 186.

34. AM Tafalla, *Gobernación*, Leg. 936. Cit. Esparza Zabalegi, Jose Mari. *¡Abajo las quintas! La oposición histórica de Navarra al ejército español*. Txalaparta 2019, p. 213.

35. Pan-Montojo, op. cit., pp. 113, 168.

No han faltado historiadores que han dedicado libros a demostrar «la otra cara del carlismo vasconavarro», negando esta adhesión voluntaria y destacando los reclutamientos obligatorios, que indudablemente se dieron en algunos momentos. Pero el interés que muestran en cuestionar ese tipo de adhesión popular es tan sospechoso como su empecinamiento en negar el carácter foral de la guerra o en repetir en sus libros hasta la saciedad el concepto «País Vasco y Navarra», sintagma sin tradición alguna, inexistente en el siglo XIX y rarísimo de encontrar antes de 1977. Para colmo, suelen ser los mismos historiadores que insisten en que en el País Vasco, «la historia se sigue usando como arma política del presente», refiriéndose, claro está, a los demás.[36]

La policía liberal en Navarra también emitía sus informes: «La rebelión que en todas partes se ha visto ser obra de una facción, allí (Vascongadas y Navarra) se presenta con todos los caracteres de popular. No es posible que sean los intereses del Pretendiente, a quien no conocen y que es harto incapaz de inspirar un fuerte entusiasmo, los que se defienden con tanta terquedad».[37] Demos por una vez la razón a la policía española: no era pues una facción, no era un partido carlista, no era un pretendiente: era todo un pueblo en armas. En definitiva, «se llegó a una situación en la que los liberales estaban en la misma posición en la que se habían hallado los franceses en 1808», reconoce el historiador Pan-Montojo. «Nosotros en la Provincia representamos el mismo papel que en aquel tiempo las tropas francesas», señalaba un informe dirigido al ministro general en jefe del Norte el mismo año.[38]

---

36. Entre otros, es el caso de autores como Rosa María Lázaro Torres (*La otra cara del carlismo vasconavarro,* 1991) o José Luis de la Granja y Santiago de Pablo (*Historia del País Vasco y Navarra en el siglo* XX, 2002).

37. Pan-Montojo, op. cit., p. 147.

38. Ibídem, p. 135.

Estas comparaciones con la invasión napoleónica las vemos también en el periódico *Schwäbischer Merkur*, de Stuttgart, cuando informaba que el mayor error del Gobierno de Madrid había sido «no declarar la conservación de los Fueros o los privilegios de aquellas provincias al aparecer los primeros guerrilleros». Y como consecuencia, añade, «la lucha allí es ahora tanto una guerra de independencia como la lucha nacional contra el dominio napoleónico, y el fugitivo Don Carlos solo sirve de consigna como el nombre de Fernando VII cuando se hallaba preso en Valencia».[39]

Ante el abrumador número de este tipo de testimonios, ¿por qué no reconocer que, incluso en mayor medida que en la francesada, hubo aquí un pueblo casi unánime, alzado contra un ejército al que consideraba, simplemente, un invasor? A estas preguntas suele responderse desde las cátedras que era el exorbitado localismo de los vasconavarros una de las ligarzas para su cohesión, fuertemente en el caso de Navarra y más débil como conjunto de Euskal Herria. Pura aldeanería, vamos, y aunque algunos ya se atreven a citar el «protonacionalismo» de Hobsbawn, se apresuran a añadir que en Navarra «no hay rastros de que fuera utilizada ni percibida como base geográfica de un proyecto nacionalista». Sería un anacronismo, añaden, pues el concepto de nación moderna se estaba gestando todavía en Europa. Cierto, pero olvidan que Euskal Herria también era Europa. Hasta Pío Baroja, para quien la guerra carlista en el fondo es barbarie, no deja de reconocer «cierta tendencia de separación de las pequeñas naciones abortadas como Vasconia o Cataluña».[40] No fueron naciones abortadas, bien lo sabía don Pío, sino Estados abortados.

---

39. *Schwäbischer Merkur*, de Stuttgart, 26.IX.1834. Tomado de Ingo Lieben.

40. Baroja, Pío. *La Nave de los locos*. Cit. Extramiana, José. *La guerra de los vascos en el 98*. Haranburu 1983, p. 347.

Una lucha de clases

> «La palabra Revolución indica vuelta, círculo, retorno. No es un avance lineal, hacia adelante. No hay posibilidad de una política, no ya revolucionaria, sino simplemente progresista, desconociendo el pasado, la historia».
>
> Miguel Bonasso

Sinceridad, al menos, no le faltaba a Mencos, mi paisano tafallés, y es impactante la imagen que retrata en Iruñea: un pueblo levantado en armas mientras la minoría liberal apenas son unos guetos de ricos propietarios amparados por el Ejército español tras las murallas de las cuatro capitales vascas. «Puede asegurarse que la opinión popular, la de la clase media en general y la de aquella nobleza más domiciliada en el país, pertenecían al Partido del Pretendiente»,[41] reconoce Mencos. «Puede temerse todo en un país en que las simpatías del pueblo son contra nosotros», escribía el virrey de Navarra a Espartero en enero de 1838.[42]

Quizás por esa amplísima base social del carlismo vasco surgen las distintas interpretaciones que historiadores de todos los signos han hecho de esta gran insurrección. Foral, prenacionalista o independentista para unos, religiosa y reaccionaria según otros, todo unido a una importante carga de rebelión social, igualitaria, de pobrerío carlista contra ricos liberales, o tal como se escenificaba entonces, del campo contra la ciudad.[43] Más allá de su palabrería idealista y dizque revolucionaria, los liberales fueron los grandes beneficiados de la guerra y de la derrota carlista. Rico, liberal y ladrón se

---

41. Mencos, op. cit., p. 83.

42. Mitchel, Georges. *El campo y la corte de Don Carlos.* Ediciones Herper. Pamplona 1997, p. 20.

43. Entre otros, Mina Apat, M. C., op. cit., p. 115; Mencos, p. 83; Extramiana, José, *Historia de*.... p. 126; Pan-Montojo, Juan, *Carlistas y liberales en Navarra (1833-1839)*, Pamplona 1990, pp. 170-174.

convirtieron en sinónimos para el campesinado y en consecuencia la guerra fue también un enfrentamiento entre ricos y pobres. «La fuerza de riqueza de este suelo está por nosotros, la numérica y moral por los enemigos», escribía el barón de Bigüezal a Fernández de Córdoba, general en jefe del Ejército del Norte. En las cuatro provincias «la inmensa mayoría de los hacendados territoriales en número, riquezas o instrucción están a favor de la Reina», leemos en el libro de Bacon.[44]

Entonces, ¿hubo defensa del feudalismo en Euskal Herria o fue una reacción anticapitalista? Sin duda alguna, el carlismo vasconavarro fue un enorme movimiento de masas opuesto al capitalismo naciente en el Estado español en el siglo XIX. Y opuesto en sus dos vertientes principales: contra el acaparamiento económico de las élites (apropiación de los comunales, control de las fronteras, nuevos impuestos) y contra la centralización del Estado mediante la abolición foral, con la imposición de las quintas como la consecuencia más impopular e ignominiosa.

Son muy interesantes algunos trabajos que muestran cómo, en los años precedentes a la primera guerra carlista, ya había en el campesinado navarro fuertes conflictos de clase contra las expresiones del régimen feudal: diezmos y rentas, privilegios fiscales. Joseba de la Torre ha investigado la rebelión que se venía gestando en Navarra a partir de la francesada, cuando los campesinos comienzan a dejar de pagar rentas feudales y eclesiásticas y se amotinan contra las ventas fraudulentas de las tierras comunales, causando el pánico entre los privilegiados. «Encontrar unos campesinos que luchan por intereses propios tira por tierra la tópica visión del campesinado ignorante y fanático en su religiosidad, siempre sumiso a las soflamas y mandatos de señores y curas, a lo que algunos historiadores han calificado presunta-

---

44. Mina Apat, op. cit., p. 115.

mente de *dirigentes naturales*».[45] Nada que ver «con las visiones tradicionales que atribuían al campesinado navarro un carácter reaccionario ante el cambio, además del fanatismo religioso y la ignorancia absoluta».[46]

Nada que objetar a las palabras de Joseba de la Torre, que las refrendo con una jota que ya se cantaba en Tafalla durante la francesada:

Cuándo querrá el Dios del cielo
que la tortilla se vuelva
que los pobres sean ricos
y los ricos coman mierda[47]

Sin embargo, se entienden menos sus conclusiones, cuando dice que a raíz de la apropiación de los comunales, en los años previos a la primera guerra carlista se «registra un movimiento campesino antifeudal y el inicio de conflictos de clase entre favorecidos y no favorecidos por ese panorama económico [...] que nada tiene que ver con el fanatismo religioso, los dirigentes naturales o la defensa de los Fueros que las visiones tradicionales han perpetuado en la explicación del final del Antiguo Régimen y el Carlismo», y descarta las tesis foralistas «para no quitar protagonismo al campesinado navarro».[48]

Entonces, Joseba, ¿cómo se entiende que ese campesinado vasconavarro, antifeudal, anticapitalista y rebelde optara en masa por tomar las armas en el bando carlista en lugar de hacerlo por el liberalismo emancipador y revolucionario? ¿Se equivocaron de bando? Parece más lógico pensar que,

---

45. De la Torre, Joseba. *Lucha antifeudal y conflictos de clase en Navarra, 1808-1820*. UPV. Bilbao 1992, p. 23.

46. Ibídem, pp. 163, 164.

47. Esparza Zabalegi, Jose Mari. *Historia de Tafalla / Tafallaren Historia*. Altaffaylla 2000, t. 1, p. 492.

48. De la Torre, op. cit., p. 167.

además de identificar el expolio de las tierras comunales con los liberales, el campesinado era consciente de que tenía con los Fueros unas condiciones de vida más ventajosas con respecto a lo que era habitual en Europa y desde luego en España: «El sistema foral representaba tal cúmulo de ventajas inmediatas que lo hacía preferible a las idealizadas ventajas que traía consigo la constitución, que se perdía en ditirambos a la libertad individual y hundía en la miseria al individuo que diariamente luchaba por sobrevivir», dice Charles Esdaile, citado por Mikel Sorauren.[49] «Mantenimiento del sistema foral, la defensa de los comunales y el rechazo al proceso desamortizador», fueron las razones fundamentales del conflicto, según se atreve a escribir hoy día, contra corriente, el historiador Sánchez Aranaz.[50]

El historiador Clemente llega a utilizar el término de «guerra revolucionaria», la que se da entre un pueblo alzado en armas frente a un Estado capitalista, con todo su poder coercitivo, ayudado además por potencias extranjeras. «Un pueblo vertebrado y convencido de la bondad de unas instituciones propias y concretas, que se moviliza en defensa de unas libertades muy definidas».[51] Joseba Agirreazkuenaga ve en esta primera guerra un carácter de «crisis de civilización», de guerra social e incluso de nacionalidad. «En este contexto el universo foral, no solamente en su dimensión política sino de organización social, se hallaba en trance de desaparición para un sector de la población», que creyó que su futuro dependía del triunfo de la monarquía absoluta.[52]

---

49. Sorauren, Mikel. *Fueros y carlistada.* Nabarralde 2008, p. 23.

50. Sánchez Aranaz, Fernando. *Carlismo. Memoria de una disidencia.* Mintzoa 2023, p. 110.

51. Clemente, op. cit., p. 39.

52. Agirreazkuenaga, Joseba. «La vía armada como método de intervención política: Análisis del pronunciamiento carlista (1833)». En *150 años del Convenio de Bergara y de la ley del 25-x-1839.* Eusko Legebiltzarra. Vitoria-Gasteiz 1990, p. 225.

El campesinado vasco, humilde pero no tonto, identificó a sus enemigos de clase en el liberalismo que engordaba en las ciudades. Y a la inversa, las autoridades isabelinas, al igual que la prensa liberal, subrayaban la pobreza, es decir la falta de «valía» de los partidarios de Carlos; por ello hablaban de los «pobres», los «infelices» o los «jornaleros»,[53] como reconoce Pan-Montojo. «El papel dirigente y movilizador jugado por los notables tradicionales en la sublevación no obsta para que se pueda atribuir al carlismo el carácter de rebelión campesina preindustrial, antiliberal y por ende implícitamente anticapitalista, pero no profeudal».[54] Curiosamente y en lo que respecta a Navarra, no fue precisamente allí donde había más riqueza donde los pobres se levantaron contra ella, sino que la zona carlista por excelencia fue aquella donde más igualitarismo económico había.[55]

Refiriéndose al trienio liberal, el historiador Josep Fontana pone el dedo en la misma llaga:

> La oligarquía comenzó a alarmarse, al advertir que las fuerzas populares que movilizaba el bando apostólico eran, potencialmente, más revolucionarias y peligrosas que las que habían combatido por el liberalismo, ya que estas, al fin y al cabo, estaban encuadradas en un programa burgués defensor de la propiedad. Los voluntarios realistas que perseguían a los ricos, identificándolos con la burguesía partidaria del liberalismo, o estos campesinos que se echaban al monte para defender el absolutismo, pero que se negaban a pagar diezmos o censos, resultaban mucho más temibles. Los terratenientes feudales hubieron de admitir que el viejo orden no podía ser restaurado y, antes que dejar que los campesinos acabasen de liquidarlo por su cuenta,

53. Pan Montojo, op. cit., p. 79.

54. Ibídem, p. 173.

55. Mina Apat, op. cit., p. 116.

> prefirieron pactar con la burguesía para la mutua defensa de sus propiedades.[56]

Pese a todo esto, existe todavía el axioma dominante de que para la formación de los Estados nación, el desarrollo y progreso de la sociedad, la implantación del capitalismo moderno, en suma, eran necesarias unas premisas intocables: la centralización del Estado, barriendo las particularidades provinciales e incluso comarcales, sobre las que se había basado una administración provincial y municipal vasca que todo el mundo, hasta los que abogaban por su extinción, juzgaban de ejemplares. Las cercanas provincias de Iparralde, cuatro décadas ya sometidas a los dictados de París, eran el mejor escaparate para mirarse. Los vascos, reaccionarios y obtusos, debían admitir las ventajas del servicio militar, seis años en Ultramar, y ver todos los años en su pueblo la urna del sorteo, tótem de la libertad patria para el nuevo Estado y patíbulo para pueblos como el vasco, que nunca la habían conocido. Era aplaudir las nuevas contribuciones, estancar la sal y el tabaco, introducir el papel sellado. Era pagar más por los alimentos y vestidos, a causa del traslado de las aduanas. Era entender que para dejar de ser siervos debían vender sus comunales, sus pastos, helechales y tierras de pan traer; vender los molinos harineros y batanes comunales, donde se pagaba en especie; suprimir los rebaños y las tablas concejiles, donde el municipio vendía la carne o el aceite de ballena; renunciar a la extracción gratuita del hierro, de la cal, el agua, la piedra, el esparto, los helechos, la caza, la leña... Convertir a comunidades dueñas de sus tierras y montes en señoríos privados al estilo de Andalucía y Castilla, donde según el nuevo credo liberal, lo revolucionario era la propiedad

---

56. Fontana, Josep. *La crisis del Antiguo régimen 1808-1833*, Barcelona. Crítica 1979, p. 48.

privada de los ricos, mientras lo comunal era una antigualla «feudal» del viejo régimen. Y bastaba desplazarse a las provincias españolas limítrofes para comparar el nivel de vida y las ventajas de los vasconavarros, dones que no había viajero que dejara de ponderar. Manuel Irujo cita a un estadounidense, censurado y expulsado de España por sus escritos, que lo reconocía así: «Los vasco navarros son las gentes más libres de España, y están tal vez más ceñidos a sus derechos y privilegios, por sus facilidades de observar la esclavizada condición de sus compatriotas».[57]

Siguiendo a Beltza, cualquier proceso histórico que se haga a través de la opresión y represión sobre las clases populares no merece el calificativo de «progresista» ni ningún «respeto histórico que le asegure la intangibilidad. El pueblo vasconavarro identificó al instante la falacia de la "causa de la libertad" que propugnaba una minoría de agiotistas, y que impuso sus "ideales" mediante las bayonetas de un ejército que se llamó a sí mismo "de ocupación"».[58]

Esta lucha de clases socapada en la Primera Guerra Carlista tuvo su continuidad en las sublevaciones siguientes. El levantamiento montemolinista que se dio sobre todo en Cataluña fue tildado de comunista y anarquista. «¿Quién habría de sospechar que la causa de Montemolín estaba enlazada con las de los comunistas franceses?», se preguntaba el *Diario de Barcelona* (13.VII.1848).[59] Ese mismo año, un militar andaluz, Antonio Ramírez Arcas, estuvo destinado en Navarra y escribió el libro *Itinerario descriptivo, geográfico-estadístico.* Hace sobre todo una definición militar del territorio,

57. Irujo, op. cit, p. 360.

58. Beltza, op. cit., p. 90.

59. Camps i Giró, Joan. *La guerra dels matiners i el catalanisme polític (1846-1849).* Barcelona. Curial 1978, p. 77.

pero no escatima elogios a la forma de vida «comunista» de los navarros:

> Al hacer la descripción de los montes de Navarra y sus accidentes, no puedo menos de recordar la situación de Europa y la lucha que se va despertando entre los que no tienen contra los que tienen, sirviendo de base para ello las doctrinas comunistas y socialistas. Los inventores de dichas escuelas debían venir a estudiar la antigua legislación navarra, respecto a comunismo, y en ella aprenderían que hay un país comunista por sus leyes, pero no comunista de lo que se tiene adquirido con el sudor y con la inteligencia, sino de lo que ha ofrecido la naturaleza. El alma del hombre filantrópico recibe una expansión al leer que entre los habitantes navarros, lo mismo el noble que el plebeyo, el poderoso que el jornalero, pueden entrar en los montes, los unos con sus ganados a que disfruten de los pastos, y todos a cortar madera y leña para sus casas. En fin, todos tienen igual derecho a pasto y leña de los montes, el terreno para fabricar casas, derecho igual de poder hacer molinos y presas en los ríos, como también sacar piedra, hacer yeso, cazar, pescar y roturar los montes... He aquí el verdadero comunismo.[60]

El historiador carlista Melchor Ferrer cuenta cómo antes de iniciarse la segunda guerra hubo contactos entre los socialistas de la Internacional y los jefes del carlismo para colaborar juntos en la sublevación. En esta época son frecuentes las referencias literarias y bibliográficas al «socialismo blanco» refiriéndose al carlismo. El estellés Joaquín María Múzquiz, diputado carlista a Cortes en 1867, advierte del «inmenso peligro que amenaza a la sociedad española el día en que

---

60. Ramírez Arcas, Antonio. *Itinerario descriptivo, geográfico-estadístico y mapa de Navarra.* Pamplona, 1848.

las masas carlistas, que son socialistas, lleguen a perder toda esperanza de restauración».[61]

Unamuno diferenció dos carlismos, «el intra-histórico y popular [...] con fondo socialista y federal y hasta anárquico» y el integrista y religioso. Para el autor de la gran novela *Paz en la Guerra*, «el revivir del carlismo no es más que un mero síntoma del regionalismo en cierto modo socialista o de socialismo regionalista».[62] Una guerra, dice, «entre la villa y el monte, entre el labrador y el mercader [...] contra los mismos que les prestaba el dinero al treinta por ciento, los que les dejaron sin montes, sin dehesas, sin hornos y hasta sin fraguas, los que se hicieron ricos comprando con cuatro cuartos y mil picardías, todos los predios de la riqueza común».[63] Unamuno reconoce amargamente que para él la burguesía no había cumplido su «misión histórica destruyendo como debiera el antiguo régimen social y político y liberando a las masas campesinas explotadas por la aristocracia terrateniente».[64] Muy al contrario, la «revolución» liberal en Euskal Herria, en nombre de la «Libertad», produjo un latifundismo que no existía anteriormente, a costa de los comunales y bienes de los pueblos, cuyas consecuencias más trágicas las sufriremos tras la II República.

La prensa liberal recogía los temores de los acaudalados. Para el *Diario de San Sebastián* (18.II.1870) los rebeldes eran tan peligrosos para la propiedad como los revolucionarios, hasta tal punto que los apodó «socialistas blancos, peores aún que los rojos».[65] En 1876, más de 130 propietarios de Navarra elevaron una queja a la diputación liberal, porque

61. Garmendia, Vicente. *La ideología carlista (1868-1876)*. Itxaropena 1984, p. 267.

62. Cit. Clemente, op. cit., p. 37.

63. Ibídem, p. 38.

64. Extramiana, op. cit., p. 302.

65. Ibídem, t. II, p. 304.

los rebeldes atentaban contra «todo principio de la propiedad y erigiendo en sistema el más repugnante comunismo».[66]

Por eso coincidimos con Beltza cuando afirma que «es un papanatismo real considerar que la "revolución burguesa" es progresista en nuestro País porque supone un paso adelante en el desarrollo de las fuerzas productivas: la real violencia sobre las masas y el carácter injusto y represivo de la sociedad salida de ella hace que la simpatía natural de quien se siente parte del pueblo, de los humildes, vaya hacia los carlistas».[67]

Quienes hemos tenido el privilegio de analizar uno a uno los fusilados en la guerra de 1936, hemos tenido ocasión de comprobar la sorprendente relación parental entre muchos voluntarios carlistas en la última guerra, los comuneros de la Restauración y las bases ugetistas y anarquistas fusiladas en masa en el 36, en ocasiones por otros que se seguían llamando carlistas. Los motines sangrientos en Olite en 1884 y 1914, o en Tafalla y Miranda en 1908 fueron liderados por los círculos carlistas frente a los ricos liberales, en una especie de continuidad de la última guerra. Lo mismo ocurrió en Dicastillo, Peralta, Falces... Más espectacular aún, en Allo, donde el Círculo de Obreros Católicos acabó transformándose, mediante asamblea, en Ateneo Libertario. El mismo giro hacia el anarquismo tuvieron los humildes de Lodosa, y la villa que amenazó arrasar el general Concha por carlista fue arrasada en el 36 por anarquista. Los Colás, la familia más representativa y represaliada del anarquismo lodosano, provenía de un oficial de la última guerra carlista. Al hijo del carlista Galo Azcárate, el gran defensor del comunal de Olite, lo fusilaron por ugetista. Larraga y Artajona eran pueblos vecinos, hermanados desde siglos con su sociedad comunal y sus sublevaciones decimonónicas. Larraga perdió el comunal, se

66. García Sanz, *El navarrismo liberal: Juan Yanguas Iracheta*. UPNA 2008, p. 164.

67. Beltza, op. cit., p. 52.

hizo comunera en la Restauración y luego socialista en 1931. Artajona conservó todo su comunal mediante una imaginativa Sociedad de Corralizas y siguió siendo carlista. Larraga tuvo 46 fusilados en 1936 y Artajona ninguno. Cuesta imaginar que los famosos 40 requetés de Artajona, que entraron los primeros en Donostia, habrían sido fusilados en el 36 si les hubieran expoliado su tierra como a sus vecinos ragueses.

Manuel Irujo, buen conocedor de los pleitos comunaleros en la Navarra meridional, escribió sobre esa conversión meteórica de las bases carlistas en izquierdistas tras la Revolución rusa y la llegada de la II República. Si por otra parte tenemos en cuenta el trasvase masivo del carlismo al emergente nacionalismo vasco –«hijo de buen carlista, buen nacionalista», se decía– entenderemos que el levantamiento requeté de 1936 poco tenía que ver con los del siglo anterior.

Un territorio, un país, un paisanaje

Desde el inicio, Zumalacárregui se refiere a un territorio, un país y un paisanaje concreto. No conozco cartas o proclamas suyas dirigidas «a los españoles» y muy pocas incluyen la palabra «España». Aunque tenga batallones castellanos, su ejército es «vasconavarro» y su comandancia es de las «Tropas Vasco Navarras»[68] y muchas veces simplemente «de Navarra». Diversos autores destacan esa animadversión por los «del bando castellano, que estaban mal vistos en el ejército carlista».[69] Así, el 29 de noviembre de 1833, ordena «atender con preferencia a todo» a las Vascongadas y al Reino de Navarra[70]. Alu-

---

68. Núñez de Cepeda, op. cit., p. 77.

69. Von Rahden, Guillermo. *Andanzas de un veterano de la guerra en España (1833-1840)*. Pamplona 1965, p. 197.

70. Núñez de Cepeda, op. cit., p. 68.

de continuamente a «este Reyno» o «al País» e incluso expone sus preferencias: «Mi principal objeto en la repartición de ascensos y empleos militares es que recaigan en naturales de este Reino como que ellos son los que hacen los sacrificios».[71]

Su confianza total en Navarra y en los navarros contrasta con la ojeriza hacia los vizcaínos, a los que parece nunca perdonó la derrota del alzamiento inicial y su retirada de Bilbao. El 17 de junio de 1834 se dirige a la «Comandancia General del Ejército Vasco Navarro» para felicitarles, añadiendo un escéptico «nunca creí hasta el día 14 que los vizcaínos fueran tan valientes».[72] Esta desconfianza queda más clara en la carta que desde Azpeitia escribe a Echeverría el 27 de junio de 1834: «Amigo: estoy harto de Vizcaya y de los Bizcainos: de ellos no hay que esperar el menor alivio, todo es una completa nulidad».[73]

Desde el bando isabelino vemos la misma mirada unitaria al país. «Navarros, Guipuzcoanos, Alaveses y Vizcaínos» es el titular de muchos de los bandos que aparecen durante la guerra, firmados por jefes militares del Gobierno, como Rodil. En otras ocasiones el titular es sustituido por el de «Habitantes de Navarra y Provincias Vascongadas». Son llamamientos a un país concreto y, pese a ser una guerra «española», es impensable encontrar en los archivos bandos similares dirigidos, por ejemplo, a «Navarros y Aragoneses», «Alaveses y Burgaleses» o «Vizcaínos y Santanderinos».

Por otra parte, la impotencia del Ejército español para contener la sublevación vasca le lleva a adoptar medidas contra todo el país, incluidos los paisanos no combatientes, con un lenguaje similar al que emplea hoy día Israel para masacrar Palestina. En un manuscrito de Francisco Linaje,

71. Ibídem, p. 146.

72. Ibídem, p. 176.

73. Ibídem, p. 181.

amigo y secretario personal de Espartero, constan ese tipo de medidas:

> 1.–Las provincias sublevadas deben ser tratadas como país conquistado y la autoridad militar no debe tener traba alguna.
> 2.–Hay que poner más guarniciones con muchos jefes.
> 3.–Hay que llevar a cabo represalias, cosa que es de gran utilidad siempre, y no respetar a los padres o parientes de quienes roban o incendian en el bando contrario.
> 4.–Arrásense todos los caseríos si sus dueños los abandonan. Fusílense a tantos rehenes cuantos asesinatos cometan, en fin, traten al país como rebelde que es.
> 5.–No se introduzcan artículos alimenticios en él.
> 6.–Créense Tribunales represivos.
> 7.–Nómbrense ejecutores y guardianes que sean verdaderos españoles que limpien.
> 8.–Fusílense dos alcaldes o regidores para empezar.
> 9.–Depórtese a los parientes de los carlistas.[74]

Y otras medidas, entre las que destacaba el no dar cuartel a los prisioneros.

El 27 de noviembre de 1834, el virrey Quesada ordenó a los pueblos de Navarra «embargar todos los bienes muebles, inmuebles, predios rústicos y urbanos» que tuvieran «a todos los padres y familiares con hijos en las filas de la rebelión carlista, sin tener en cuenta la situación social, el estado, clase o condición».[75]

Si los «verdaderos españoles» actuaban así, es fácil imaginar cómo eran vistos desde las cuatro provincias. La brutal entrada del Ejército español acabó de convencer a los tibios. Era tropa extraña, «extranjera», en terminología de la época,

---

74. Caro Baroja, Julio. *Comentarios sin fe*, 1979. Dice que lo tomó del archivo personal del general isabelino José Carratalá.

75. Santos Escribano, Francisco. *Miseria, hambre y represión. El trasfondo de la Primera Guerra Carlista en Navarra. 1833-1830.* UPDN, p. 48.

que venía a hacer la guerra al conjunto del país. En aquellos días, la «patria» en cuyo nombre se hacían tantos desmanes era extraña para los vasconavarros. La suya parecía más ligada a la *«patria, quae dicitur Wasconia»* de los anales carolingios, o al *«Pro libertate patria gens libera state»* de los Infanzones de Obanos, que a la de los liberales españoles, copiones de Francia, introducida apenas unos años antes, referida a su piel de toro y también, no lo olvidemos, a los territorios cubanos, filipinos, venezolanos y demás colonias. «La Patria, este antiguo y nobilísimo Reino de Navarra», se lee en el *Libro de Honor de los Navarros* firmado por 120.000 paisanos y paisanas en 1894, durante la Gamazada. «A Navarro Villoslada, su patria», reza todavía en su monumento, sito enfrente del hotel Tres Reyes de Iruñea. ¿Qué concepto de patria, más allá de algún compromiso diplomático, podría tener Zumalacárregui y su gente en 1833? En su artículo «Los vascos, ayer y hoy», Caro Baroja analiza así el lema carlista «Dios, Patria y Rey» de la primera guerra: «La Patria resulta claro que para muchos carlistas y no de los menos significados, fue en esencia, la tierra de donde eran: es decir, las provincias vascongadas y Navarra, donde se desencadenaron los primeros conflictos».

Eso parece mostrar la carta de Zumalacárregui a la Junta Gubernativa de Navarra, desde Arróniz, el 21 de mayo de 1834: «Cuando hayamos expulsado al Ebro la canalla, entonces pondremos a la vez todas las autoridades legítimas en el Reino».[76]

¿Al Ebro? ¿Y por qué no al Estrecho de Gibraltar? ¿Se equivocó el Tío Tomás o es que la patria unitaria del Pirineo a Gibraltar solo existía en las mentes febriles de los liberales españoles?

---

76. Núñez de Cepeda, op. cit., p. 173.

Incluso algunas de las cartas del general vasco van precedidas con el sello del escudo de Navarra. No es de extrañar que cuando más adelante veamos la correspondencia entre altos funcionarios de Navarra anunciando la proclamación de la república federal, se diga que «para ello se convocarán a los estados luego que las circunstancias de la guerra lo permitan». Los estados del todavía Reino de Navarra, se entiende.

Frente a estos datos, y muchos más que iremos viendo, se alza la historiografía españolista, encabezada por María Cruz Mina, insistiendo que «en aquel momento no existía conciencia, no solo de nacionalidad, sino tan siquiera de colectividad diferenciada, aunque objetivamente lo fuera, con voluntad política».[77] ¡Pobres vasconavarros! Sin conciencia de sí mismos, sin reconocerse diferentes, sin voluntad política... Una horda de trogloditas, que diría Molina Aparicio. Solo cabe preguntarse, como hizo con sorna Campión, si por ventura los vascos «habían salido del torno de alguna inclusa».

Zaratiegui, Bacon, Henningsen...

Antes de María Cruz Mina, cuyo libro tanto nos obnubiló cuando apenas habíamos leído del tema, no han faltado desde los primeros momentos quienes han cuestionado que los Fueros fueran el factor determinante de la sublevación y a ellos se ha agarrado como hierro ardiente buena parte de la bibliografía española y vasco-españolista. Son pocos y citaremos a los más relevantes.

Uno de los primeros testimonios es el del propio general Zaratiegui, de Olite, hombre cercano al Tío Tomás y uno de sus primeros biógrafos. En su obra *Vida y hechos de don*

---

77. Mina Apat, op. cit., p. 186.

Tomás Zumalacárregui, editada en 1845, opinaba así sobre el País y la lengua:

> Las tres provincias compañeras en la lucha de que vamos a hablar, se diferencian muy poco de la Navarra en cuanto a las costumbres; diremos más, la exceden en bondad y sencillez; sin ser unos mismos, hay también grande semejanza en sus leyes o Fueros [...] Los naturales de Vizcaya, de Guipúzcoa, y de una considerable parte de Navarra, hablan el idioma vascongado: la conservación pura de este, después de más de veinte siglos en España, es el mejor monumento, a nuestro modo de ver, para probar al mundo el valor con que defendieron siempre su independencia los naturales de estas montañas.

Pese a esa loa independentista, Zaratiegui añade desde el inicio: «Un error bastante común ha inducido a creer que los navarros tomaron las armas a la muerte de don Fernando VII no más que por defender sus Fueros [...] La guerra comenzada en este país en 1833 no tuvo otro objeto que la defensa de los derechos del entonces infante don Carlos María Isidro a la corona de España».[78] Lo de «error bastante común» ya indica cuál era la creencia de muchos contemporáneos, pero, además, sorprendentemente, unas páginas más adelante se contradice y añade que las tres provincias vascongadas acordaron en secreto sostener los derechos del príncipe «para conseguir que les guardase la integridad de su Fueros».[79] Incluso en su libro aporta como único anexo documental los Fueros de Navarra, y uno de los primeros mapas con los siete territorios de Euskal Herria.

---

78. Zaratiegui, José Antonio. *Vida y hechos de Don Tomás de Zumalacárregui.* San Sebastián 1946, p. 9.

79. Ibídem, p. 22.

Pero su mayor contradicción es el documento que él mismo firmó en Estella el 14 de noviembre de 1833, eligiendo como jefe supremo a Zumalacárregui y exigiéndole ¡la adhesión a los Fueros! ¿Cuáles fueron las razones de un cambio tan rotundo, que no suelen citar los historiadores? Probablemente porque 1833 ya no era 1845, cuando escribió el libro. Tras la guerra, en pleno ataque al sistema foral, hubo muchos, carlistas y liberales, que disimularon la razón de los Fueros como estímulo de la guerra anterior, con la comprensible intención de protegerlos. Si la sublevación no había sido por los Fueros, ¿qué sentido tenía el castigo de suprimirlos? Actitudes similares, humanas y políticamente comprensibles, veremos también al final de la última guerra carlista.

Otro de los negacionistas, y en el bando opuesto de Zaratiegui, es Bois-Le Comte, cuyo libro *Ensayo histórico sobre las provincias Vascongadas (Álava, Guipuzcoa, Vizcaya y Navarra) y de la guerra que actualmente sostienen* tradujo Martínez López. Insiste en que los Fueros no fueron «determinantes», pero pronto cae en los mismos galimatías, para acabar diciendo lo contrario. Su visión unitaria de España le fuerza a no ver particularismos en el levantamiento y sí un patriotismo «español» peculiar: «Es de notar que en las proclamas sin cuento circuladas por las provincias, ni aun alusión se ha hecho de sus fueros ni de las circunstancias locales; al contrario, respiraban todas un espíritu asombroso de nacionalidad y monarquía en sentido puramente español».[80] Además de no ser eso cierto, ocho páginas más adelante escribe que «las tres provincias y la Navarra partidarias del sistema antiguo, y con elementos para sostenerse, y no perder sus fueros

---

80. Martínez López, Pedro. *Ensayo histórico sobre las provincias vascongadas (Álava, Guipúzcoa, Vizcaya y Navarra) y sobre la guerra que actualmente sostienen.* Burdeos 1836, t. 1, p. 90. Traducción de Charles Joseph Edmond de Bois-Le Comte, *Essai historique sur les provinces Basques: Alava, Guipuzcoa, Biscaye et Navarre, et sur la guerra dont elles sont le theâtre,* Burdeos 1836.

[...] se sublevaron y tomaron las armas». En otra parte habla de la trascendencia que tienen los privilegios «*des nations basques*»[81] y de ahí la «unanimidad y tesón» de las cuatro provincias en defender la causa. Y para terminar de liarla, el diplomático antiforalista cree que el motivo de la guerra fue «esa existencia completamente independiente y aislada de la nación española; esa organización enteramente electiva que une suelo y hombres a la vez, y que miran ellos como un verdadero dominio, cuya administración les pertenece exclusivamente [...] he ahí donde reside la verdadera influencia de los Fueros, nombre que ni aun ha sido pronunciado en los diferentes gritos de insurrección».[82] Y leyendo a Bois-Le Comte uno piensa: ¿acaso era necesario pronunciarlo?

John Francis Bacon es otro de los autores de época que se pone de ejemplo para negar el papel de los Fueros en el levantamiento. Fue un liberal moderado inglés, librecambista, anticlerical, cónsul británico en Bilbao durante la primera guerra. Escribió en inglés un libro traducido al español por Víctor Luis de Gaminde y editado en Bilbao en 1838 con el título *Historia de la revolución de las provincias vascongadas y Navarra. 1833-1837*. Reconoce, como tantos, el carácter de clase del levantamiento, ya que los más ricos y hacendados eran partidarios de la reina, mientras el populacho, sobre todo las mujeres, «todas» eran «acérrimas carlistas».[83] En el tema foral, el libro en sí es un nudo de contradicciones. Afirma con rotundidad que «jamás fue inventada impostura más inverosímil que la publicada por los vascongados de que tomaron las armas por sus Fueros. Tengo ya demostrado que no es posible, y añadiré para corroborar mi aserción que

81. Ibídem, t. 1, pp. 15, 90, 98.

82. Ibídem, pp. 234, 258.

83. Bacon, John Francis: *Historia de la revolución de las provincias vascongadas y Navarra. 1833-1837*. Txertoa. San Sebastián 1973, p. 170.

basta leer las proclamas dadas y firmadas en Bilbao por Valdespina, Batiz y Zabala. No se mencionan en ellas ni una sola vez los Fueros y lo que descubren es un llamamiento a los españoles a fin de que escuden al altar y al trono y lidien por Carlos v y la Religión [...] La que dio Eraso en Burguete el 17 de octubre de 1833 habla de Religión y de los sagrados derechos del Rey, pero ni una sola palabra de fueros [...] Necesitaban aunar la causa suya con la de los carlistas españoles».[84] O sea, que si no nombraban los Fueros era por no hacer fisuras con el partido carlista español.

Es evidente que Bacon tampoco tuvo noticia de la proclamación foralista de Estella, ni la de Verástegui en Álava, ni la de Alzáa en Guipúzcoa. Además, en su libro da muchas pistas que ponen en duda sus propios asertos. Según Bacon, «Don Carlos vive bien persuadido de que la nación española en su totalidad odia ciegamente» los Fueros, pero que se veía compelido por los vascos a respetarlos en contra de su voluntad. Incluso los usaba «para adquirir ascendiente en el espíritu de la población».[85] ¿En qué quedamos otra vez? Al final, estira el argumento de que el levantamiento no fue foral, y que «no hay nada en común entre la rebelión de las provincias vascongadas y los Fueros que poseían», pero cuando el carlismo vio que su sublevación no surgía en el resto de España, «se apropiaron del título de un pueblo virtuoso que lidiaba por la obtención de sus antiguas leyes y libertades».[86] ¿Se entiende el galimatías? El motivo inicial no fueron los Fueros, pero luego los usaron para hacerse mártires y movilizar a las cuatro provincias. Es la misma tesis, calcada, que se repite en publicaciones actuales y de la que se desprende una conclusión totalmente contraria a la que pretenden: el

---

84. Ibídem, p. 145.

85. Ibídem, p. 115.

86. Ibídem, p. 133.

pueblo luchaba por sus libertades, pero a todos los centralistas españoles les interesaba ocultarlo. Y lo siguen haciendo.

El absurdo de separar la causa foral con la de la sublevación se comprueba cuando Bacon se pone a enumerar la felicidad de los vascos con sus fueros.

> Las provincias desconocen las personas privilegiadas, por la sencilla razón de que en ellas abundan los propietarios independientes; al propio tiempo que llenan de admiración sus ayuntamientos, en los que rige una organización tan excelente y bien temperada a las necesidades y deseos del pueblo, que no podría inventarse otra que la sustituyese, ni cosa que fuese más apetecida de sus habitantes. No sucede lo mismo en el resto de la Península [...] en las provincias exentas, sin más impuestos que los que ellas determinan, libre de la plaga de un ejército permanente, desprendidas de todo empleado real que no sea su Corregidor, y de clero de mayor auge en su recinto que el de los curas de almas y los religiosos de unos pocos conventos, en estas provincias favorecidas por la equilibrada distribución de los terrenos, que las ponen en el caso de ignorar hasta cierto punto los extremos opuestos de opulencia y pobreza, es donde ve uno la identidad de lo que en tiempo de su mayor prosperidad fueron las pequeñas Repúblicas de Grecia y de la Italia. [...] los ciudadanos de las Provincias Vascongadas son hombres libres, y los de España unos meros rebaños, maltratados y restringidos al antojo de sus amos.[87]

Y cabe preguntarse: viviendo en el paraíso que él mismo describe, ¿cómo puede decir Bacon que los vascos no se levantaron para defenderlo?

El escocés Carl-Ferdinand Henningsen fue uno más que puso en duda el carácter foral del alzamiento, aunque también con matices. Fue capitán de lanceros, voluntario del ejér-

---

87. Ibídem, p. 75.

cito de Zumalacárregui y como legitimista le costaba aceptar otras motivaciones para la guerra que la de los derechos monárquicos. En 1836, publicó en Londres la obra *Campaña de doce meses en Navarra y Provincias Vascongadas con el general Zumalacárregui.* El cuadro que pinta del país sin embargo no deja dudas sobre su peculiaridad: los habitantes de este pequeño reino de Navarra «miran a los demás españoles más bien como súbditos que como compatriotas».[88]

En común con sus vecinos de las Provincias vascas, Álava, Guipúzcoa y Vizcaya, el navarro forma parte de los restos de un antiguo pueblo cuyo origen se pierde en la obscuridad de los tiempos; pero en tanto en cuanto puede descubrirse desde que la historia existe, él ha sido independiente, inconquistado, y conserva hasta el día de hoy su propia lengua, una lengua que no tiene afinidad con ninguna de las que yo conozco.[89]

Hennigsen duda que los Fueros fueran la razón del levantamiento vasco, mas afirma que la inmensa ventaja que tenía el ejército carlista era la simpatía de los habitantes por su causa. En cualquier sitio encontraba el carlista un hogar y una ayuda; y los liberales, terribles y decididos enemigos. El «pesetero» o «negro», es decir, el paisano que luchaba al lado del ejército de la reina, era odiado por la mayoría de la población «como si la marca de Caín estuviera grabada en su frente».

«Las provincias del norte –sigue Henningsen– solo pueden ser sometidas por el exterminio de la población masculina, el trasplante de las familias, el incendio de las cosechas y la destrucción de toda habitación humana» y remarca «el orgullo que siente, con toda la población, de llamarse a sí mismo navarro». También destaca otras particularidades forales, como la de las quintas: «No habiendo en Navarra, como lo

88. Henningsen, op. cit., p. 40.

89. Ibídem, p. 53.

hay en otras partes de España, reclutamiento, no se exigen quintos y, sin embargo, en casos de guerra, ninguna de las provincias ha tenido tan numerosas y valientes tropas».

A pesar de sus dudas, reconoce que «los periodistas han dicho en público muchas veces que los insurrectos luchan con tal éxito y determinación, no por la causa de Carlos v, o por ningún sentimiento que se aproxime al realismo, sino por sus propios fueros y derechos. Parece esto altamente plausible y probable; sin embargo, de hecho, para la inmensa mayoría, ello no constituía un incentivo adicional a su celo o entusiasmo, aunque las Provincias se hallaban ciertamente a punto de ver sus privilegios cercenados. Entre los que en la actualidad luchan con las armas, ni uno entre veinte conoce el significado de la palabra Fueros, aunque esta sea familiar a su oído».[90]

¿Podían ser tan ignorantes aquellos aldeanos, alzados masivamente en armas, como para no saber que con sus leyes, costumbres o fueros –llamémosles como queramos– no tenían la carga de las quintas, no pagaban contribuciones al Estado, tenían libre comercio con Francia, disfrutaban de sus comunales y, en definitiva, tenían una independencia, una administración y un nivel de vida que no gozaban ni de lejos allende el Ebro?

Además, el propio Henningsen descarta que la religión fuera motivo de la guerra: «Yo dudo de que ni aún la excomunión de la Iglesia hubiera hecho que un Navarro abandonase las armas». Y añade que se impregnó tanto de la adhesión popular al Tío Tomás, «que si Don Carlos hubiese abandonado su propia causa,» él «hubiera seguido a Zumalacárregui».[91] ¿A dónde?, cabría preguntarle. Si quitas de la ecuación la religión y los santos derechos dinásticos, ¿qué quedaba sino la

---

90. Ibídem, pp. 14, 56, 57.

91. Ibídem, pp. 6, 8.

unión a Francia, o hacer una la república independiente, la Suiza de los Pirineos de la que tanto se hablaba?

En resumidas cuentas, pese a sus partidismos, contradicciones y endebles argumentos, Zaratiegui, Bois-Le Comte, Bacon y Henningsen son los autores coetáneos más citados para negar la raíz foral de la primera guerra. Y se minimiza o ignora la abrumadora mayoría que, como veremos, testificó lo contrario y con muchos menos titubeos y contradicciones. Además, es conocida la actitud de grandes potencias aliadas del carlismo, que animaban a recuperar los Fueros, porque ya tenían experiencia en situaciones peculiares como Polonia o Silesia. En septiembre de 1834 el diario *Karlsruher Zeitung* de Baden-Baden cita al *Morning-Herald*, según el cual Rusia, Austria, Prusia, Roma, Sardinia y Nápoles habrían enviado una nota a Madrid para restablecer la paz y que dichas potencias «se encargarían de restablecer la tranquilidad en las provincias vascas y Navarra garantizando la conservación de sus derechos y privilegios».[92]

Hasta tal extremo había consciencia de que la defensa de los Fueros era la causa del levantamiento que, repetidamente, se hacen advertencias al Gobierno de no provocar más la sublevación con medidas antiforales. En febrero de 1835, la Diputación liberal de Navarra escribió al Gobierno para que fueran suspendidas las medidas de estancar la sal y el tabaco, e introducir el papel sellado, por la «horrorosa influencia que ha de tener a favor de los rebeldes, que sabrán aprovecharse de ella para hacer mayor su partido presentando a los pueblos la imagen ominosa de la destrucción de los fueros».[93]

En Inglaterra, el premier Palmerston advertía en 1838, lejos todavía del final de la guerra, de la conservación de los Fueros como garantía de la paz vasca. Francia también era

92. *Karlsruher Zeitung*, Baden-Baden, 16.IX.1834. Tomado de Ingo Lieben.

93. Sorauren, Mikel. *Historia de Navarra, el estado vasco.* Pamiela 2008, pp. 304, 305.

consciente de que los Fueros eran la base fundamental. Hasta en la proclama que difundió Espartero en 1837, dirigida a los cuatro territorios, insistía que era mentira que el Gobierno tuviera intención alguna de suprimirlos.[94] «¿Y cómo podría suceder tal error bajo un régimen de instituciones como el que rige a la nación española, fundado en leyes tan libres como las que os han hecho felices tanto tiempo?», se pregunta. Los Fueros vascos, según Espartero, eran incluso el espejo en el que se miraban los liberales españoles. Mera propaganda de guerra, pero confirma que poner en duda el papel determinante de los Fueros vasconavarros en las sublevaciones del siglo XIX es uno de los mayores disparates de la historiografía dominante.

«Lo foral –nos dice Idoia Estornés– es el elemento mayor de la Primera Guerra Carlista en el País Vasco. Nada se explica sin su existencia. Lo foral, en cambio, lo explica casi todo. Nada puede explicarse sin referencia a las viejas leyes e instituciones nativas».[95] El historiador Manuel Martorell redondea esta idea diciendo que tampoco era necesario ninguna referencia explícita a los Fueros para afirmar que estos estaban en los orígenes de la insurrección: la defensa del «antiguo orden» significaba en Euskal Herria defender las antiguas formas de autogobierno, las antiguas formas de representación, las antiguas formas de vida y de organización social, que la población veía amenazadas por el liberalismo.

Al final, coincidimos con el historiador Garmendia en que la mayoría de los testimonios que minimizan la importancia de los Fueros son para desconfiar. La historiografía neoliberal, dominante en la actualidad, ha negado su importancia hasta la caricatura. Siempre prefirieron identificar al carlismo con el absolutismo y la teocracia, y no con los Fue-

---

94. Ibídem, p. 43.

95. Estornés Zubizarreta, Idoia. *Carlismo y abolición foral.* Auñamendi 1976, p. 38.

ros cuyos méritos eran cantados desde Rousseau, los liberales de Cádiz o republicanos como Pi y Margall. Paradójicamente, muchos de los defensores de los Fueros tuvieron luego interés en disminuir su papel en la guerra, para demostrar que su abolición era una sanción injusta y sin motivo.[96]

Zumalacárregui, *L'âme de l'Eskualerria*

El 28 de diciembre de 1833, Zumalacárregui se decide a presentar batalla abierta en Nazar. Thomas Wisdom narra el entusiasmo de sus tropas «que con alegres cánticos saludaron la nebulosa aurora, y permanecieron luego en el mismo estado de ánimo vitoreando frenéticos a los ídolos de su devoción, al Rey Carlos, Zumalacárregui, los Fueros de Navarra y el antiguo derecho español».

En Nazar lanzó una alocución a sus tropas anunciando graves castigos a quien sin expresa orden diese la espalda el enemigo. A inicios de enero de 1834, ocupó los valles de Aezkoa, Salazar y Roncal y e intentó atraerse su voluntad. Al entrar en los pueblos, incluso donde no tenía muchos simpatizantes como los citados, daba órdenes de que nadie hiciera el menor daño, ganándose a los paisanos. De allí fue a Lumbier y el 27 de enero ocupó, sin pegar un tiro, la fábrica de armas de Orbaitzeta donde se hizo, según Zaratiegui, con 200 excelentes fusiles, un cañón y 50.000 cartuchos de fusil.

El 23 de enero detienen a Pancracia, su mujer. Sus bienes fueron embargados y más tarde tuvo que salir al exilio. Entre los embargos, 40 libros, la mayoría tratados militares y una gran novela: *Don Quijote*.

Las proclamas de Zumalacárregui en estos meses iniciales son las de un jefe militar triunfante que espera la llegada

---

96. Garmendia, op. cit., p. 443.

de su rey. Cita incluso los derechos del «Trono y el Altar» para recuperar «la corona de las Españas del señor rey don Carlos v de Castilla y viii de Navarra».[97] El 10 de febrero de 1834, desde Navascués, en su proclama *¡Navarros!* dice «¡Carlos o la muerte!» y cita la palabra españoles. Días más tarde, por seguir colaborando con el Gobierno, condena a muerte a la Diputación de Navarra y prohíbe a todas las justicias de los pueblos cualquier comunicación con el Ejército español. Fue obedecido ciegamente, cuando todavía no había recibido la menor orden del rey; «ni sabía su paradero; ni aun siquiera si lo que hacía merecía su aprobación; al par que el gobierno cristino, con todo su poder del Estado a su disposición, y con medidas sangrientas, no podía conseguir hacerse respetar».[98]

Una red de espías le informa en todo el país, incluido Iparralde, donde el apoyo de la población es generalizado porque lo ven el defensor de sus tradiciones: *«L'âme de l'Eskualerria vibrait tout entière aux récits des exploits de Zumalacarreguy».*[99] Cuando se daban escaramuzas, los aldeanos subían a los montes a presenciar «la destrucción de sus tiranos, pues como tales eran considerados en todas partes».[100] De los carlistas dice Pirala que, en la zona montañosa, «todo el país era suyo, tenía en él todo lo que daba de sí. El Ejército liberal carecía de todo y ocupaba un país hostil hasta el punto que no hallaba muchas veces a ningún precio un espía, cuando se brindaban a serlo de los carlistas hasta las mujeres [...] De veinte mensajeros los diecinueve van a presentar a los rebeldes su mensaje, y el que es fiel, rara vez escapa y llega [...] en una palabra, lo saben *todo*». Y citando la *Memoria* del

97. Mina Apat, op. cit., p. 138.

98. Zaratiegui, op. cit., p. 110.

99. Azcona, José María. *Zumalacárregui. Estudio crítico de las fuentes históricas de su tiempo.* Madrid 1946, p. 331.

100. Henningsen, op. cit., p. 338.

general Córdoba dice que «al faccioso le da el paisano lo que tiene, le obsequia, le cede su cama [...] Los voluntarios y la mayoría de los comprometidos por Don Carlos podían carecer hasta de lo necesario y sin peligro de la causa, porque su entusiasmo y su interés suplía por todo».[101]

Pero el rey estaba en Portugal y no daba señales de vida. Zumalacárregui, cuanto más aumentaba su poder, más huérfano político se sentía.

Jefe de bandidos y salteadores

El 21 de febrero su hermano Miguel Antonio le escribe a Zumalacárregui desde Logroño: «Mi querido hermano: estoy convencido de que tus sentimientos provienen de la injusticia con que se trató a consecuencia de tus contestaciones en El Ferrol; pero dime Tomás: ¿Hay jamás razón para proceder contra la Patria y contra nuestra legítima soberana?». Días más tarde el general Vicente Quesada escribe a Zumalacárregui ofreciéndole un acuerdo a cambio de indultos. Después de los fracasos de sus antecesores, Sarsfield y Valdés, Quesada le ofrecía una paz digna.

Desde Liédena, el 1 de marzo de 1834, Zumalacárregui contesta a Quesada proponiéndole que le facilite la llegada de sus tropas a Lumbier, con todos sus jefes, oficiales y miembros de la Junta, para decidir el tema. A su hermano le pregunta por su mujer Pancracia y sus hijas, que continuaban presas. Como muestra de voluntad negociadora, al poco tiempo las dejaron en libertad, aunque Quesada se quedó como rehenes a la más pequeña de las hijas y a su nodriza, y las metió en la Inclusa de Pamplona.

---

101. Pirala, op. cit., t. 2, pp. 540, 542, 543.

¿Cuál fue el motivo de que Zumalacárregui aceptase esa consulta a sus tropas para aceptar o no la paz a cambio de indultos? Zaratiegui sostiene que el jefe quería pulsar la voluntad de sus tropas y de sus allegados antes de tomar una decisión que supondría el fin inmediato de la guerra. Pero Zaratiegui añade otra razón muy importante: «Entre tantos hombres como habían tomado las armas en Navarra y las Provincias, no había uno que pudiera asegurar bajo palabra de honor, que aquella guerra mereciese el consentimiento del príncipe a quien se quería elevar al trono español, ni hasta entonces, a pesar del tiempo transcurrido, se tenía el menor dato que acreditase ser de su agrado la continuación de la lucha, y mucho menos que fuera Zumalacárregui el encargado de dirigirla».[102]

A principios de marzo de 1834, Zumalacárregui se reunió con su oficialidad y tropas en Lumbier. El general explicó con toda la crudeza la situación crítica en la que se encontraban. Zaratiegui tomó la palabra: «Nosotros los navarros –dijo en síntesis– no cederemos ni rendiremos las armas ni abandonaremos la causa que hemos sellado con nuestra sangre».[103] Recordó la participación navarra en la guerra de la Independencia y en la pasada contra el sistema constitucional «que nos privara de nuestras leyes patrias y de nuestra verdadera libertad; monumento glorioso de sabiduría, que heredamos de nuestros mayores, y que sin interrupción se ha conservado entre nosotros por más de 200 lustros»[104]. Sin nombrar los Fueros, la referencia de Zaratiegui a las libertades vascas era evidente. La guerra actual, tanto en España como fuera de ella, añadió, era denominada «guerra de Navarra», y eso era tan cierto que el propio general Quesada, en carta al Gobier-

102. Zaratiegui, op. cit., p. 130.

103. Del Río Sainz, op. cit., p. 84.

104. Zaratiegui, op. cit., p. 135.

no, explicaba que «si los navarros se avienen a partido, la guerra quedará terminada, porque a todos los demás se les caerán las armas de las manos».[105] Por unanimidad, los jefes decidieron proseguir la lucha. Se reunió a todos los batallones para explicarles lo acordado y produjo un entusiasmo general. Se redactó una proclama que se repartió por todo el país.

Zumalacárregui contestó a Quesada que estaban «decididos a vencer o morir sosteniendo los legítimos derechos del rey Nuestro Señor Carlos V de España y VIII de Navarra». Despechado, el 11 de marzo Quesada publicó un bando de respuesta amenazando a rebeldes, individuos, pueblos y clero que apoyasen la sublevación. «Los males que van a caer sobre este país no tendrán límites y ustedes serán los causantes de ellos». Comenzaba la guerra sin cuartel. El día 16 de marzo Zumalacárregui llegó a las puertas de Vitoria y algunos batallones entraron a la ciudad. Se retiraron y los cristinos fusilaron a los carlistas presos. En represalia, Zumalacárregui hizo lo mismo con los suyos. El día 24 hizo pública la relación de fusilados, que encabezaba el coronel vallisoletano Leopoldo O'Donnell. Un vistazo a la relación descubre que de los fusilados solo dos son navarros.[106] Y en los fusilados de Quesada la relación se invierte. ¿Guerra civil entre vascos?

Zumalacárregui intenta «humanizar la guerra» y volver al canje de prisioneros para poder ser considerado como actor beligerante por las potencias europeas, pero Quesada cambia hasta la forma de dirigirse a él: «Al jefe de bandidos y salteadores [...] he visto el escrito firmado por usted y es extraño que un rebelde hable a un general español de humanidad [...] si continúan como hasta aquí deben tener entendido que los padres hermanos, mujeres, hijos o parientes más cercanos de los que se hallen entre esa turba serán pasados por

105. Ibídem, p. 139.

106. Pirala, op. cit., t. 1, p. 299.

las armas».[107] Más adelante llegará a decir de él: «vil ladrón, cobarde y asesino Zumalacárregui, para el que nunca habrá perdón».[108]

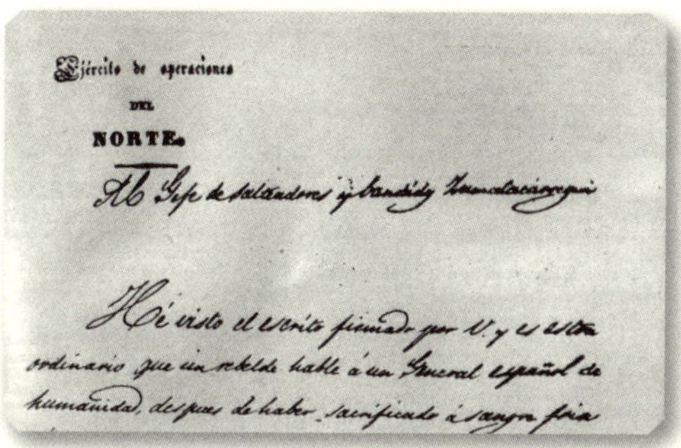

Ejército de operaciones
del
NORTE.

Al Jefe de salteadores y bandidos Zumalacárregui

He visto el escrito firmado por V. y es estraordinario que un rebelde hable á un General español de humanidad, despues de haber sacrificado á sangre fria

Carta de Quesada «Al jefe de salteadores y bandidos Zumalacárregui».

La carta de Zurbano

A primeros de abril Zumalacárregui seguía ascendiendo en victorias y adhesiones. El país le seguía ciegamente, pero llevaban cinco meses de guerra y no tenían noticias del pretendiente, ni siquiera sabían si la sublevación era de su agrado.

Y es en ese momento crucial, entre marzo y primeros de abril, cuando surge la insólita noticia de la proclamación de la república federal en las cuatro provincias. La noticia la conocemos gracias una carta recuperada por el historiador navarro Mikel Sorauren, desatando legajos del Archivo General de Navarra. La misiva tiene un valor inmensurable y cambia la historia. Es del 9 de abril y en la misma José Antonio Zurbano, agente de negocios de la Diputación de Navarra en Madrid, se dirige al secretario de la misma, José Basset. Es decir, una comunicación al más alto nivel entre los funciona-

107. Del Río Sainz, op. cit., p. 92 / Pirala, op. cit., t. 1, p. 300.

108. Núñez de Cepeda, op. cit., p. 174.

rios de mayor rango de la diputación isabelina, a quienes se les supone sabedores de lo que hablan y poco dados a extender gratuitamente rumores de tal calibre.

> Sr. D. José Basset
> Madrid 9 de abril de 1834
>
> Muy señor mío, Si ninguna de sus favorecidas diré que los señores diputados regresaron del sitio y hoy es regular escriban a su señoría ilustrísima.
>
> Hasta ahora no ha vuelto del sitio la cédula para la convocatoria a Cortes de ese Reino. Hoy se ha dicho que caen los ministros de Fomento, Guerra y Hacienda y que serán reemplazados por Toreno, Llauder y Ferrer.
>
> A esta dicen ha llegado una proclama de Zumalacárregui en la que dice que en atención a la inadtitud y abandono con que mira la defensa de su causa Don Carlos se declara el Reino de Navarra y provincias vascongadas en República Federal y para ello se convocarán a los estados luego que las circunstancias de la guerra lo permitan.
>
> De vuestra merced afectísimo su ilustrísima....
>
> José Antonio Zurbano

Como veremos, la carta de Zurbano no era un hecho aislado y coincide con toda la bibliografía que ha especulado sobre los amagos independentistas del caudillo carlista. Además, la referencia de la convocatoria «a los estados» –de Navarra, se entiende– da idea de la legalidad foral con la que se pensaba obrar, en la línea, se podría pensar, de las enseñanzas de Sagaseta de Ilúrdoz en las tertulias de Pamplona. José Antonio Zurbano dice que «ha llegado» a la capital la proclama, pero no dice que la haya visto, aunque es de suponer que alguien de su cargo no podía enviar a la Diputación navarra una noticia de ese calibre sin estar seguro de su veracidad.

Pero, sobre todo, la carta de Zurbano a Basset del 9 de abril no era una carta aislada. En su texto *Tomás Zumalacárregui. Literatura y mito*, José Ramón Urquijo Goitia se hace

Carta descubierta por Mikel Sorauren, en la que Zurbano informa a Basset de la proclama de Zumalakarregi en la que «se declara el Reino de Navarra y provincias vascongadas en República Federal».

eco –para desacreditarlos– de los rumores independentistas que se produjeron en la primera mitad del año 1834, ante el vacío de poder que se dio tras meses de lucha sin noticias del pretendiente, que se hallaba en Portugal. Urquijo, como tantos otros, dice que eran «elucubraciones», pero él mismo aporta unos materiales que, unidos a la carta descubierta por Sorauren, van completando un puzle cuya imagen es cada vez más inequívoca.

La carta de Harispe

Jean-Isidore Harispe no fue un cualquiera. Militar y político, consejero general, diputado, par de Francia. Navarro, euskaldun de Baigorri, donde nació en 1768, Harispe era un viejo conocedor del país. Era general en jefe del mediodía francés y su cargo era la mejor atalaya para saber cuanto pasaba al otro lado de la frontera, de la que era el mayor responsable. El 6 de mayo de 1834 escribió un despacho oficial a su ministro de la Guerra en París:

> Por otro parte hoy, me llegó desde vías diferentes y bastante seguras, una noticia muy particular: la Junta de Navarra al ver que Don Carlos abandona el juego, estaría de acuerdo con Zumalacárregui en **proclamar la independencia de Navarra y las tres provincias y para formar una república federal.**
>
> En ese momento, tal acto equivaldría a la sentencia de muerte de la insurrección, que de esta manera se separaría del resto de España y perdería toda su capacidad de acción así como todo apoyo moral.
>
> **No se puede negar que la separación fuera algo muy fácil e incluso muy popular en estas provincias, que están unidas a España tan solo por vínculos muy débiles,** pero si esperan que el resto de la nación comparta esta opinión e intentan llevarla hacia el camino de una república federal, no se hubiera tenido que haber empezado proclamando el absolutismo.[109]

De la carta se deduce valiosa información: desde «vías diferentes y bastante seguras», la Junta de Navarra «estaría de acuerdo» con Zumalacárregui en proclamar la independencia, dando a entender que él era el promotor. Que la separación resultara «fácil e incluso muy popular» entre la población vasconavarra, dados los débiles vínculos que las unían a España, es todo un reconocimiento de la guerra «nacional» que se libraba y del apoyo social con el que contaba. Que un mes más tarde Harispe afirme lo mismo que Zurbano (dejadez

109. Service Historique de l'Armée de Terre (Vincennes). E4 leg. 9. Despacho del general Harispe (6.v.1834) al M. de la Guerra. Cit. Urquijo Goitia en *Tomás Zumalacárregui. Literatura y mito.* La negrita es mía.

de Don Carlos, independencia de Navarra y república federal) debería ser algo muy tenido en cuenta por los historiadores. Por último, la reflexión «no se hubiera tenido que haber empezado proclamando el absolutismo» resume la paradoja carlista, de la que tanto se discutirá hasta nuestros días.

Siete días después, el 13 de mayo, el ministro de Guerra francés escribe al General Harispe. Su encabezamiento da la impresión de que ya estaba enterado y que no había leído aún la carta de Harispe:

> Quiero hablar sobre un proyecto que se supone viene de la Junta de Navarra y de Zumalacárregui para proclamar la independencia de Navarra y de las tres provincias vascas. No es probable que las provincias del norte de la península tomen tal decisión ya que llegarían de esta forma a un estado de guerra permanente que no podrían sostener.
>
> De todos modos, la anarquía será larga y desastrosa en estos países, sin embargo, se conseguirá acabar con ella.
>
> Por lo tanto, nuestro consejo es que debemos intentar hacer que este momento llegue cuanto antes.
>
> Lo que diga un voluntario realista con respecto a Don Carlos sea cierto o no, no tiene mayor importancia, pero si encuentra gente que le escuche entre las filas de los insurgentes y que se mofa de su jefe, significa que no le queda mucho para disolverse.[110]

Harispe respondió al ministro el 18 de mayo: «Se dice que en realidad, Zumalacárregui está tratando de proponer a la Junta a que haga una declaración de independencia, y que llegó a Elizondo con este propósito».[111]

La noticia recorrió toda la prensa del continente y llegó a las cancillerías europeas. Del 31 de mayo hay un despacho del

---

110. *S.H.A.T.* E4 leg. 9. Minuta del despacho del ministro de la Guerra (13.v.1834) al General Harispe. Cit. Urquijo Goitia.

111. *S.H.A.T.* E4 leg. 9. Despacho del general Harispe (18.v.1834) al ministro de la Guerra francés. Cit. Urquijo Goitia.

Jean Isidore Harispe, de Baigorri, héroe de Francia y Comandante General de los Bajos Pirineos.

canciller austriaco Klemes von Metternich, a la sazón el político más importante de Europa, en el que adjunta el periódico *L'Europe Centrale Journal de Genève, politique et littéraire,* del día 14 de mayo, si bien la nota está dada en Baiona el día 6.

> *Zumalacarregui vient d'adresser une proclamation aux habitants des quatre provinces insurgées, par laquelle il les déclare indépendantes, et les relève de toute soumission soit envers l'autorité de don Carlos, soit envers celle de la reine. Tel est le bruit que court sur cette nouvelle que je n'ose vous garantir.*[112]

---

112. «Zumalacarregui acaba de emitir una proclamación a los habitantes de las cuatro provincias insurgentes, mediante la cual los declara independientes, y los exime de cualquier sumisión a la autoridad de Don Carlos o la de la Reina. Este es el rumor que corre sobre esta noticia, pero no me atrevo a confirmarlo». Haus-, Hof- und Staatsarchiv (Viena). G.A. París 42 Despacho de Metternich (31.v.1834, n.º 1) Appony. Cit. Urquijo Goitia.

La noticia también se propagó entre las tropas. Mikel Sorauren ha encontrado en el Archivo General de Navarra una carta de abril de 1834, dirigida a la Junta Gubernativa, dando cuenta de los gritos provocadores de los soldados cristinos a los carlistas: «Anteanoche nos alborotaron esos vocingleros echándonos el bando que incluyo con músicas y muchas hachas pero lo mejor de todo es que nadie les cree; se dieron voces escandalosas hasta lo sumo, decían mueran frailes y curas, muera el Emperador Tomás primero». Aunque fuera en tono de chanza, creo que es la primera vez que en un documento carlista se denomina a Zumalacárregui como Emperador Tomás I.[113]

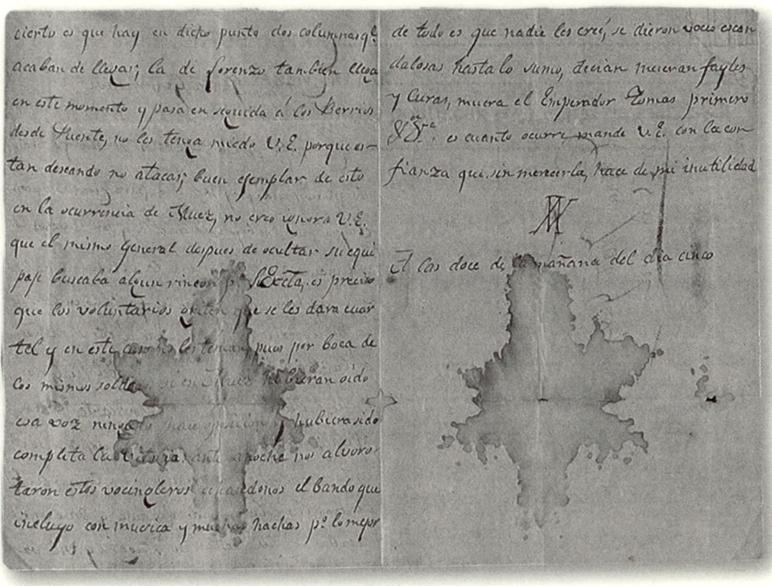

Curiosa mención al «Emperador Tomás I» sacada del Archivo General por Mikel Sorauren.

113. AGN. AP_J. G. CARLISTA, Leg. 7. Cit. Sorauren.

La prensa europea

Los corresponsales franceses en Baiona fueron los primeros en divulgar la noticia. Ese mismo 6 de mayo en el que Harispe escribía al Gobierno francés, un corresponsal en Baiona enviaba la noticia a diferentes periódicos europeos, muchos de los cuales tenían corresponsales en el que en ese momento era el gran conflicto bélico del continente. La nota aparece publicada en *Le Mémorial bordelais* del 8 de mayo y en *Le Constitutionnel* del día 11, y en este último se añaden también las razones que supuestamente convencieron a Zumalacárregui a decidirse por la independencia:

> Bayona, 6 de mayo. El Conde de Sacy, adscrito a la Embajada de Francia en Madrid, pasó esta mañana por esta ciudad, camino a toda prisa a París, de donde trae noticias muy importantes. Se dice que Don Carlos, sintiéndose fuertemente perseguido por las tropas españolas, habría consentido finalmente en entrar en un arreglo, y habría decidido abandonar Portugal. Se embarcó con su familia hacia uno de los puertos de Inglaterra. Se dice que dio este paso desesperado al ver que todas sus esperanzas se habían desvanecido. Don Miguel llegó a un acuerdo amistoso con su hermano y también se va de Portugal.
>
> Zumalacárregui acaba de emitir una proclama a los habitantes de las cuatro provincias insurgentes, por la cual los declara independientes, y los libera de toda sumisión; o hacia la autoridad de don Carlos, o hacia la de la reina. Tal es el rumor que circula sobre esta noticia, que no me atrevo a garantizar.

Sin embargo, *Le Mémorial bordelais* ratifica la noticia con un final expresivo:

> Hemos recibido una segunda carta de una persona bien informada, que confirma los principales detalles que aca-

bamos de leer, y nos asegura que podemos considerar esta noticia como oficial.[114]

El día 10 de mayo recogió la noticia el *Sentinelle des Pyrénées* de Baiona, que se subtitulaba «Jounal de Bayonne et de la Péninsule», lo que sugiere que dicho periódico se leía también en Hegoalde. En su página 4 decía:

> *On écrit de cette ville que Zumalacarréguy se voyant entiérement abandonné par son lâche chef, a déclaré les quatre provinces limitrophes de la France indèpendantes de l'Espagne; il se propose, dit-on, d'y établir une espéce de gouvernement fédéral.*[115]

Desde Toulouse informaron el 12 de mayo de la misma noticia al periódico italiano *Giornale del Regno delle Sue Sicilie*, que apareció en el ejemplar del 4 de junio:

> *Toulouse 12 maggio. Zumalacarregui, sostenitore e capo dei carlisti nelle province basche, vedendo che l'Infante Don Carlos non è punto disposto a dividere i pericoli che i suoi fautori incontrano per la sua causa, ha proclamato, come si pretende, ora la repubblica in quelle contrade. Si dice che esso abbia pubblicato un manifesto in cui spiega i motivi di questa sua risoluzione.*[116]

El día 14 de mayo, el *London Courier and Evening Gazette* informaba a los británicos que Zumalacárregui había expedi-

---

114. *Memorial Bordelais*, 8.v.1834, p. 2; *Le Constitutionnel*, 11.v.1834.

115. *Sentinelle des Pyrénées*, 10.v.1834, n.º 429. Bayonne, p. 4.

116. «Toulouse 12 de mayo. Zumalacárregui, partidario y líder de los carlistas en las provincias vascas, viendo que el Infante Don Carlos no está dispuesto a compartir los peligros que sus partidarios enfrentan por su causa, ha proclamado, como se afirma ahora, la república en esos lugares. Se dice que ha publicado un manifiesto en el que explica las razones de su resolución».

do una proclama «declarando las cuatro provincias independientes de don Carlos, así como de la Reina». Al día siguiente, 15 de mayo, era el *Morning Herald*, también de Londres, el que recogía una crónica de París del día 13, según la cual se afirmaba que «Zumalacarreguy había declarado las cuatro provincias del norte una república federal independiente». Una crónica idéntica apareció en el *The English Chronicle and Whitehall Evening Post.*

También ese mismo día apareció la noticia en el *London Evening Standard*, con un pequeño matiz: «Las escaramuzas continúan como de costumbre en las provincias del norte, y se difundió un extraño informe de que Zumalacarreguy ha declarado a las cuatro provincias del norte una república independiente y federal». Este mismo texto apareció el día 16 en el *London Packet and New Lloyd's Evening Post* y el 17 en el *Baldwin's London Weekly Journal.*

Por su parte, el *Saint James's Chronicle* de Londres, el mismo día 15, aventura las razones del caudillo vasco: «Se dice que Zumalacarreguy, viéndose enteramente abandonado por su cobarde jefe, ha declarado independientes de España a las cuatro provincias limítrofes con Francia. Se afirma que pretende establecer en ellos una especie de gobierno federal».

También el 15 de mayo, en Prusia, el periódico *Stadt Aachener Zeitung* de Aquisgrán (Aachen) traducía al alemán la crónica de Baiona del día 6 de mayo y citaba la proclama «declarando independientes de Don Karlos y la Reina a 4 provincias».[117]

Al día siguiente, el periódico *El Vapor* de Cataluña, citando al *Sentinelle des Pyrénées*, incluía una reseña de Baiona del pasado día 8 de este tenor:

> Asegúrase en esta ciudad haberse embarcado don Carlos con toda su familia en un buque inglés para pasar a Ingla-

---

117. *Stadt Aachener Zeitung*. Aachen. 15.v.1834, p. 3.

> terra, y que Don Miguel ha hecho un convenio amistoso con su hermano, según el cual debe salir de Portugal, asegurándose a los dos infantes una pensión y varias rentas anuales. Dícese también que la alianza defensiva y ofensiva entre Inglaterra, Francia, doña María y doña Isabel ha sido ratificada en Madrid [...] Si se confirman tales noticias, la posición en la Península va a cambiar enteramente. El partido miguelista se afianza enteramente en la persona de don Miguel [...] Por otra parte no creemos que las gavillas rebeldes de Navarra, quedando ya sin bandera ni nombre que invocar, consientan en prologar una guerra no menos mortífera que inútil.

Seguidamente, informan con fecha del 4 de mayo que «la junta de Navarra y la prensa carlista se hallan en Elizondo», para añadir a continuación: «Escriben de San Sebastián que Zumalacárregui, viéndose enteramente abandonado por su jefe, ha declarado las cuatro provincias limítrofes de Francia, independientes de España; proponiéndose establecer una especie de gobierno federal».[118]

El día 17 de mayo, en el *Baldwin's London Weekly Journal*, del condado de Berkshire, se leía que «Zumalacarreguy había declarado república federal independiente a las cuatro Provincias del Norte». El mismo día llegó la noticia a Irlanda por medio del *Belfast Commercial Chronicle*: «se dice que Zuraalacarreguy [sic], Comandante en Jefe de las provincias colindantes, emitió una Proclamación declarando las cuatro provincias independientes de Don Carlos, así como de la Reina». Ese día también tuvo eco en la prensa de Dublín lo del «extraño informe»: «Las escaramuzas continúan como de costumbre en las provincias del norte de España, y se difundió un extraño informe de que Zumalacarreguy ha declarado a las cuatro provincias del norte una república independiente y federal».[119]

---

118. *El Vapor*, 16.v.1834.

119. *Dublin Evening Packet and Correspondent*, 17.v.1834.

El día 18 era el *Old England* de Londes el que hablaba de la declaración «a las cuatro provincias del norte una república federal independiente». El día 21 salió algo similar en el *Inverness Courier* de Escocia.

La prensa española se demoró en dar la noticia. La dio el *Diario de Comercio* de Madrid el miércoles 21 de mayo, un mes y doce días más tarde de que Zurbano dijera en su carta que la proclama independentista había llegado a la capital del estado:

> Noticias de España: Ayer por la mañana han llegado dos correos, uno de la embajada francesa y otro del comercio con pliegos para París. Después de su llegada ha corrido la voz que se batían en Tolosa, habiendo tratado los carlistas de cortar la retirada a Jáuregui que había llegado allí de S. Sebastián. Escriben de la misma ciudad que Zumalacárregui viéndose enteramente abandonado por su cobarde jefe ha declarado las cuatro provincias limítrofes de la Francia independientes de la España; se propone, según dicen, de establecer en ella una especie de gobierno federal.

El 25 de mayo recoge la noticia la *Gazette de France,* con un titular sorprendente: «Las noticias de España ofrecen poco interés. Los carlistas concentran toda su fuerza en Navarra. Se cree que Zumalacarréguy fue con el fin de determinarla para proclamar las cuatro provincias independientes». Provoca una sonrisa que a la *Gazette de France,* decano del periodismo en Francia y de carácter oficialista, no le pareciera de interés la noticia del surgimiento de un nuevo Estado independiente en los Pirineos.

La Quotitidienne del mismo día (25 de mayo de 1834) publicó una nota casi calcada de la *Gazette*: «Las noticias de España que nos llegan a través de nuestra correspondencia de Bayona del día 19 siguen siendo favorables a la causa de don Carlos. Los carlistas concentran todas sus fuerzas en

Navarra. Se dice que Zumalacarréguy fue a Elissondo cerca de la junta para persuadirla de proclamar las cuatro provincias independientes».

Y de París a Londres: tres días más tarde el *Morning Post* repite la nota del corresponsal de Baiona del día 19 de mayo y solo cambian los liosos apellidos y topónimos vascos: «Los carlistas concentran todas sus fuerzas en Navarra. Se dice que Zumala Carreguy ha ido a Elisondo a asesorar a la Junta para proclamar independientes a las cuatro provincias».[120] En el *United service Journal,* en cambio, se preguntaban: «¿Están a punto de restablecerse en España sus divisiones territoriales de la época feudal?».[121]

Desde Renania, el *Düsseldorfer Zeitung* del 19 mayo repetía lo que ya habían dicho otros periódicos europeos: «Los carlistas concentran todas sus fuerzas de combate en Navarra. Se cree que Zumalacarregui se ha dirigido a la junta de Elizondo para mandarles proclamar la independencia de las cuatro provincias, Navarra, Guipúzcoa, Álava y Vizcaya [*Navarra, Gipuscoa, Alaba und Biscayen*]». Al día siguiente, la misma noticia apareció en el *Westfälischer Merkur* de Münster.[122]

El día 30 de mayo, el *Durham County Advertiser* informaba que los carlistas concentraban a todas sus fuerzas en Navarra y que aconsejaban «a la Junta» que proclamase «las cuatro provincias independientes».

El 17 de junio de 1834, *El Eco del Comercio* de Madrid, liberal progresista, daba noticia de los sucesos de Portugal y anunciaba la llegada de Rodil a la Corte. Al mismo tiempo, añadía: «La llegada de un buque portugués a Bilbao con las

---

120. *Morning Post,* London, 28.v.1834.

121. *United service Journal.* 1834. Part. III. London. Published For Henry Colbun.

122. *Düsseldorfer Zeitung,* 29.v.1834, n.º 128, p. 3 / *Westfälischer Merkur,* 30.v.1834, n.º 129.

noticias de los sucesos de Portugal del embarque del malhadado emperador de los facciosos, ha destruido las farsas con que Zumalacárregui y consortes intentaban ocultar el golpe mortal que ha recibido la causa (si merece este nombre) del despotismo y barbarie de una facción ambiciosa y corrompida».

Estamos ya en el 18 de junio y el *Albion and the Star* de Londres sigue hablando de que Zumalacárregui busca la «*independence of the four provinces*», pero el día 19 es el *Morning Chronicle* londinense el que afirma que los liberales se aprestan a dar el golpe definitivo, y que «Zumalacarreguy se prepara para afrontarlo con resolución. Ha declarado la independencia de las cuatro provincias, y todo indica que contempla hacerse protector de una pequeña república federativa bajo la protección del clero. Don Carlos entonces está completamente fuera de cuestión».

El mismo día 19, en su página 4, el *Morning Herald* de Londres, de forma un tanto enigmática, indica que Zumalacárregui «*... preparing to meet it tith resolution. He prising as the Bill did not originate in that House, but has declared the* ***independence*** *of the* ***Four provinces****, and every thing shows that he contemplates making himse of the protector had passed through all its stages...*».[123]

Uno de los principales diarios en lengua alemana, el *Kölnische Zeitung*, famoso por la solidez de sus informaciones, se hacía eco el 19 de junio de la declaración de la independencia, remitiéndose a la noticia que días antes había dado el *Mémorial des Pyrénées*. La misma noticia la daba el *Düsseldorfer Zeitung*: «Se sabe que Zumalacarreguy declaró inde-

123. «Estima que el proyecto de ley no se originó en esa Cámara, sino que ha declarado la independencia de las Cuatro provincias, y todo indica que él contemplaba hacerse el protector si hubiera pasado por todas sus etapas». *Albion and the star*. London, 18.VI.1834 / *Morning Chronicle*. London, 19.VI.1834 / *Morning Herald*. London, 19.VI.1834. La negrita del texto es mía.

pendientes las cuatro provincias. Según él, los insurgentes luchan más por la preservación de los privilegios de estas provincias que por Don Carlos». Al día siguiente repetía la noticia el *Westfälischer Merkur*.[124]

En Suiza también corrió la noticia. El periódico de Basilea, *Baseler Zeitung* del 21 de junio, editado en alemán, decía que tras la salida de la escena del pretendiente:

> Se podría esperar que la insurrección, después de perder a su líder, también disminuyera en fuerza, pero esta batalla continúa desafiando todo cálculo. Zumalacárregui está atravesando Navarra con un cuerpo considerable que aumenta día a día. Probablemente habrá una batalla cerca de Vergara en el futuro próximo. Este jefe rebelde ha declarado independientes las cuatro provincias, y todo indica que está a punto de posicionarse como protector de una república federal bajo la protección del clero, dejando completamente fuera del debate a Don Carlos.[125]

El 12 de julio siguen saliendo noticias en la prensa inglesa. El *Monmouthshire Merlin* de Wales vuelve a hablar de la «proclama de Zumalacarregui, declarando independientes a las cuatro provincias».[126] Habían pasado más de tres meses desde que Zurbano aventó la primera noticia, tiempo más que suficiente para que alguien la hubiera calificado de errónea o haberla desmentido.

¿Todo esto fueron elucubraciones? A partir de la carta de Zurbano a Basset descubierta por Mikel Sorauren, vemos que la noticia de la proclamación de la república federal en

---

124. *Kölnische Zeitung*, 19.VI. 1834, n.º 170 / *Düsseldorfer Zeitung*, 29.V.1834, n.º 145 / *Westfälischer Merkur*, 20.VI.1834, n.º 147. Archivo Fernando Pérez de Laborda.

125. *Baseler Zeitung*, 21.VI.1834, n.º 100. Arch. Laborda.

126. *Monmouthshire Merlin*. Wales, 12.VII.1834.

las cuatro provincias recorrió Europa. Las diputaciones vascas, el Gobierno español y los gobiernos de Francia, Inglaterra y el imperio Austro-Húngaro tuvieron conocimiento directo de la misma. Periódicos de Suiza, España, Francia, Gran Bretaña, Prusia e Italia, que sepamos, cubrieron la noticia. Entre el 6 de mayo y el 12 de julio de 1834, hemos recogido en líneas anteriores las citas de más de una treintena de periódicos europeos. Numerosos libros editados en esos años, de distintos autores y procedencias, se refieren a lo mismo. Fue, sin duda, la primavera independentista de Zumalacárregui, cuando la insurrección vasca «era ya un cuerpo compacto, impulsado por un solo jefe», como escri-

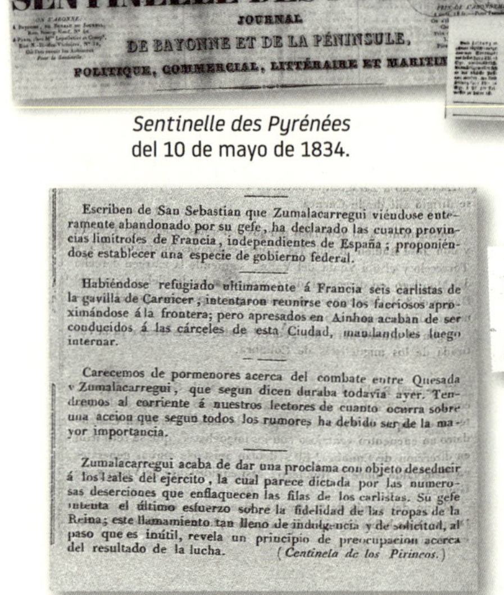

1834 – Nº 499 TROISIÈME ANNÉE. Samedi 10 Mai.

SENTINELLE DES PYRÉNÉES,

JOURNAL DE BAYONNE ET DE LA PÉNINSULE,

POLITIQUE, COMMERCIAL, LITTÉRAIRE ET MARITIME.

Stadt-Aachener Zeitung.

Nro. 115. Aachen, Donnerstag den 15. Mai. 1834.

Sentinelle des Pyrénées
del 10 de mayo de 1834.

Stadt Aachener Zeitung.
Ahachen, Prusia, 15.V.1834.

Escriben de San Sebastian que Zumalacarregui viéndose enteramente abandonado por su gefe, ha declarado las cuatro provincias limítrofes de Francia, independientes de España; proponiéndose establecer una especie de gobierno federal.

Habiéndose refugiado últimamente á Francia seis carlistas de la gavilla de Carnicer, intentaron reunirse con los facciosos aproximándose á la frontera; pero apresados en Ainhoa acaban de ser conducidos á las cárceles de esta Ciudad, mandándoles luego internar.

Carecemos de pormenores acerca del combate entre Quesada y Zumalacarregui, que segun dicen duraba todavía ayer. Tendremos al corriente á nuestros lectores de cuanto ocurra sobre una accion que segun todos los rumores ha debido ser de la mayor importancia.

Zumalacarregui acaba de dar una proclama con objeto de seducir á los leales del ejército, la cual parece dictada por las numerosas deserciones que enflaquecen las filas de los carlistas. Su gefe intenta el último esfuerzo sobre la fidelidad de las tropas de la Reina; este llamamiento tan lleno de indulgencia y de solicitud, al paso que es inútil, revela un principio de preocupacion acerca del resultado de la lucha. (*Centinela de los Pirineos.*)

El Vapor de Catalunya,
del 16 de mayo de 1834.

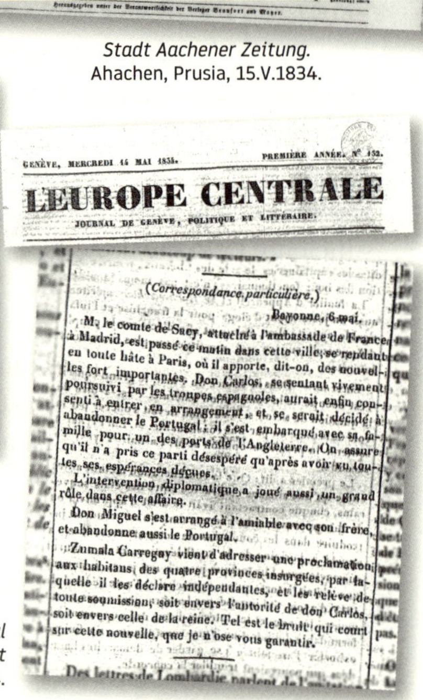

GENÈVE, MERCREDI 14 MAI 1834. PREMIÈRE ANNÉE. Nº 152.

L'EUROPE CENTRALE

JOURNAL DE GENÈVE, POLITIQUE ET LITTÉRAIRE.

(*Correspondance particulière.*)

Bayonne, 6 mai.

M. le comte de Sacy, attaché à l'ambassade de France à Madrid, est passé ce matin dans cette ville, se rendant en toute hâte à Paris, où il apporte, dit-on, des nouvelles fort importantes. Don Carlos, se sentant vivement poursuivi par les troupes espagnoles, aurait enfin consenti à entrer en arrangement, et se serait décidé à abandonner le Portugal; il s'est embarqué avec sa famille pour un des ports de l'Angleterre. On assure qu'il n'a pris ce parti désespéré qu'après avoir vu toutes ses espérances déçues.

L'intervention diplomatique a joué aussi un grand rôle dans cette affaire.

Don Miguel s'est arrangé à l'amiable avec son frère et abandonne aussi le Portugal.

Zumala Carreguy vient d'adresser une proclamation aux habitans des quatre provinces insurgées, par laquelle il les déclare indépendantes, et les relève de toute soumission, soit envers l'autorité de don Carlos, soit envers celle de la reine. Tel est le bruit qui court sur cette nouvelle, que je n'ose vous garantir.

L'Europe Centrale Journal
de *Genève, politique et*
littéraire, 14.V.1834.

bió el diplomático francés Bois-Le Comte. «Semejante resultado obtenido en solo cinco meses, sin dinero, sin recursos preparados, con paisanos voluntarios [...] prueba cuán profundamente arraigado estaba en las masas el sentimiento de la insurrección».[127]

En otra carta de Zurbano, citada por Sorauren, anterior a la del 9 de abril, habla de la decepción de Zumalacárregui por no haberse manifestado todavía el pretendiente a favor de los Fueros navarros una vez producido el levantamiento.[128]

Zumalacárregui se hallaba pues poderoso y sin alternativa monárquica. Cinco meses sin noticias de Carlos, en medio de una guerra, era mucho tiempo para que un jefe político-militar no pensara en otras salidas. Desaparecido el pretendiente de la ecuación, ¿qué otras alternativas le quedaban? La independencia era una de ellas y a ella se aferró. Fuera por convicción o por descarte, no deja de ser un acontecimiento que modifica nuestra historia, o por lo menos la percepción de la misma.

Llegan noticias de Portugal

Las aguas volvieron pronto al otro cauce. El 11 de abril, dos días más tarde de la carta de Zurbano informando a Basset de la decisión independentista de Zumalacárregui, este recibió en Piedramillera una carta del rey de mano de un arriero de Burgos. En la carta, fechada el 18 de marzo, el rey aprobaba expresamente la lucha «de las provincias de Álava, Guipúzcoa, Navarra y Vizcaya» por la religión y la legitimidad. Había también una promesa de mantener los Fueros y se refería a

127. Martínez López, op. cit., t. 1, p. 113.

128. AGN. RE. AGENTES, n.º 8.

Zumalacárregui como Mariscal de campo de sus ejércitos. Inmediatamente, Zumalacárregui la mandó publicar:

> Circular de Zumalacárregui sobre la confirmación de su mando militar por Carlos v.
>
> Comandancia general de Navarra. El Rey N. S. se ha dignado dirigirme, firmada de su Real mano, la carta siguiente:
>
> Mi Real ánimo y corazón se hallan dulcemente afectados ha ya muchos días al contemplar los heroicos esfuerzos que hacen en favor de la religión y de mi legítima causa las provincias de Álava y Guipúzcoa, Navarra y Vizcaya, a quienes nombro sin preferencia, siguiendo solo el orden alfabético. Mis Reales sentimientos manifestados en la alocución adjunta, quiero que se publiquen a la faz del mundo entero; tratad, hijos míos, de reimprimirla con este grande objeto, pues vuestros hechos oscurecen ya el heroísmo de todos los pueblos. Más de una vez os he dirigido mis oficios o cartas, pero estoy con el sentimiento de que quizás no han llegado a vuestras manos.
>
> Digno jefe Zumalacárregui, os encargo que hagáis presente mi Real gratitud a todos los que mandan las divisiones y también a la Junta de esas cuatro provincias. Confirmo cuantos grados militares haya dispensado, o los que vos y demás hayáis concedido, y la autorizo para esto y cuanto sea necesario y oportuno al grande fin que os habéis propuesto, para lo que deposito esta parte de mi autoridad soberana. Trabajad con unión, y alejad de vosotros todo espíritu de discordia, y aun los más imperceptibles elementos de división: fijad solo los ojos y el corazón en Dios, en mí y en la nación española. Vosotros sabéis lo que conviene a esas provincias en el orden civil y administrativo. Sentado sobre mi solio he de conservar sus Fueros. Para todo os revisto de la facultad necesaria y oportuna; os dirijo también el decreto de ley penal que he mandado publicar con el objeto de prevenir las violencias del gobierno usurpador. Como no se pueden multiplicar escritos, vos, el mariscal de campo de mis ejércitos don Tomás Zumalacárregui, pondréis en conocimiento de la Junta y demás jefes militares toda esta mi soberana voluntad; a los oficiales, soldados y

pueblo manifestaréis mi amor. Obrad con prudencia sí, pero con desembarazo, porque hijos tan amados por sus virtudes, deben proceder con libertad, pues tienen a su favor todo el lleno de la voluntad de su padre. Este es el concepto bajo el que me habéis de mirar, y la preciosa joya de mi corona. Si alguna vez fuera conveniente conceder gracias a los jefes y demás de la Reina viuda, todos tenéis mi autoridad.

Palacio de Villareal, 18 de marzo de 1834. Carlos, Rey de España.

Lo que me apresuro, lleno de satisfacción, a poner en conocimiento de V. E., a fin de que participe de la misma, acompañándole copias de cuantos documentos he recibido, y los cuales con arreglo a la soberana voluntad espero [que] dispondrá V. E. [que] se reimpriman en grande número de ejemplares para proveer a las tres provincias y Navarra, como también al reino de Aragón. Dios guarde a V. E. muchos años. Cuartel General de Piedramillera, 12 de abril de 1834. Tomás de Zumalacárregui. Excelentísima Junta Gubernativa de Navarra.[129]

Zaratiegui, en su biografía, transcribe el bando y añade que «cuando esta carta fue leída en alta voz al frente de las tropas, el entusiasmo que causó tanto en ellas como en el pueblo, llegó a su colmo. Zumalacárregui decía de este documento, que equivalía a un auxilio de veinte mil hombres».[130]

Tomás parece volver a tener clara la primera opción: el pretendiente ha dado señales de vida; le apoya en su lucha y promete respetar los Fueros. La opción «independentista» vasca desaparece momentáneamente del tablero de juego y la «española» aparece con claridad en su proclama desde Elizondo del 20 de abril, cuando habla de la «heroica España»;

---

129. Del Río Sainz, op. cit., p. 89 / *Galería militar contemporánea. Historia de la guerra civil en el Norte y Cataluña* (Tomo 1), Sociedad tipográfica de Hortelano y Compañía. Madrid 1846, pp. 369-371.

130. Zaratiegui, op. cit., p. 143 / Pirala, op. cit., t. 1, p. 294.

de cesar la lucha de «españoles contra españoles» y de liberar «la patria de sus males».[131] El panorama europeo se despejaba, pues la opción republicana en una Europa monárquica tenía muy difícil encaje y dificultaba las relaciones con las potencias aliadas. Las aguas volvían a su cauce «natural». La República Federal Vasca se guardó, momentáneamente, en el cajón de las alternativas.

Pero el rey no viene

Transcurre otro mes sin noticias de Portugal. El rey no viene y Zumalacárregui es dueño de un territorio que lo idolatra. Muchos le siguen empujando a encabezar la independencia, de la que hablan ya los periódicos extranjeros que traen los periodistas y militares que participan en la guerra. Las noticias se cruzan complicando las decisiones. El 6 de abril de 1834, un ejército español a las órdenes de Rodil había recibido la orden de invadir Portugal, donde también peleaban absolutistas contra liberales, es decir, los partidarios de Don Miguel de Braganza y de su sobrina María de la Gloria, princesa de poca edad, situación gemela a la que existía en el estado español. El 22 de abril se firmó la Cuádruple Alianza, un tratado internacional entre el Reino Unido, Francia, España y Portugal, en el que los cuatro estados se comprometían a expulsar de Portugal al infante portugués, Miguel, y al infante español, Carlos.

Con las noticias a favor, el 18 de mayo el virrey de Navarra escribe a Zumalacárregui para decirle que «están perdidos sin remedio [...] pues deben saber que Don Carlos de Borbón ha consentido en pasar a una isla británica a vivir bajo la custodia inglesa y vigilancia de un representante español, con la pensión que la generosidad de la reina ha querido

131. Clemente, op. cit., p. 105.

dejarle para su subsistencia».[132] La prensa decía que el infante Carlos pretendía que fueran a bordo del *Donegal* «treinta y dos personas de primera mesa; setenta de segunda y unos veinte criados».[133] El 30 de mayo embarcó hacia Inglaterra.

Impaciente, el 19 de mayo desde Uharte Arakil, Tomás había escrito a Carlos:

> Creedme señor: aun cuando V. M. no pudiese contar más que con los esfuerzos de Navarra y de las provincias vascongadas, no serían estos inútiles, aunque limitados. Venid, señor; nada temáis; aquí, en medio de nosotros se adornará vuestra frente con la corona del reino de Navarra; que si su territorio es poco extenso, sus habitantes son leales y heroicos. Todas las naciones os respetarán, seréis reconocido como Rey, y un pueblo de valientes perecerá hasta el último individuo antes de permitir que os suceda ningún mal. En fin Señor, V. M. sostendrá su dignidad, será proclamado rey por todos sus vasallos y recobrará de ese modo el trono de San Fernando.[134]

Esta carta, lógicamente, ha dado pie a muchas conjeturas sobre las intenciones independentistas de Tomás. Ya no tiene la «españolidad» de la proclama del mes pasado, cuando se creía que el pretendiente estaba al caer. Se volvía a las conjeturas independentistas y dejaba planteadas tres opciones: si el rey regresaba y recuperaba el trono de España, se mantendrían los Fueros. Si la sublevación solo triunfaba en Navarra y provincias vascongadas, podría ponerse la corona como Carlos VIII de Navarra. Ambas opciones serían apoyadas por los aliados europeos, como Austria, Prusia y Rusia, y podría tener encaje en la Europa monárquica. Si el rey finalmente no volvía, quedaba la opción anunciada de la república fede-

---

132. Pirala, op. cit., t. 1, p. 303.

133. Ibídem, t. 1, p. 360.

134. Mina Apat, op. cit., p. 141.

ral, que abriría una incógnita política sin precedentes entre Euskal Herria y Europa.

No es de extrañar que, de las tres opciones, Zumalacárregui y sus allegados vieran más posibilistas las dos primeras, lo cual no es obvio para que se guardara en el cajón la baza independentista y republicana –la Suiza de los Pirineos, como la llamaron– como tercera opción, en el caso de quedarse sin pretendiente, como todo parecía indicar. Hacía solo tres años de la secesión de Flandes y Valonia, y de la formación de Bélgica; en 1815 se había constituido la República de Cracovia, apoyada precisamente por Prusia, Austria y Rusia, potencias que apoyaban al carlismo; ese año el Congreso de Viena había puesto patas arriba el mapa político de Europa; América paría continuamente nuevas repúblicas... ¿Euskal Herria por qué no?

Lo que más sorprende de aquella primaveral «República Federal Vasconavarra» de 1834 es su precocidad. Era el año en el que nacía Josep Narcís Roca i Ferreras, prócer del independentismo catalán que, en 1873 y desde el sector más radical del liberalismo, haría alusiones explícitas a constituir los Països Catalans «en un Estado federal separado».[135] En 1834 faltaban todavía 30 años para que Pi y Margall tradujese *El principio federativo* que Proudhon había escrito en 1863. La Confederación suiza no se convirtió en Estado federal hasta 1848... La posibilidad, tal vez no tan lejana, de que nuevos estudios reafirmen aquella «primavera» de Tomás Zumalacárregui y lo confirmen como un prócer, siquiera efímero, del republicanismo federal, hará sonreír sin duda a todo independentista vasco y morderse las uñas a quienes siempre lo catalogaron, con suma ligereza, como un mero militar español, monárquico y reaccionario.

---

135. Rubialta, Fermín. *Historia del independentismo político catalán.* Txalaparta. Tafalla 2020.

Mientras el pretendiente Carlos desaparecía, alguna prensa ya preparaba posibles nuevos escenarios. El 26 de junio de 1834, *El Vapor* recogía la crónica de Vitoria del día 14, dando cuenta de la salida forzada del pretendiente de Portugal, y de la desesperanza de los rebeldes: «No será extraño que al acercarse las tropas al Ebro tomen el portante para Francia [...] puede también suceder que la multitud se retire a las tres provincias y que la flor y nata de la facción de las mismas se incorpore a la de Navarra, por si en unión con Zumalacárregui pueden sacar algún partido mejor».[136]

Pese a la euforia de la prensa liberal, las victorias vascas seguían sucediéndose: «Para completar la libertad de las Provincias se propuso Zumalacárregui quitar las guarniciones»[137]. Desde el 15 de mayo hasta el 1 de junio de 1834, «los cristinos habían evacuado Baztán, Treviño, Bergara, Villafranca, Eibar, Irún, Elizondo, Donestebe... y mantenía solo las cuatro capitales y dos o tres pueblos fortificados», escribe Bois-Le Comte en 1836. «Sublevado en masa el interior de las Provincias Vascongadas» reconoce Pirala, el ejército liberal estaba valorando replegarse «y ponerse a la defensiva sobre el Ebro», abandonando los puntos de Lumbier, Tafalla, Olite, Caparroso, Mendigorria, Peralta, Viana, etc., «por no bastar por sí solas para dominar el país».[138]

El ejército carlista pudo, «cual nunca, marchar a Burgos y tomarle, seguro de que los Cristinos no le hubieran disputado el paso del Ebro, mas Zumalacarreguy no entraba en la idea de abandonar sus provincias».[139] ¿Por qué?, cabría preguntarse. ¿Sería especular demasiado decir que Tomás no

---

136. *El Vapor*, Barcelona, 26.VI.1834, p. 1.

137. Del Burgo, Jaime. *Para la historia de la primera guerra carlista*. Pamplona 1981, p. 140.

138. Pirala, op. cit., t. III, p. 492.

139. Martínez López, op. cit., t. II, p. 43.

quería abandonar un territorio en el que era posible, y como tal se barajaba, una solución política diferente limitada a las cuatro provincias vascas?

Fin del sueño: el rey aparece

El 9 de julio de 1834, Rodil, recién llegado de Portugal, lanza una proclama altisonante desde Mendavia, al frente de un gran ejército. Zumalacárregui estaba con sus batallones en Salinas de Oro y les leyó la proclama de Rodil, poniendo de manifiesto todas las fuerzas de las que disponía el enemigo. Los voluntarios dijeron *«¡Aurrera!»* y Zumalacárregui entendió que podría ir con su gente adonde quisiera. Dos días más tarde se fue a Urbasa para preparar el ataque a Rodil y estaba en Eulate cuando llegó el abad de Lekunberri, Miguel Antonio Legarra, y le dio una carta en cuyo lacre se veían las armas reales: «Zumalacárregui: Estoy cerca de España, y mañana espero en Dios estar en Urdax; toma tus medidas, y te mando que nadie lo sepa absolutamente sino tú, Carlos».[140]

Caben dudas sobre si había escapado de Inglaterra y cruzado Francia con la aquiescencia de sus respectivos gobiernos, pero allí estaba el pretendiente, el ausente de la ecuación durante cinco meses, y con su llegada cambiaba la historia de Euskal Herria. «Era el acontecimiento capital de la guerra».[141] «Fue un infortunio», resumió Somerville.

Solo un mes antes, estando en Inglaterra, Carlos había recibido la visita de J. Backhouse, subsecretario de asuntos exteriores británico enviado por el premier Palmerstone, quien le transmitió la opinión de los ingleses sobre el conflicto, insistiendo que los partidarios de Don Carlos en los

---

140. Zaratiegui, op. cit., p. 165.

141. Del Río Sainz, op. cit., p. 96 / Pirala, op. cit., t. 1, p. 378.

territorios navarros se movilizaban por la conservación de los Fueros, más que por los presuntos derechos del propio Don Carlos. Esto le dijo Backhouse:

> Pedí permiso para hacerle observar a Su Majestad Real [don Carlos] que, por toda la información que se había recibido últimamente de las provincias del Norte de España, el Gobierno de Su Majestad [británica] estaba persuadido de que, cualquiera que hubiese sido el sentimiento que había iniciado la lucha, la insurrección había cesado de ser, o en gran parte, carlista; que se continuaba más por el miedo de que estas provincias tenían de perder sus privilegios que por aquel apego a su causa [de Don Carlos] y que si el gobierno de la Reina considerara oportuno tranquilizar a estas provincias sobre el asunto de sus privilegios, había todas las razones para suponer que la insurrección se extinguiría en poco rápidamente.[142]

En su libro de memorias, Dorothea von Biron, princesa de Curlandia y duquesa de Dino, conocedora de toda la aristocracia europea del momento y muy enterada de la geopolítica europea, nos dejó un jugoso testimonio que relacionaba el precipitado viaje de Carlos con la proclamación de la República vasconavarra.

> Londres, 16 de julio de 1834 [...]
>
> Ayer era seguro que don Carlos había salido de Londres; hoy su llegada a España está igualmente fuera de toda duda. Los conservadores dicen que ha llegado a Navarra después de haber atravesado toda Francia; y ésta es también la versión del señor de Miraflores, que ahora quizás se arrepiente de haber alardeado de haber engañado al Príncipe y de haberle rodeado de espías que iban a entregarle a

---

142. Santacara, Carlos: *La primera guerra carlista vista por los británicos 1838-1840.* Madrid 2015, pp. 54-55.

la primera avanzada española, cuando en realidad ha llegado sano y salvo entre los suyos [...]

El Ministerio inglés admitió ayer conocer la llegada de don Carlos a España, que se cree que se produjo el día 9, pero dicen que desembarcó en un puerto de Vizcaya atendido sólo por un único francés, y que sus partidarios le recibieron con entusiasmo. Se afirma que sólo fue a España porque las provincias del Norte lo invitaron y amenazaron con declarar su independencia y constituirse en República si su líder natural no venía a ellas.

Es claro que debía haber grandes esperanzas por un lado y mucho que perder por el otro antes de que un hombre tan tímido e incapaz como Don Carlos pudiera ser persuadido a correr tal riesgo.[143]

Nacida en Berlín, residente en Francia y escritora en Londres, Dorothea, con su texto, añade más veracidad a la alternativa independentista, hasta el extremo de espolear al pretendiente para correr tras un trono que se le escapaba.

Dorothea von Biron, princesa de Curlandia y duquesa de Dino.

143. Dorothy Duchesse de Dino. *Memoirs of the Duchesse de Dino v.1/3, 1831-1835*. London, 1909. Cap. IV, p. 92. Arch. Laborda.

Uno de esos días de julio de 1834, llegó al país el militar francés Alexandre Saint Yon, para informar a su Gobierno de la situación de la guerra. Es de los que afirman que cuando el pretendiente se presentó inopinadamente en Navarra, Zumalacárregui «se vio sorprendido desagradablemente y quiso conservar su independencia». Por eso, añade, «se concibe que Don Carlos no sintiese mucho la muerte de Zumalacárregui, que se libraba de su tutela». Pero lo más interesante es que el militar pone en Navarra el nudo de la resistencia y afirma que «Zumalacárregui está dando a la rebelión un carácter nacional».[144]

Muchos historiadores actuales prefieren ignorar estos datos, para remachar mejor el clavo legitimista: «Zumalacárregui sentía auténtica devoción por el monarca. No necesariamente adhesión personal, sino creencia firme en la legitimidad del pretendiente [...] en sus proclamas... no suelen encontrarse alusiones al mundo tradicional que representaban tal monarquía o los Fueros. Solo los sagrados derechos de Don Carlos, como si en ellos acabara todo el entramado doctrinal».[145] Estas palabras, escritas por Manuel Montero, son pura patraña. Fidelidad a «Carlos VIII de Navarra» y «adhesión a los fueros y leyes de este Reino» fueron el compromiso que había firmado Zumalacárregui al tomar el mando el 14 de noviembre de 1833. Y si hasta el compromiso foral que había firmado de su puño y letra se le niega, ¿cómo van a reconocerle veleidades independentistas?

Junto al pretendiente, se formó una camarilla de cortesanos que pronto mostraron sus celos ante un general en jefe demasiado popular y poderoso. Para el diplomático francés Bois-Le Comte, destinado en el conflicto, «Don Carlos no era más que un testa-ferro, porque la autoridad del dicta-

144. Azcona, op. cit., p. 376.

145. Montero y Villa, Manuel. *Las Batallas de Zumalacarregui.* Txertoa 2011, p. 147.

dor Zumalacarregy dominaba toda cuestión».[146] No era para menos: el primero de noviembre de 1834 ya se había sujetado Vizcaya a la dirección de Zumalacárregui y tenía un total de 26 batallones: diez de navarros, seis de alaveses, cinco de guipuzcoanos y seis de vizcaínos.[147] «Un puñado de hombres –dice Pirala– que sin más aparato, ni más medios que unos malos fusiles y cananas, estaban luchando con valor heroico, hacía nueve meses, contra un gobierno cuya voz obedecían más de trece millones de habitantes, un gobierno dueño absoluto de todas las ciudades, plazas fuertes puertos y recursos del Estado, hallándose además sostenido por dos naciones de las más poderosas del universo».[148]

Bois-Le Comte, anticarlista mordaz, dice que la división entre Zumalacárregui y Carlos es patente, «porque este príncipe es un cero ante su general y los cortesanos alimentan la división». Y una vez más vuelve a sugerir las diferencias entre el vasco y el pretendiente español:

> Zumalacárregui tiene otras miras. Bástale mantenerse en su país, obtener ventajas en él, y conservar en fin una posición que le asegure el porvenir. Este porvenir es de otra especie que el de D. Carlos, porque para este la cuestión estriba en si ha de ser rey o no ha de ser; pero Zumalacárregui aun suponiendo la pérdida de la corona que él intenta dar a D. Carlos, todavía puede sacar un buen partido, y difícil sería en esta parte sondear el fondo de su corazón [...] Eso mismo sucede también respecto a esos paisanos navarros sobre cuya chupa ha puesto Zumalacárregui una charretera.

Y cabe preguntarse: ¿qué partido podrían sacar Zumalacárregui y los suyos si Carlos perdía la corona de España? El

---

146. Martínez López, op. cit., p. 180.

147. Ibídem, p. 139.

148. Pirala, op. cit., t. I, p. 379.

diplomático no lo aventura, aunque advierte que «su principal esperanza está en el extranjero, y saben que los extranjeros solo se ocuparán de ellos cuando tengan posibilidades de triunfar, y no se comprometerán con Francia, para conceder a su rey de Navarra y Vizcaya el apoyo público, el apoyo moral, el único que puede sacarlo adelante».[149]

Hay otros datos en estas mismas fechas. El general Maroto dijo que mantuvo una entrevista con el pretendiente en la que este le propuso la organización de una fuerza militar con la que ocupar una parte de Castilla, para instalar allí el centro del poder carlista. Tal proyecto, como el mismo pretendiente advirtió a Maroto, buscaba librarse de la influencia de Zumalacárregui de quien Carlos desconfiaba influido por sus consejeros, e insinuaba que miraba hacia la independencia.[150]

Un convenio internacional

Mientras, el general vasco seguía derrotando a sus enemigos. «En menos de un año de campaña había derrumbado Zumalacárregui el prestigio de cuatro de los ases de la baraja militar de Madrid: Sansfield, Valdés, Quesada y Rodil». A las dimisiones de estos siguió la del navarro Espoz y Mina. «Por sus venas corre sangre navarra... Y, sin embargo, él ha caído», dijo Tomás en su proclama de despedida.[151] Espoz y Mina fue especialmente cruel con sus paisanos y la única respuesta que daba para contener la rebelión era «quemar y destruir casi todo el país y hacer una guerra de exterminación».[152]

149. Bois-Le Comte, op. cit., p. 207.

150. Sorauren, Mikel. *Fueros y carlistada.* Nabarralde 2008, p. 69.

151. Del Río Sainz, op. cit., pp. 108, 125.

152. Santacara, op. cit., p. 89.

Además, el 27 de abril de 1835 se había firmado por iniciativa del Gobierno inglés el *Convenio de Canjes y Humanización de la Guerra,* denominado *Convenio Eliot,* para normalizar las leyes de la guerra y evitar el fusilamiento de prisioneros. Algunos autores de la época destacan que hasta tal extremo la autoridad residía en Zumalacárregui que Eliot trató con él y prescindió del pretendiente.[153] Según el artículo primero, «los comandantes en jefe de los dos ejércitos actualmente en guerra, en las provincias de Vizcaya, Guipúzcoa y Álava, y en el reino de Navarra, convienen en respetar la vida de los prisioneros que mutuamente se hiciesen, y en canjearlos como arriba queda dicho».

Es decir, un tratado internacional en toda regla, entre el Reino Unido y las cuatro provincias en exclusiva, firmado con el que pocos meses antes era considerado como «jefe de bandidos». Todo un gesto de soberanía nacional de un territorio liberado, cuyo futuro era aún incierto. No es de extrañar la indignación de algunos jefes dentro del ejército liberal: «El convenio de lord Eliot reconocía también todos los títulos del general en jefe de los insurgentes, y le ponía al nivel de Valdés, por cuya causa no pudo dejar de indignarse el ejército cristino, cuando fue sabedor de una transación tan vergonzosa».[154] En el Congreso español llegaron a agredir al jefe de gobierno a los gritos de «¡Muera el traidor!».[155]

En su papel de Comisionado del Gobierno Británico, Lord Eliot emitió informes de gran interés a su Gobierno: «El pueblo, que es carlista casi sin excepción, proporciona información a los carlistas y la niega al Ejército de la Reina [...] La impresión es que el Gobierno de la Reina es incapaz de dominar la insurrección en las Provincias Vascas». Dice que la

---

153. Azcona, op. cit., p. 70.

154. Martínez López, op. cit., t. I, pp. 187, 188.

155. Irujo, op. cit., p. 85.

causa carlista gana poder, que Zumalacárregui cuenta con un ejército bien armado, agrupado y provisto, y que la masa del pueblo está incuestionablemente con él: «es un gran jefe... sus hombres le siguen llenos de entusiasmo... Las tropas de la Reina, reclutadas en Castilla y otras provincias, desertan en el camino». A Lord Eliot le acompañaba en su misión el coronel John Gurwood, que en un informe enumera las cuatro causas que sostienen la rebelión carlista: primera, el respeto del país a la tradición; segunda, su firme adhesión a los Fueros Vascos y la enemistad nacional (*«national enemity»*) hacia los castellanos, a los que frecuentemente se les denomina «extranjeros»; tercera, la religión; y cuarta, el prestigio de Zumalacárregui y los restantes jefes vascos. Ni Eliot ni Gurwood vieron preocupación dinástica ni afecto monárquico alguno en los vasconavarros alzados.[156]

Hasta Zaratiegui deja constancia en su libro que era el pueblo, y no el pretendiente, el que sostenía la causa, incluso económicamente. Dice que don Carlos no trajo más socorro que el de su autoridad: «El dinero era escasísimo entre los carlistas, pues en el país que dominaban no había ni grandes capitalistas ni comerciantes; los cuales como es sabido residen ordinariamente en los puertos de mar o ciudades importantes como Pamplona, Bilbao, San Sebastián y Vitoria». Todo se mantuvo gracias a los pueblos y las pequeñas cantidades de dinero que llegaron de otros lugares fueron «tan insignificantes que no merecen siquiera el que se escriban. Si después de haber quitado a la agricultura de Navarra y provincias vascas tantos brazos, se conservaba todavía el ejercito carlista, efecto fue sin duda del celo y economía de Zumalacárregui, de la integridad de las juntas y del verdadero amor que los pueblos tenían a la causa que en su territorio se defendía».[157]

---

156. Ibídem, p. 130 y ss.

157. Zaratiegui, op. cit., pp. 205, 207.

La muerte del héroe

El 10 de junio de 1835, desde Durango, un eufórico Tomás escribe al Barón de los Valles en la que dicen fue su última carta: «Amigo estos días hemos adelantado muchísimo terreno pues cogemos a los cristinos como con redes». Refiriéndose a Don Carlos dice: «Parece que su objeto es abandonar esto e irse sobre el Ebro; por lo menos yo cuento con estar antes de tres días en Bilbao y antes de dos días en Vitoria».[158] Él quería ir a Vitoria donde ansiaba derrotar a Valdés, pero cedió ante Carlos y su camarilla y se dirigió a Bilbao. El día 15 de junio fue alcanzado en una pierna por una bala. El día 24 fallecía. Fue enterrado vestido de paisano. El pretendiente, que se encontraba apenas a 35 kilómetros de distancia, no acudió al funeral. La prensa española fue la primera interesada en aventar las desavenencias entre el general y la camarilla: «Tenemos entendido que al saber Don Carlos y comparsa que lo rodea la muerte de Zumalacárregui, fue su primer movimiento entregarse a una estúpida alegría, como quienes salían de tutela, y se quitaban un peso de encima. Así acostumbra pagar el pretendiente a quien le sirve; no tardará en conocer cuánto ha perdido con perder a aquel hombre».[159]

En los últimos cuarenta y cinco días de su carrera, Zumalacárregui había anulado al enemigo más de 10.000 hombres, con cerca de 250 jefes y oficiales; cogió 5.000 fusiles, 90 caballos, 200 cargas de cartuchos y 16 piezas de artillería; conquistó 12 guarniciones, dejó a las provincias libres del yugo liberal «y no obstante todos estos motivos de satisfacción, murió lleno de disgustos».[160] «En todas las cuatro provincias –escribe

---

158. Núñez de Cepeda, op. cit., pp. 264, 266.

159. *La Abeja* 10.VII.1835 (4/2), *El Eco del Comercio* 11.VII.1835 (2/3). Cit. Urquijo Goitia, *Tomás Zumalacárregui*, p. 271.

160. Del Burgo, op. cit., p. 142.

Zaratiegui– no encontraba ya más enemigos que en las escondidas plazas y en los fuertes»[161]. El hombre más poderoso de Euskal Herria, tuvo tiempo de hacer su testamento: «Dejo mi mujer y tres hijas, que es lo único que poseo». Y catorce onzas de oro, caballo, sables y pistolas que repartió entre los voluntarios que le acompañaron. El dueño de la política y de las finanzas del país tenía catorce onzas en su faltriquera. La noticia de su muerte entristeció Euskal Herria. Por el contrario, en ciudades españolas, como Sevilla, hubo repique de campanas, iluminación general y colgaduras.[162]

Pocos días más tarde aparecía un artículo en *La Gazette de France* en el que se mencionaba su defunción. En él se introducía una frase mencionando que su actividad bélica tenía una doble misión: ser *«le héros de la liberté de son pays dont il défendait l'indépendance et les franchises, et le champion du droit royal de Charles v».*[163] Ser el héroe de la libertad de su país cuya independencia y franquicias defendió, y el campeón del derecho real de Carlos v, viii de Navarra. Algo similar a lo que había firmado en Estella cuando tomó el mando supremo el 14 de noviembre de 1833.

Pirala publicó una carta fechada en Baiona en julio de 1835, de la que extraemos:

> Luis Felipe parece ha sentido la muerte de Zumalacárregui, pues tenía puestas sus miras en él como hombre de empresa, y lo tenía ganado... Parece cierto que, en una conferencia que tuvo aquel jefe (Zumalacárregui) con Carlos el dos de junio último, le dijo: «V. M. nos está engañando con sus pretendidas relaciones y su gran partido en las demás provincias; pero, le declaro que, si en todo julio no se pronuncian estas, le daré a V. M. el pasaporte para que se reti-

161. Ibídem, p. 143.

162. Ibídem, p. 146.

163. *La Gazette de France,* 9.vii.1835.

> re al extranjero, pues mis intenciones no son las de pasar el Ebro para colocar a V. M. en el trono». No se sabe cuáles fueron las miras secretas de Zumalacárregui, aunque hay barruntos para creer trataba de declarar la independencia de las provincias; pero sean cuales fueran, es probable se hayan sepultado con él sin que se las haya fiado a nadie, y le será difícil a Luis Felipe el encontrar otro jefe que sea tan capaz como él de llevarlos a cabo... Uno de los principales emisarios que este monarca –Luis Felipe– tenía cerca de Zumalacárregui, a su paso por Bayona había dicho que Carlos era el medio, pero no el fin que éste –Zumalacárregui– se proponía.[164]

Además de estas intenciones independentistas, en la carta se deja patente el ostensible desafecto de Carlos por Zumalacárregui, puesto de manifiesto por vez postrera al ser conocida por el pretendiente la muerte de su general.

En su *Vindicación*, Rafael Maroto llega a decir que oyó muchas veces a Zumalacárregui que había que fusilar a toda la camarilla que rodeaba al príncipe. «¡Cuánto no sufrió Zumalacárregui en la época de su mando desde la entrada de don Carlos a las Provincias! Violentóse hasta en las mismas operaciones militares, pues es notorio que le repugnaba la marcha contra Bilbao».[165]

---

164. Irujo, op. cit., pp. 114.

165. Maroto, Rafael. *Vindicación del general Maroto*... Madrid, 1846. Cit. Azcona, p. 265.

Segunda parte

«Y quien se adueñe de una ciudad acostumbrada a ser libre y no la destruya, que se espere ser destruido por ella, porque el nombre de la libertad y de las antiguas instituciones siempre encuentra refugio en la rebelión, y ni el tiempo transcurrido ni los beneficios obtenidos pueden hacer que sean olvidadas».

Nicolás Maquiavelo, *El Príncipe*

Antes de Zumalacárregui

Dice un proverbio hindú que «donde quiera que pone el hombre la planta, pisa siempre cien senderos». Y cuando aquella primavera de 1834 Tomás Zumalacárregui discutía con los suyos el camino a seguir ante la falta de un monarca al que aferrarse, sabía por tradición, por su experiencia o por el ambiente que palpaba en su pueblo que la senda independentista, o el pase a Francia, siempre estuvo ahí, y nadie medianamente informado se debería extrañar hoy día de que la explorase, siquiera como una vía más.

¿Hasta cuándo deberíamos remontarnos para dejar constancia de todas las referencias independentistas anteriores? ¿Cómo nos juzgaron todos los viajeros que cruzaron Baskonia, en relación a nuestro sentido de «nación», libertad, amor a las leyes propias e independencia política? Dejemos atrás los largos años que se necesitaron para consolidar (si es que alguna vez se ha consolidado) la conquista de Navarra y el anhelo de su antigua libertad, repetidamente reivindicado en los siglos posteriores. Cuando el embajador veneciano Gaspar Contarini visitó Navarra en la primera mitad del siglo XVI, dijo que «hay en este reino dos parcialidades... sin embargo, universalmente, todos los de este reino tienen odio a los españoles y desean su rey natural que es el señor de Albret» (*«niente di meno universalmente tutti di questo regno hanno odio agli Spagnuoli, e desiderano il loro re naturale, che è il signore di Albret»*).[166] Todavía en 1576, las Cortes exigieron al rey que en las monedas no se pusiera «Rey de España y de Navarra», sino solo «Rey de Navarra», pues desde siempre los reyes fueron «de Navarra y no de España».

Avanzaba la Edad Moderna, el filósofo Michel de Montaigne pasó por Baskonia en 1580 y dejó escrito: «Los vascos vivían desde antiguo tan felices que ningún juez podía inmiscuirse en sus asuntos [...] y tenían un sistema propio de gobierno trasmitido de padres a hijos generación tras generación».[167] Esa pretensión de libertad le costó la vida a Miguel de Iturbide, noble baztanés y diputado navarro ejecutado en Madrid en 1648, acusado de una conjura que intentaba separar a Navarra de España con la ayuda de Francia.

Durante todo el siglo XVIII son continuas las referencias a la «nación Bascongada» (Echave, 1607), que en algunos momentos se plasma en cruentas «guerras de nación», como las de Salamanca (1643) y las de Potosí a lo largo del siglo.[168] Una nación que ya entonces (Axular, 1643; Bidegarai, 1675; Etcheberry, 1712) se concretaba en siete territorios, denominados en su conjunto *Euskal Herriak* en su lengua, y *Nación Bascongada, Cantabria, Bizcaya* y *Navarra,* en las literaturas y cartografías romances. El gran Cervantes en *La Gran Sulta-*

---

166. Cardinal Gasparo Contarini. *A Collection of his published correspondence.* Compiled by Paul Hanbridge OFM Cap. 2011. Disponible en: https://www.capdox.capuchin.org.au/reform-resources-16th-century/sources/contarini/#post-135-_Toc516245994.

167. Montaigne, Michel de. *Les Essais de Michel seignevr de Montaigne.* Genéve 1616.

168. AGN, «Memorial de la Diputación del Reyno pidiendo castigo...», *Negocios Extravagantes,* c. 15, 17. Cit. Esparza Zabalegi, *Potosí...*

na (1615) recoge un diálogo antológico, al hablar de la lengua vizcaína:

> Cadí: Paréceme lengua extraña. ¿Dónde se usa?
> Madrigal: En Vizcaya.
> Cadí: ¿Y es Vizcaya?
> Madrigal: Allá en la raya de Navarra, junto a España.

Francia aparece a lo largo de los siglos como alternativa vasca a su españolidad forzada. En 1655 pasa por Navarra el noble francés Antonio Brunel y se da cuenta de que los reyes de España lo único que sacan de Navarra es la muralla natural de los Pirineos, pero ningún tributo. Le extraña que en la feria de Pamplona se comercie tranquilamente con Francia a pesar de estar en guerra con España, y concluye que «los privilegios que los navarros se han reservado y la consideración de que si se rebelasen pudieran volver bajo el poder de su legítimo príncipe, y por el cual siente todavía alguna inclinación», hace que no se atrevan a cargarles impuestos.[169]

A lo largo de este siglo se observa una mayor acentuación del sentimiento nacional. Con Moret, y luego con Alesón y Chavier, los cronistas coinciden: la conservación de la lengua es la «prueba inequívoca» de que los vascones se mantuvieran independientes, lo que justifica la existencia de los Fueros de los navarros, como también los de «sus finítimos los guipuzcoanos, alaveses y vizcaínos». Y esa postura de los cronistas era también la oficial de las instituciones del Reino. El euskera, en definitiva, acababa explicando y justificando la independencia vasca y su sistema foral.

---

169. Iribarren, José María, *Pamplona y los viajeros*... Pamplona 1957.

Larramendi, primer «republicano independentista»

Era 1745, un siglo antes del carlismo «prenacionalista» y siglo y medio antes que Sabino Arana pusiera los puntos sobre las íes, cuando el erudito jesuita andoaindarra Manuel Larramendi escribía:

> ¿Qué razón hay para que esta nación privilegiada no sea nación aparte, nación por sí, nación exenta e independiente de las demás? [...] ¿por qué el bascuence, lengua tan viva y de más vida que otra ninguna, no ha de ver a todos sus bascongados juntos y unidos en una sola nación libre y exenta de otra lengua y nación? ¿Por qué tres provincias de España (y no hablo ya del reino de Navarra) han de estar dependientes de Castilla –Guipúzcoa, Álava y Vizcaya– y otras tres dependientes de Francia, Labort, Zuberoa y Baja Navarra?... Solicitemos a unos y a otros, y nos llamaremos las Provincias Unidas del Pirineo.

Proponía hacer «una República toda de Bascongados», pero en caso de elegir rey, añadía, «se llamará Rey de Cantabria». Larramendi adivinó lo que iba a ocurrir siglo y medio después: «Guerras habremos de sustentar. Sea así. Pero serán guerras cantábricas, cuyo nombre debe infundirnos aliento». Para él, los vascos solo querían vivir libres «según sus fueros y costumbres» y por eso, «cerrando las puertas a la razón y justicia, y abriendo las de su ambición y soberbia, nos declarará Francia y España la guerra. No hay que asustarse. Treinta mil hombres estarán prontos y bien armados para recibir al enemigo, todos valientes y esforzados para defender su libertad, sus patrias».[170]

---

170. Larramendi, Manuel de. *Sobre los Fueros de Guipúzcoa. Conferencias curiosas, políticas, legales y morales sobre los Fueros de la M. N. y M. L. Provincia de Guipúzcoa.* Edición de Juan Ignacio Tellechea Idígoras, Donostia-San Sebastián. Sociedad Guipuzcoana de Ediciones y Publicaciones, 1983.

Todo el mundo que sepa leer habrá entendido las diáfanas palabras de Larramendi. Todos, menos aquellos que insisten en que hasta Sabino Arana «nadie había formulado la idea de la independencia del País Vasco». Así, para Molina Aparicio no hay ni siquiera «paleonacionalismo» vasco en Larramendi, «sino un patriotismo español [...] cuyo fin, como en el carlismo posterior, será salvaguardar la "nación" de siempre: España».[171] ¡Pobre Larramendi! Tenía que haberlo escrito todavía más claro para el señor doctor en Historia.[172]

El jesuita de Andoain no era una voz solitaria: en 1756 apareció en Pamplona el libro *Lettres sur le voyage d'Espagne*, donde el bayonés Carlos Pedro Coste d'Anorbat arremete contra los navarros y alaba al virrey por haberlos metido en cintura, pero al final sus palabras son otra loa independentista: «es el pueblo más difícil de gobernar y más altanero de Europa, que con su independencia y sus Fueros da libre curso a la maldad [...] La especie de independencia en que viven los navarros puede ser la causa de la rudeza de sus costumbres».[173]

Cuatro años más tarde, en 1760, el garestarra Juan de Perochegui editó en Iruñea *Origen de la Nación Bascongada y de su lengua*, sobre la nación que habitaba y hablaba *bascuence* a ambos lados del Pirineo. Y en 1766 el mauletarra Jean Philippe Bela intentó editar en París su *Historie des basques*, lo que impidió la censura. En su obra habla de la

171. Molina Aparicio, op. cit., p. 82.

172. Debo recoger aquí la opinión de mi conspicuo corrector Joseba Agirreazkuenaga, para el que el texto de Larramendi hay que interpretarlo en el marco de la retórica jesuítica que manifiesta la posibilidad de la tesis opuesta para reafirmar la tesis monárquica que es en la que cree. Para él, la propuesta republicana de las provincias unidas de Larramendi solo tenía el objetivo provocador de amenazar con una posible alternativa independentista para defender el status quo al que él mismo pertenecía.

173. Coste d'Anorbat, Carlos Pedro. *Lettres sur le voyage d'Espagne*, Pampelune 1756, p. 4.

«nación vasca» constituida por las siete provincias históricas: *«On divise les basques en sept provinces ou païs particuliers dont les quatre les plus considérables, divisées des autres par les Pyrénées sont soumises a l'Espagne... Haute Navarre, le Guipuzcoa, le Biscaye et l'Alava»*. El libro tuvo eco en toda Baskonia, cuando todavía faltaba un siglo para el nacimiento de Sabino Arana.

Esa «nación vasca» de la que hablan los viajeros puede que no fuera propiamente un Estado, pero tenía muchos elementos que se le parecían: fronteras en el Ebro, exención del servicio militar, capacidad legislativa y judicial y, en el caso de Navarra, poder para emitir moneda propia. De hecho, la Diputación llama repetidamente «constitución del Reino» a su propio estatus legal. En 1777, el ministro Campomanes, fiscal del Consejo de Castilla, decía que entre «las causas que pueden obligar hoy a variar esta constitución de Navarra» estaba «el derecho general de España». A ello respondió la Diputación, directamente al rey, que «ningún derecho de un Estado puede tener fuerza para otro». Ese Estado era Navarra, el cual «jamás ha tenido dependencia alguna de Castilla». En cuanto a la nobleza universal de los navarros, como la de todos los vascos, que tanta inquina ha provocado siempre entre los historiadores españoles, el informe decía que «consiste en otras distinciones que nada tienen que ver con la de los Estados de Castilla» porque en Navarra los nobles «pueden ser pecheros... sin que eso les empeciese en lo demás». Aquella respuesta de la Diputación de 308 apartados, redactada por el abogado Juan Bautista San Martín, es una de las defensas forales más largas, apasionadas, patrióticas y mejor redactadas que se conservan en los archivos del Reino. Tal vez por ello ha sido tan poco divulgada.[174]

---

174. Esparza Zabalegi, *¡Abajo las quintas!...*, p. 110.

Ese mismo año de 1777, el militar y escritor inglés Alexander Jardine recorría nuestro país en labores de espionaje para su Gobierno, y dejó sus impresiones en el libro *Letters from Barbary, France, Spain, Portugal,* publicado en 1790. «Estas tres provincias bascongadas, Guipúzcoa, Álava y Bizkaia, junto con Navarra, son ya los únicos asilos de la libertad que quedan en la península», asegura. Añade que los legisladores españoles ya están intentando persuadir al Gobierno «que son demasiado libres, que son súbditos malos y desleales: y el gobierno interino está comenzando a creerse esa doctrina y mostrar celos fatales e injustos de su prosperidad».[175]

Estas presiones para cambiar la legislación vasconavarra se manifestaron de nuevo tras las Cortes de Navarra de 1780, donde los navarros consiguieron mantener las aduanas en el Ebro y sortear de nuevo la quinta. La Real Cámara de Castilla solicitó un informe en el que se abogaba con enfado por abolir unas instituciones tan contrarias a un gobierno «ilustrado». Decían que las Cortes navarras tenían «aires de independencia y libertad», alimentando falsas diferencias con otras provincias y «engendrándose una desconfianza que retarda aquella unión estrecha propia a consolidar un cuerpo político».[176]

«Aires de independencia y libertad». Nada decían los castellanos que no dijeran los viajeros.

En 1786 se tradujo al castellano la obra *Essai sur le noblesse des Basques... per un ami de la Nation,* escrito por el benedictino francés Jean Baptiste Sanadon. Según dice, los cántabros o vascongados se constituyeron en una monarquía bajo los reyes de Navarra, por un contrato entre «la Nación y el

175. Jardine, Alexander. *Letters from Barbary, France, Spain, Portugal.* London 1790, p. 12.

176. Rodríguez Garraza, *Tensiones...*, p. 94.

Príncipe» llamado Fuero. Esa nobleza general de los vascos les eximía de las pechas y obligaciones feudales, de recibir castigos infamantes, de ser reclutados para la guerra... Para probar su hidalguía bastaba mostrar el lugar de nacimiento Desde hace mucho tiempo, afirma, a «los Bascongados, y por consiguiente los Navarros que hacen parte de ellos [...] se les ve defender contra los unos y contra los otros su independencia y su libertad [...] Todos estos pueblos tienen una misma lengua, que los castellanos llaman Bascuenze, los franceses Basque y los naturales del País Huscara o Heuscara». Cita uno a uno los siete territorios vascos y constata «la aversión que los bascongados han tenido siempre, y tienen todavía, para admitir entre sí a los extranjeros y enlazarse fuera de la Nación». Desde el inicio del libro, dice que los vascos se formaron en una especie de «República o de confederación para defender su independencia y su libertad». El resto del libro es una apología de lo mismo.[177]

Era 1789 cuando Tomás Zumalacárregui iba a cumplir un año y el abogado bearnés, Etienne Polverel, editaba su *Tableau de la Constitution du Reoyaume de Navarre et de ses rapports avec la France*, en defensa de los derechos de Navarra frente a los embates centralistas de la Revolución francesa: «Quienes dudan de que Navarra pueda conservar su independencia no conocen ni sus montañas, ni la intrepidez de los vascos, ni su amor por la libertad [...] Francia, si comprende bien los intereses, será la primera en reconocerla como una República, en aliarse con ella, en ofrecerle su protección».

En 1793, el militar español José Cadalso publicó en sus *Cartas Marruecas* que «el señorío de Vizcaya, Guipúzcoa,

177. Sanadon, Barthélemy Jean Baptiste. *Ensayo sobre la nobleza de los bascongados, para que sirva de introducción a la historia general de aquellos pueblos.* Tolosa 1786, p. 26.

Álava y el reino de Navarra tienen tal pacto entre sí, que algunos llaman a estos países las provincias unidas de España». También Larramendi había planteado en 1745 lo de «Provincias Unidas del Pirineo» y Von Humboldt diría lo mismo en 1801. ¿Qué significaba aquellos años lo de «Provincias Unidas»? ¿Era solo una referencia a la hermandad entre las cuatro? Eso se daba por descontado. En realidad, «Provincias Unidas» tenía un sentido mucho más «independentista»: es el nombre con el que se conoció a Holanda desde 1579 a 1795. La revuelta de los Países Bajos se produjo en 1568; en 1579, las provincias católicas del sur, hoy Bélgica, se sometieron a los españoles, pero no las calvinistas del norte, que declararon unilateralmente la secesión bajo el nombre de Provincias Unidas y repudiaron la autoridad de Felipe II. Después de varios decenios de guerra contra los españoles, en 1600 estos fueron expulsados de las siete provincias. Finalmente, en el Tratado de Münster de 1648, los españoles reconocieron la soberanía de las Provincias Unidas del Norte de Países Bajos. Este nombre lo mantendrán hasta 1795. Larramendi, Humboldt y Cadalso sabían a qué se referían cuando hablaban de las Provincias Unidas del Pirineo: a un ejemplo cercano de secesionismo.

Más tarde, con la misma intención independentista, se formaron en 1811 las Provincias Unidas del Río de la Plata, que luego dieron lugar a las naciones de Uruguay y Argentina. Desgraciadamente, las «Provincias Unidas de los Pirineos» fueron las únicas que no consiguieron zafarse de los españoles.

Humboldt, además, en carta a Goethe, reconoce que no había conocido un pueblo con el carácter nacional tan marcado: *«dass alle Vasken eine Nation ausmachen»*. Todos los vascos hacen una nación. Y en su libro *Pobladores de España y Lengua Vasca* dice que, «sin mezclarse con ninguno de sus vecinos [...] han conservado siempre la peculiaridad de su carácter nacional y ante todo el antiguo espíritu de libertad e independencia, que ya ensalzaban los escritores griegos y romanos».[178]

Para el militar bretón Théophile-Malo de La Tour, los vascos «parecen ser más una colonia extranjera trasplantada a Europa que un pueblo francés o español civilizado. Solo se parecen a ellos mismos».[179] Y el concepto de república sigue salpicando las crónicas de los viajeros. Para René Moutier, Bizkaia «es una especie de pequeña República. Tiene sus propias leyes, y está imbuida de un respeto tan sagrado por ellas, que nunca se desvía de ellas, ni siquiera cuando están en juego los mayores intereses. Su código es su talismán».[180] La principal característica de su personalidad es «la honestidad, junto a una terquedad indomable, el amor a la libertad [*Freiheitsliebe*]», escribió el prusiano Franz Xaver Rigel en 1807.[181]

¿Es posible que Zumalacárregui no tuviera ninguna noticia de todos esos libros que respaldaban su nacionalidad? Tal vez no, pero seguro que tuvo alrededor otros que los conocían de sobra.

El rincón que faltaba

El año 1793, guerra de la Convención, es clave para analizar los antecedentes del separatismo en los cuatro territorios y

---

178. Esparza Zabalegi, Jose Mari. *Vascosnavarros. Guía de su identidad, lengua y territorialidad.* Txalaparta. Tafalla 2012, p. 383.

179. La Tour d'Auvergne-Corret, Théophile-Malo. *Origines Gauloises.* París 1797, p. 126.

180. Moutier, René: *Lettres sur quelques provinces d'Espagne, écrites à Mme de C***.* Cit. Pérez de Laborda, Fernando. *Euskal Herria. La mirada extranjera.* Txalaparta. Tafalla 2023, p. 184.

181. Rigel, Franz Xaver. *Erinnerungen aus Spanien: aus den Papieren des Verfassers des Siebenjährigen Kampfes auf der Pyrenäischen Halbinsel von 1807 bis 1814; mit acht Original-Abbildungen echt Spanischer Nationaltrachten* / Laborda, op. cit., p. 188.

la desconfianza total de España con los mismos. Cuando la Francia revolucionaria proclama la guerra a España, e invade el sur de Baskonia, se produce una crisis que dejará demasiadas dudas sobre la fidelidad de estos territorios a la corona española. Pese a los intentos de muchos historiadores españoles por disimularlos, los datos son escandalosos. La mayor parte de la sociedad vasconavarra no mostró ninguna gana de «defenderse» de los franceses. Lo reconoce Cánovas del Castillo en su prólogo a la obra *Los Vascongados*, cuando descubre que el general Moncey «tenía grandes y seguras inteligencias en la plaza de Pamplona» y que sus confidentes le habían explicado quiénes eran en el país partidarios de los franceses:

> 1º. Los navarros, y entre estos los vecinos de Pamplona; 2º. En esta ciudad, los eclesiásticos, los frailes, unos veinte nobles, los comerciantes y los curiales; 3º. Los vizcainos y entre ellos los mayorazgos y los individuos aspirantes al gobierno del señorío; 4º. Los alaveses y de ellos los abogados, los clérigos y unos trece nobles; 5º. Los guipuzcoanos.[182]

El primer ministro Godoy llegó a escribir a su confidente Zamora dándole a entender que daba por perdidas las cuatro provincias. Este por su parte informó que en Pamplona no había nadie afecto al rey: «Yo en mi conciencia comprendo que la generalidad de la nobleza y gentes ricas de aquel país [Navarra y Vascongadas] han abrazado el corazón de los franceses».

El comportamiento de Navarra durante la guerra de la Convención llegó a exasperar al Gobierno español por su nulo afán militar y por los coqueteos con los franceses, con los que algunos llegaron a hacer planes de secesión.

---

182. Cánovas del Castillo, Antonio. Prólogo de *Los Vascongados. Su país, su lengua y el Príncipe Bonaparte*. La Gran Enciclopedia Vasca. Bilbao 1976, p. 40.

En mayo de 1794 se repartió en los pueblos un periódico impreso en París, de título *Monitor*, en el que la Convención proponía a las Cortes de Navarra unirse a la República Francesa con la garantía de «un gobierno suave, con todas las franquezas y ventajas que puedan desear de la alianza».[183] La propuesta fue planteada en las Cortes en tres días diferentes y por tres vocales distintos, lo que produjo una enorme conmoción. El virrey Colomera insistió en conocer los nombres de los sediciosos, a lo que se negaron los representantes navarros, lo cual aumentó los recelos hacia todo el Reyno.

En el frente de guerra, los navarros desertaban en masa, dejando el paso libre a los franceses, mientras las Cortes de Navarra protestaban porque los mandos del Ejército maltrataban a los desertores; Pamplona se negaba a reclutar a sus mozos y en otros lugares, como Olite, los vecinos se enfrentaban a los militares españoles, lo cual creaba al final un ambiente de calculada inoperancia que solo beneficiaba a los «invasores».[184] En Pamplona, Tafalla, Sangüesa y Marcilla salieron pasquines y «voces sediciosas alusivas a apetecer la igualdad». Guipúzcoa consumó su pase a Francia. Las Cortes de Navarra discutían seguir su ejemplo, siempre sobre la base de conservar sus fueros. El 6 de julio, una carta del ministro Godoy daba por seguro que la Convención francesa exigiría la paz a cambio de las provincias vascas y, días más tarde, Godoy escribía a su plenipotenciario Iriarte, reconociendo que no podía mantener la guerra y que «el todo del Reyno español interesa más que una parte y si por ceder esa parte se remedia el todo, no tendría el Rey dificultad en condescender» a la pérdida del territorio.[185]

---

183. Archivo Histórico Nacional (AHN), *Estado*, leg. 3952. Cit. Castillo, Txomin.

184. Rodríguez Garraza, *Tensiones...*, pp. 191-236.

185. Ibídem, p. 216.

Los franceses avanzaron en un paseo y estaban en las puertas de Pamplona cuando se firmó la Paz de Basilea el 22 de julio de 1795, por la que España recuperaba los territorios vascos ocupados a cambio de ceder a Francia la isla de Santo Domingo. Pocos días antes, después de tres años de guerra, las Cortes habían acordado llamar a los navarros al apellido, con un total de 25.000 hombres, no se sabe si para enfrentarse a los franceses –lo cual no habían hecho en tres años– o para negociar con ellos su nuevo estatuto político desde una posición de fuerza, como algunos habían propuesto en las Cortes navarras. «Si España no se hubiera rendido rápidamente –escribió en 1836 el francés Viardot– y no hubiera sido parte en el tratado de Basilea, en los intereses y en la alianza con Francia, no existe la menor duda que las provincias vascas hubieran constituido en medio de los Pirineos el *«pendant»* de las repúblicas nacidas a un lado y al otro de los Alpes por nuestra propaganda victoriosa».[186]

Cánovas escribió que, en estas provincias, la *Enciclopedia* de Diderot tuvo «más compradores que en ninguna otra parte de España», y la atracción hacia la República Francesa era tal que no les importaba acabar en su regazo. Pero también otros muchos «y no pocos nobles, encastillados como siempre en su lengua [...] permanecieron según estaban pacíficos, y hasta apáticos y egoístas». Al final concluye: «de corazón estaban más con los invasores republicanos que con los españoles monárquicos, las provincias vascongadas hicieron la guerra no más que por cumplir, en 1795, o lo que es lo mismo, sin fe, unanimidad ni constancia; y aprovechándose de ello Moncey, paseó impunemente sus columnas por el país».[187] También el historiador e hispanista francés Desde-

---

186. Viardot, Louis, *«La Navarre et les Provinces Basques»*. Revue des Deux-Mondes, 1836.

187. Cánovas del Castillo, op. cit., p. XLIII.

vises du Dezert sostiene que los vascos en general se mostraron cercanos a la Convención.

Al felicitar a Godoy por la paz de Basilea, su colaborador en estas provincias, Zamora, le aconseja:

> Si a esta paz siguiera la unión de las provincias y el resto de la Navarra sin las trabas forales que las separan y hacen casi un miembro muerto del reino, habría V.E. hecho una de aquellas grandes obras que no hemos visto desde el cardenal Cisneros o el grande Felipe v [...] Las aduanas de Bilbao, de San Sebastián y de la Frontera (Navarra) serían unas fincas de las mejores del reino [...] Hay fundamentos legales para esta operación: ellos han faltado esencialmente a sus deberes, cuesta su recobro a la Monarquía una parte de su territorio (Santo Domingo) y tenemos fuerzas suficientes sobre el terreno para que esto se verifique sin disparar un tiro, sin haber quién se atreva a repugnarlo.

Godoy le manifestó su conformidad, pero dijo que «en otro tiempo más pacífico se expurgará ese rincón que falta».[188] A partir de este momento, el Estado aceleró toda su maquinaria para la abolición definitiva de los Fueros.

A los historiadores del nacionalismo español no les gusta recordar que, un siglo antes del nacimiento del nacionalismo vasco, las cuatro provincias estuvieron a punto de pasarse a Francia, hecho consumado por Guipúzcoa. Sin embargo, la «traición» de las provincias vascas fue evidente y como tal era recordada muchos años después: en los debates parlamentarios de 1864 sobre los Fueros, Sánchez Silva afirmaba que la Paz de Basilea era un hecho en virtud del cual los vascos habían perdido todo el derecho a la autonomía, porque España, «a título oneroso», había recuperado el país a

---

188. Rodríguez Garraza, *Tensiones...*, pp. 191, 236 / Cánovas del Castillo, op. cit., p. XLIII.

manos de los franceses cediendo la isla de Santo Domingo. Sánchez Silva además reprochó a los vascos estar detrás de los movimientos secesionistas de México, Perú o de Santo Domingo. En todo América «tienen los vascongados a mucha gala llamarse vascongados, y este nombre se va haciendo tan propio que ya nadie les llama españoles [...] Generalmente los vascongados no pasan del Ebro acá: y si pasan lo consideran todo como extranjero».[189]

Guerra Napoleónica

A la guerra de la Convención le siguió la de 1808. Esta guerra atrajo a muchos viajeros obligados, sobre todo militares, que quedaban impactados con las libertades de un pueblo sin parangón en Europa. Al militar alemán Ludewing von Grolman los paisanos le contaban que las provincias vascas eran de por sí una república que pagaba una contribución anual al rey, pero ningún impuesto, que allí eran todos nobles y que no acudían a filas: «Quizá en ningún otro lugar de Europa se ha mantenido durante tanto tiempo una libertad e igualdad como entre este tranquilo y enérgico pueblo».[190]

Un pueblo al que el escritor y político francés Alexandre Laborde le dedicó en 1808 cien páginas en su *Itinéraire descriptif de l'Espagne.* Dice que Euskaldunia es «la otra denominación de la nación vasca» y que «los vascos han formado a través de los siglos una nación distinta, totalmente independiente de sus dueños efectivos».[191]

---

189. *Discusión sobre los Fueros de las Provincias Vascongadas en el Senado en sus sesiones del 13 al 21 de Junio de 1864.* Tolosa 1864, pp. 55, 109.

190. Grolman, Ludewing von, *Tagebuch eines deutschen Offiziers über seinen Feldzug in Spanien im Jahr 1808.* Cit. Laborda, p. 191.

191. Laborde, Alexandre. *Itinéraire descriptif de l'Espagne...* París 1809.

A algunos les cuesta creer que, en plena guerra contra los franceses, que los españoles tienen como el pináculo de su identidad nacional, los vasconavarros, o buena parte de ellos, estuvieran pensando en separarse de España. Entre otros, eso es lo que afirma Philippe Joseph von Rehfues, escritor alemán y decano de la universidad de Bonn, que dedicó un capítulo a los cuatro territorios meridionales en su viaje de 1808. Resalta no solo su afán por la independencia sino su empeño en reivindicarla: «La mayor curiosidad actual consiste en los rumores de que se podrían separar de la monarquía española». Y más adelante añade, en referencia a la actitud española: «Ciertas ideas políticas obsoletas no saldrán de sus cabezas a corto plazo, y cualquier español sería más propenso a ceder todas las colonias americanas que un solo dominio en su propio suelo».[192]

La guerra de 1808 llegó en medio de un empeoramiento de las relaciones entre las provincias forales y el Gobierno español a raíz de la guerra anterior. Una burguesía comercial se había consolidado y parecía dudar entre cambiar el sistema de relación con la monarquía española, quitando las aduanas en el Ebro, o aprovechar las posibilidades de un arreglo con los franceses. Eso explica, a juicio de algunos historiadores, que la ocupación francesa entre 1807 y 1808 fuera totalmente pacífica y contara hasta con la connivencia de sectores urbanos e institucionales.

La Diputación de Navarra reaccionó muy tarde y muy débilmente contra los franceses, y condicionada por la presión de los españoles. Fue una de las últimas provincias en levantarse, al igual que las otras tres hermanas vascas. La Junta Central les criticó esa falta de «patriotismo». Mari Cruz Mina afirma que en estas cuatro provincias «el levantamiento fue motivado más por la legislación liberal que los france-

---

192. Rehfues, Philippe Joseph Von: *Spanien nach eigener Ansicht im Jahr 1808 und nach unbekannten Quellen bis auf die neueste Zeit.* 1813. Cit. Laborda, p. 194.

ses intentaron implantar que por su condición de gobierno extranjero». El rumor de que los franceses llamarían a quintas forzosas convenció a los jóvenes a «irse a Mina», esto es, a la guerrilla. En esta guerra se vislumbran ya algunas características que van a estar presentes en todas las guerras del siglo: es el campesinado el protagonista de la guerrilla, dirigido por una serie de caudillos naturales –Mina, Espoz, Cholín, Burutxuri, Beltza, Cruchaga– que, generalmente, hablan la lengua vasca. Desconfiados del cariz social de la guerrilla, los notables navarros se mantuvieron al margen de la misma, como reconoció en sus memorias el propio Espoz.

Nueva Fenicia: nueva ocasión

Pese a la epidemia de «patriotismo español» que se produjo en la guerra contra los franceses, no faltó la sempiterna posibilidad de pasarse a Francia o crear un nuevo estado independiente. La «Nueva Fenicia» fue la denominación del «Estado Nacional Vasco» que, según un proyecto napoleónico, debía de resultar de la unión de los Países Vascos de España y de Francia. En el año 1803, el vasco J. Dominique Garat Hiriart escribió al primer cónsul de Bonaparte planteándole un proyecto segregacionista para todos los territorios vascos.[193] El nombre de Nueva Fenicia provenía de la creencia de Garat de que los cántabros de la época romana eran una colonia fenicia. Pero la iniciativa de Garat, un político profesional educado en la Ilustración, no fue en absoluto una extravagancia histórica.

Con la ocupación francesa, Napoleón volvió a plantear separar el «País Transpirenaico» de España a cambio de

193. Darricau, Albert. *France et Labourd.* Dax, 1906 pp. 63-65. Cit. Bolinaga, Iñigo, *La alternativa Garat.* Donostia. Txertoa 2012, p. 122.

Portugal, que se entregaría a España. Los informes decían a Napoleón que estaba sobrado «de antecedentes históricos y de razones políticas para añadir al Imperio» las provincias fronterizas, «o establecer al menos entre las dos naciones una potencia neutra que fuere un valladar entre una y otra», según indica el Príncipe de la Paz en sus *Memorias*. En 1808, Garat hizo a Napoleón la proposición concreta, de la Nueva Fenicia: «los cuatro cantones vasco-españoles y los tres cantones vasco-franceses deberían de componer dos o tres nuevos departamentos del Imperio [...] si no se crearan más que dos, el más fuerte, aquel que los puertos fueran más apropiados para recibir y guardar en seguridad las escuadras y las flotas, llevaría el nombre de Nueva Fenicia; el segundo se llamaría Nueva Tiro» y si en las montañas hiciera falta un nuevo departamento sería Nueva Sidón. Garat describe «unos pueblos que poseen conjuntamente todas las relaciones que los hombres pueden tener entre ellos y que apenas posee ninguna ni con los españoles a los que están unidos ni con los franceses a los que los otros pertenecen [...] Los vascos franceses no han adoptado las costumbres ni la lengua de Francia; y tampoco, los vascos españoles, las costumbres y la lengua de España. Unos y otros se han mantenido vascos». Y cita las leyes similares, la hidalguía universal igualitarista, el repudio al servicio militar, sus idénticas costumbres alimenticias, su fe vasco-cantabrista, su afición a cantar y, sobre todo, el idioma: «En el fondo es la misma lengua la de ambos lados del Pirineo en los tres cantones vasco-franceses y en los cuatro cantones vasco-españoles». Y ve así la nobleza vasca:

> Los vascos españoles y los vascos franceses piensan que todos son nobles, lo declaran en sus mismas costumbres, en sus leyes. Lo que hace este hecho sorprendente, es el acuerdo, la unanimidad de todos los individuos de las siete provincias vascas en esa misma pretensión. Lo que hace

> más sorprendente aún, es que las ideas de nobleza, las conservan en las faenas más plebeyas, en el taller de un carpintero, en la forja de un herrero. En España la pereza ha prosperado en la nobleza y la nobleza ha mantenido su vanidad en la pereza: los vascos, que se creen nobles, no son perezosos en ningún sitio.

Alaba sus instituciones y en cuanto al Reino de Navarra dice que «de su gobierno puede decirse lo mismo del de las Provincias anteriores». Dada su escasez demográfica, «nunca desempeñarán un gran papel si no reúnen su población, sus talentos y sus medios. Para eso tienen que estar reunidos bajo una potencia» y esa potencia no puede ser otra que el emperador. Para Garat, una de las razones de la decadencia de los vascos es esa separación artificial que les obliga a vivir divididos entre dos estados diferentes y a veces enemigos. Una vez creado el nuevo Estado, se procedería a borrar toda influencia vasco-castellana, solo habría servicio militar marítimo, la lengua única sería el euskera, se excluiría el avecindamiento de los no euskaldunes y se convertiría al País Vasco en una potencia marítima para enfrentarla al poderío inglés. Garat insistía ante Napoleón que los vascos de las dos vertientes aceptarían la propuesta, sus marinos, lanzados en corso contra los ingleses dominarían los mares y «solo su reunión difundiría entre estos pueblos un aire de fuerza, de felicidad y bienestar, que los españoles verían de seguro, puesto que lo tendrían ante la vista, y no podrían verlo sin reconocer que sería una locura resistirse». Napoleón recibió el informe y le encargó que siguiera investigando sobre el tema.

Tres años más tarde la situación ha cambiado y en el país había prendido la resistencia antifrancesa. Garat seguía adelante con su idea y presentó al Gobierno su trabajo *Recherches sur le peuple primitif de l'espagne, sur revolutions de cette péninsule, sur les Basques espagnoles et français*, en el que insistía en la creación del «Estado Nacional vasco». Abogaba por la conservación de la lengua, que califica de «fuego sagrado de estos pueblos». Idoia Estornés cita que la bandera de dicho estado sería la de Navarra ya que «debido a circunstancias extraordinarias, se tienen fuertes razones para creer que el escudo de Fenicia ha sido conservado en el escudo de armas de Navarra». El sueño de la Nueva Fenicia, como proyecto nacionalista, se vino abajo tras la derrota de Napoleón.

Garat no fue el único que anduvo en aquellas sazones empujando Euskal Herria hacia Francia. El agoizko Miguel José Azanza Navarlaz ocupó importantes cargos políticos en América, Rusia y España, pero fue a raíz de la invasión napoleónica cuando su persona cobró importancia relevante. En 1793 había sido nombrado ministro de la Guerra, y el mismo año ingresó como socio benemérito en la Real Sociedad Vascongada de Amigos del País. Presidió en Baiona la junta de notables que aprobó la primera constitución liberal española, en cuya elaboración tuvo un papel importante. En su *Historia General de España*, Modesto Lafuente transcribe dos cartas de Azanza en las que habla de los planes para unir las cuatro provincias a Francia. En la del 20 de junio de 1810, afirma que «parece indudable el deseo de unir a Francia el territorio peninsular enclavado entre el Ebro y los Pirineos, lo cual –añade– está puesto a dictamen y pendiente de decreto». En la carta del 22 de septiembre del mismo año, repite que Napoleón mantenía aún aquella aspiración, pero ya sin compensar a España con el territorio portugués, como pensaba al inicio. La derrota de los franceses lo llevó al exilio.

Otros autores, como el Marqués de Villaurrutia y el inglés Herbert Maxwell hablaron de las intenciones napoleónicas de convertir la línea del Ebro en frontera del imperio. Nada tenía de extraño: al mismo tiempo que los franceses mantenían con mano de hierro las tres provincias de Iparralde y recortaban sus derechos forales, veían con simpatía la posible secesión de Navarra y de las otras tres provincias, porque caerían irremediablemente en su órbita de influencia política, como ya lo estaban en la económica. Quizás sea por esa cercanía tradicional que muchos pensadores franceses, como Rousseau, Reclus, Mérimée, Víctor Hugo, Quinet y otros, insistieron tanto sobre el derecho de los vascos a la libertad.

El fracaso de las intentonas independentistas o del pase a Francia trajeron una reacción inversa: la introducción en el país, por vez primera, de un «patriotismo español». En 1812 se aprobó la Constitución de Cádiz. Tras las loas iniciales a los venerables fueros de «las felices Provincias Vascongadas y Navarra», en el articulado posterior se dejaba claro que la nación española era «la reunión de todos los españoles de ambos hemisferios», y equiparaba a los cuatro territorios con «las demás provincias» peninsulares y ultramarinas. Navarra dejaba de ser «reino independiente en territorio, jurisdicción y leyes» y, junto a las Vascongadas, quedó como los demás territorios peninsulares, africanos, americanos y asiáticos. Ser vasco, yucateco, tagalo o guineano era pertenecer a una misma nacionalidad. Arturo Campión comentó así aquella lección de demagogia: «El liberalismo político español, al mismo tiempo que encarecía y ponderaba los Fueros en el preámbulo de la Constitución, los abolía y extirpaba de cuajo en el texto, fabricando con los sillares derruidos nuevos templos al ídolo horrendo de la llamada *unidad constitucional*».[194]

La guerra contra los franceses «nacionalizó» como españoles a muchos vasconavarros y relajó el espíritu foral. «A Napoleón son deudores de una estatua los partidarios de la unidad nacional a la moderna»,[195] nos dice Campión. No qui-

194. Campión, Arturo. *Discursos políticos y literarios*. Bilbao 1987, p. 57.

195. Ibídem, op. cit., pp. 27, 265 / Mina Apat, op. cit., p. 72.

taremos la razón al maestro, pero añadimos que también los independentistas vasconavarros deben al corso que les ofreciera otra posibilidad. En Waterloo tal vez Euskal Herria, o la Nueva Fenicia, perdió su futuro. Hoy día, las escuelas vascas nos muestran la francesada como una guerra de liberación «española», cuando bien podría haber sido de liberación... de los españoles.

Al final de la francesada encontramos nuevas referencias independentistas. En su libro *Zumalacárregui*, editado en 1835 en Nancy y divulgado por Manuel Irujo, M. Vocaltha dice cosas curiosas: «Wellington tuvo un partido en 1812 que debía proclamarlo Rey de Navarra. Una Constitución, ley orgánica del Estado, fue promulgada a este efecto. Mina no ayudó al proyecto o no fue suficientemente alentado por Wellington».[196]

En 1814, Espoz y Mina, principal referente de la guerrilla navarra, intentó dar un golpe de mano en su conocido asalto a la Ciudadela de Pamplona. Sus oficiales le acusaron de «que se manifestaba claramente que el general aspiraba a la independencia. Que podría comprometer, no ya a Pamplona, sino a todo el reino de Navarra».[197] Ignoro más datos que este, aportado por José María Iribarren en la obra que habla de los intentos secesionistas durante la francesada. Como curiosidad, en sus *Memorias*, Espoz y Mina, referente del constitucionalismo liberal español, nos recuerda que «los guipuzcoanos, vizcaínos y alaveses, en el interés de derechos y nacionalidad, siempre han marchado unidos con los navarros».[198]

---

196. Irujo, op. cit., p. 95 / Vocaltha, M. *Zumalacarreguy et l'Espagne*. Nancy 1835, p. 106.

197. Iribarren, José María. *Espoz y Mina el liberal*. Madrid 1967, pp. 255, 393.

198. Caro Baroja, Julio. *La Hora de Navarra del XVIII*. Gobierno de Navarra, 1985.

Viajeros tras la francesada

Durante la francesada el país fue reflejado por numerosos viajeros. El militar francés Antoine-Laurent-Apollinaire Fée recorrió el país con los invasores y al pasar por Burguete, donde sus habitantes no hablaban español ni francés, advirtió que «la población de estas montañas no es más española que francesa; es vasca».[199] El poeta romántico británico William Wordsworth dedicó varias composiciones al pueblo vasco en su poemario de 1810, *Poems Dedicated to National Independence and Liberty*. Una de ellas, muy conocida, al «Árbol de Gernika», junto al que se cobijaban las antiguas libertades.

Con la llegada de las tropas de Wellington al final de la guerra, aumentaron los testimonios británicos. George Robert Gleig, militar, escritor y sacerdote escocés, pasó unos meses de 1813 entre nosotros y reflejó su experiencia en un libro muy reconocido: *The Subaltern*. «Son una raza totalmente distinta, y esencialmente diferente en casi todos los aspectos, ya sea de los españoles o de los franceses. Hablan un idioma propio, el euskera. [...] Son una tribu singular, y parecen enorgullecerse de esas peculiaridades, que les impiden fusionarse con cualquiera de las naciones entre las que habitan».

El cirujano inglés Samuel Daniel Broughton también estuvo con Wellington persiguiendo a las tropas francesas y en su libro de memorias vuelve a dejar dudas sobre los verdaderos sentimientos de los vasconavarros frente los invasores franceses: «Hay muchos sinceros y agradecidos amigos de los ingleses, no tengo duda, aunque estoy igualmente con-

---

199. Fée, Antoine-Laurent-Apollinaire. *Souvenirs de la Guerre d'Espagne dite de l'Indépendance 1809-1813*. 1861. Cit. Laborda, p. 195.

vencido de que la mayoría, en sus corazones, por una variedad de causas y prejuicios, prefieren a los franceses».[200]

Pasó la guerra y los viajeros siguieron descubriendo nuestro pueblo. El amor a la independencia de sus habitantes sigue siendo el rasgo más comentado. Victor Joseph Étienne Jouy fue un erudito francés que recorrió el País Vasco en 1817:

> Los vascos habitan sobre las vertientes opuestas de los Pirineos occidentales; la mayor parte de esta nación está sometida [sic] a España y forma la población de Navarra, Álava, Vizcaya y Guipúzcoa. Los vascos franceses ocupan a lo largo de los Pirineos septentrionales un pequeño territorio dividido en tres comarcas que se designan por Baja-Navarra [Benabarre], Soule [Zuberoa] y Labour [Labort]. Es un rasgo peculiar de la nación vasca ejercer la hospitalidad más generosa hacia los extranjeros que visitan su país, así como tomar aversión a los que quieren establecerse en él [...] La pequeña nación vasca no se parece a ninguna otra, pues todo lleva carácter original, todo va marcado con ese viejo sello que la roña del tiempo hace aún más respetable.[201]

También editaron en castellano obras apologéticas a la independencia vasca. En 1820 pudo editarse en Madrid la obra *Vasconia salvada. Tragedia en cinco actos*, de Miguel de Burgos. La obra estaba escrita desde 1807, a la espera de que las circunstancias políticas hicieran posible su edición. «Soy de Vasconia embajador, respeta en mi carácter a un pueblo libre, independiente», se puede leer en ella. La obra era la respuesta a los ataques que a la sazón se estaban dando con-

---

200. Broughton, Samuel Daniel. *Letters from Portugal, Spain and France, 1812-1813-1814*, Londres 1815. Cit. Laborda, p. 206.

201. Jury, Vítor-Joseph Étienne de. *L'hermite en province ou observations sur les moeurs et les usages français au commencement du XIX siècle*. París 1827. Traducción de Coro Rubio.

tra las libertades vascas. Es también un canto a la hermandad vasconavarra: «Ya es tiempo sí, ya es tiempo de que acaben las odiosas facciones, y que unidos bajo el patrio estandarte a su defensa corramos todos».[202]

El escritor polaco Wilheim von Lüdemann nos visitó hacia 1822 y nos describió en varias publicaciones. Cita a las siete provincias vascas a las que llama *Hescual-herriac.* El vasco, dice, «fuera de sus montañas, no conoce ninguna patria».[203] Al año siguiente cruzó el país el militar y político francés Adolphe de Bourgoing, que además de los adjetivos habituales (indomables, danzarines, pelotaris) y de admirar una administración «más ilustrada, más independiente», concluye que de «esa independencia de las provincias, esta fuerza y esta autoconfianza surgieron resultados inesperados, imposibles de conseguir en un país organizado como Francia».[204]

Independencia que vuelve a recalcar en su libro de 1825 el militar y escritor escocés Davis Steward: «Los vascos, o habitantes de los Pirineos occidentales, son diferentes de los súbditos de los dos Reinos a los que pertenecen, por su imagen corporal y hábitos, así como por un elevado espíritu de independencia y orgullo de abolengo. En muchos aspectos, muestran marcas sorprendentes de una raza original y sin mezcla».[205]

---

202. Burgos, Miguel de. *Vasconia salvada. Tragedia en cinco actos.* Madrid 1820.

203. Lüdemann, Wilheim von. *Züge durch die Hochgebirge und die Thälern der Pyrenäen im Jahre 1822.* Berlín 1825. Traducido al castellano por Justo Garate y Martín Zubiria como *Viajes a través de las montañas de los Pirineos en 1822.* Pamplona 1972.

204. Bourgoing, Adolphe de. *L'Espagne. Souvenirs de 1823 et de 1833.* París 1834. Cit. Laborda, p. 220.

205. Steward, David. *Sketches of the character, manners, and present state of the Highlanders of Scotland.* Edinburg 1825, p. 13.

Pertenecen a esa raza de montaña que, como los galeses en Gran Bretaña, «afirman ser los señores primitivos del país y conservan el espíritu de laboriosidad y firme independencia que distinguía a sus progenitores», escribió el diplomático estadounidense Caleb Sushing, tras visitar Euskal Herria en 1829.[206] Los textos de los viajeros durante y después de la francesada ayudan a entender y contextualizar los intentos separatistas de Garat y Azanza: «No son españoles ni franceses» (Fée). «Conservan el espíritu de laboriosidad y firme independencia» (Sushing). «Son esencialmente diferentes» (Gleig). «Prefieren a los franceses» (Broughton). «La nación vasca no se parece a ninguna otra» (Jouy). «Un pueblo libre, independiente» (Burgos). «Se distinguen por un elevado espíritu de independencia» (Steward). «Fuera de sus montañas, no conoce ninguna patria» (Lüdemann). «De esa independencia surgen resultados inesperados» (Bourgoing).

El amor de los vascos a la independencia: tan loado en los libros de antaño cuan ocultado por los historiadores hogaño.

La guerra realista

En abril de 1821 aparecieron por los montes las partidas realistas en contra del régimen constitucional. Aquí también se dividen nuestros historiadores: mientras unos hablan de un levantamiento generalizado en favor del Trono, el Altar y los Fueros,[207] otros estiman que «no pasaron» de 3.000 las personas alzadas, muchas de ellas con reclutamiento forzoso, y resaltan los apoyos que el régimen liberal contaba entre

---

206. Caleb Cushing. *Reminiscences of Spain, the country, its people, history, and monuments.* Boston 1833. Cit. Laborda, p. 226.

207. Del Burgo Jaime. *Historia de Navarra*, p. 598.

los naturales. En conclusión, afirma Ramón del Río Aldaz, lo ocurrido en Euskal Herria solo fue «una rebelión española realista», que si tuvo más apoyo en Navarra fue «porque se sirvieron de la fuerza para reclutar hombres» y, claro, por la influencia del clero.[208] ¿Fueros? ¿Particularidad vasca? ¡Por favor!

Este mismo autor destaca el papel de «un sector importante de navarros» que salieron a defender los ideales revolucionarios, pero produce risa que él mismo explique así aquel «altruismo»: «Cierto que estos hombres defendían sus intereses económicos, sus haciendas, sus profesiones, las tierras que habían comprado en la guerra de la Independencia y las que estaban comprando en esas fechas. Pero también defendían algo más. Luchaban por la libertad, por la igualdad jurídica y, en definitiva, por unos valores, un sistema distinto al del Antiguo régimen». Es decir, que mientras los pobres realistas eran solo manipulable «carne de cañón», los ricos liberales defendieron la libertad «de manera heroica».[209] Lo de menos eran sus intereses económicos, sus gordas haciendas, sus profesiones «liberales» vete a saber cómo logradas y, sobre todo, el arrample de las tierras comunales que habían comprado y seguían comprando. Eso eran minucias. Lo que impulsaba a aquellos privilegiados a tomar las armas, bien custodiados, eso sí, por el ejército español, era sobre todo el anhelo de la libertad. ¿Cabe mayor maniqueísmo?

El cancionero vasconavarro de este siglo recoge con ironía el verdadero interés de aquellos acomodados liberales, que vieron en la «Causa de la Libertad» una escalera hacia el medro. Para el pueblo en general, eran «peseteros», ladrones

---

208. Del Río Aldaz, Ramón. *Orígenes de la guerra carlista en navarra 1820-1824*. Príncipe de Viana 1987, pp. 184, 433.

209. Del Río Aldaz, Ramón. *La crisis política navarra a finales del antiguo régimen*. En Gerónimo de Ustáriz, n.º 2. Pamplona 1988, p. 17.

y vendidos, y hasta ellos mismos lo reconocían en esta canción que Ángel Morrás recogió en Tafalla:

Soldados de la Patria
¡Viva la Libertad!
Ahora como siempre
sabremos cobrar
el rico salario
de la Libertad

Parece lógico deducir que, si la sublevación realista fue más amplia en las cuatro provincias que en el resto de Estado, fue porque tenían unas peculiaridades distintas, fundamentalmente sus fueros. Las primeras medidas del Gobierno, que anunciaban desamortizaciones, supresión de aduanas y la imposición de la quinta, arreciaron la protesta. No es de extrañar que Navarra fuera la primera en levantarse en armas y que la guerra tuviera su principal escenario en Euskal Herria, donde seguía vigente el sistema foral, y en Cataluña donde se había disfrutado hasta fechas recientes. La junta gubernativa rebelde de Navarra publicó un manifiesto a los navarros diciendo que «jamás consintieron libremente el fatal trastorno de gobierno contrario a la sabiduría de sus fueros, leyes y costumbres». Y advertía que hasta el nombre de navarros les iban a trocar, «cambiando el antiguo reyno de Navarra por una mera provincia de Pamplona».[210]

En esta guerra comienzan a aparecer bandos gubernamentales dirigidos conjuntamente a los habitantes de las cuatro provincias. El del general Espinosa prometía a los vasconavarros una peseta diaria de jornal si se alistaban como voluntarios constitucionalistas, amén de una rebaja en el servicio militar obligatorio. Era la figura del «pesetero», odiada en el país, que se repetiría en las guerras siguientes. La

---

210. Mina Apat, op. cit., p. 104.

5ª Región Militar, que abarcaba las cuatro provincias, fue declarada en estado de excepción. Cuando en julio de 1822 Salvador Sánchez, comandante militar de Pamplona, perseguía a los sublevados realistas, se comunicaba así con su jefe político en un oficio reservado: «Ninguna noticia nos dan los ayuntamientos. Se puede decir acerca de esto que vivimos en un país enemigo». Y el general Torrijos, comisario de la guerra, harto de la actitud hostil de pueblos «facciosos», exigió a la Diputación en enero de 1823: «Pronúnciese de una vez Navarra, diga si quiere o no pertenecer a la heroica nación española y decida su suerte».[211]

Esos llamamientos oficiales y de la prensa a pertenecer a la «nación española» se repetirán en esta guerra y continuarán en las posteriores, dejando en evidencia que no estaba muy segura la españolidad del territorio. El Ayuntamiento de Pamplona también emplazó a los pamploneses a que optasen «entre pertenecer a la Nación española –grande, generosa, virtuosa– o a una facción inmoral».[212] Amenazantes pasquines militares inducían a la rendición: «Si no os reconciliáis con la Patria, temblad [...] la muerte en el campo o en el patíbulo es la suerte que os espera», decía un bando del general Torrijos.[213]

Era inevitable que aquel ejército extraño, hostigado por los naturales, viera a toda la población como enemiga y, como consecuencia, provocase rechazos colectivos. El general Torrijos impuso grandes multas a Puente la Reina por colaborar con los alzados; cuando la Diputación protestó por ello, pidiendo que la guerra fuera entre «facciosos» y militares, sin afectar a los pueblos, el general expuso con cruda claridad su pensamiento: «¿Y qué son los pueblos? ¿No son espa-

---

211. Vélez Medrano, Xabier. *Historia de Puente la Reina/Gares y Valdizarbe.* Altaffaylla 2013, t. I, p. 621.

212. Del Río Aldaz, *Orígenes...* p. 265.

213. AGN, *Guerra,* leg. 27, c. 29.

ñoles sus habitantes y obligados por la Constitución a defender la Ley Fundamental del Estado? [...]. Desengañémonos, los pueblos alimentan la facción y Puente la Reina es uno de los que más se distinguen».[214]

Otro militar liberal, el capitán Francisco Moriones, recalcaba este comportamiento «opresor» de las tropas españolas, en las que, afirmaba, «han encontrado esos pueblos no sus libertadores y conciudadanos, *sino sus enemigos y opresores.* Insultos, robos particulares y limpieza general de gallinas es lo único que han experimentado todos generalmente, sin la menor distinción del bueno y del malo, motivo por el cual han llegado a temer mucho a las tropas nacionales y al mismo tiempo aborrecerlas».[215]

Es cierto que en esta época aparecieron los primeros liberales navarros, fortalecidos durante el Trienio Liberal, que jugarían en lo sucesivo un papel importante en la política navarra. Arturo Campión cuenta que desde esos días «hubo en Navarra un grupo de liberales a la española, centralistas y unitarios».[216] Sin olvidar lo anterior, es evidente que la defensa de la Constitución española en Navarra recayó de forma fundamental y decisiva en el Ejército español que, aunque jaleado por los primeros, para la generalidad de la población era muchísimo más impopular, por lo extraño y oneroso, que las partidas de navarros alzados. Tropas de Jaén, batallones de Toledo y Barcelona, caballería de Lusitania, compañías de Bailén y Sevilla y otras unidades militares fueron, no lo olvidemos, el principal «argumento» político de los liberales.

Junto a este peso decisorio del Ejército español existió un voluntariado navarro constitucionalista, motivado en parte por ideología –sobre todo en Tudela– y en buena parte tam-

---

214. Ibídem, c. 48.

215. Ibídem, c. 38.

216. Rodríguez Garraza, *Navarra...*, p. 54.

bién por la seguridad de mayor paga, por sometimiento reflejo al poder constituido y porque ese servicio suplía de ser soldado. El bando del general Espinosa de octubre de 1822, dirigido a las cuatro provincias, prometía a los que se apuntasen como voluntarios constitucionales ser «mandados por vuestros compatriotas» –refiriéndose a la oficialidad vasconavarra, lo cual era una cesión a la tradición foral del país– y a disfrutar «cada día de una peseta y libra y media de pan para vuestro sustento, y si después os cupiese en vuestros pueblos la suerte de quintos, se contará el tiempo que permanezcáis contra los facciosos rebajándolo de los 6 años que están señalados por la ley».[217]

Al comprobar los militares que las propuestas combinadas de arrepentimiento y amenazas producían enfrentamientos entre los navarros alzados, y entre estos y los pueblos, publicaron nuevos indultos. El de enero de 1823, el Gobierno proponía a los arrepentidos el perdón, a cambio de enrolarse a los cupos de quintas de Navarra. Quienes no lo hiciesen y les tocase en suerte la quinta, sus familias pagarían un sustituto y, en cualquier caso, todas las familias de los alzados que no se entregasen pagarían los sustitutos de los quintos que estaban en rebelión. Esta práctica de los gobiernos liberales de ensañarse con las familias se repetirá en las guerras siguientes.[218]

La entrada, en febrero de 1823, de los Cien mil Hijos de San Luis acabó con el gobierno constitucional; los Fueros fueron restablecidos. Esta sublevación fue un claro precedente de las siguientes guerras carlistas, y a muchos de los guerrilleros en esta contienda los veremos en el campo carlista en la siguiente. La guerra realista mostró también la similar actitud y respuesta política de las cuatro provincias, con unos

---

217. AGN, *Guerra*, leg. 27, c. 18.

218. Ibídem, leg. 28, cc. 2, 29, 37.

territorios parejos, diferenciados del resto y liderados por una hermana mayor, superior al resto en población y territorio, que era el Reino de Navarra. Así lo refleja Andrés Martín, párroco de Ustarroz, nada más acabar la guerra, cuando recuerda cómo se preparó «el levantamiento general de este reyno y de las provincias bascongadas», ya que «Álava, Guipúzcoa y Vizcaya, cuyas leyes, usos, costumbres y genio de lealtad habían seguido siempre a la par de los navarros».[219]

La restauración de 1823 consolidó la idea de los vasconavarros de unir sus fueros al poder absoluto, «dejando la profunda convicción en los ánimos, de que la existencia de los privilegios de las Provincias Vascongadas estaba unida a la conservación de la autoridad soberana del rey».[220]

Pero la llamada «Década Ominosa» (1823-1833) supuso algo más para las provincias vascas y fue la posibilidad que tuvieron de armarse, de acuerdo al Fuero, lo que explica la duración de la guerra carlista posterior. Las milicias provinciales creadas en 1823 fueron la clave. Gracias a la autonomía administrativa y fiscal del régimen foral, las diputaciones utilizaron los tercios de naturales armados para instruir militarmente a las clases populares y adoctrinarlas en un antiliberalismo foralista. En 1825 se estimaba que el número de naturales armados en los cuatro territorios llegaba a 30.000 hombres. Así, en 1833 optaron por don Carlos porque pensaban que solo una monarquía pura y absoluta podría garantizar la continuidad del ordenamiento tradicional, esto es, de los Fueros.[221]

---

219. Martín, Andrés. *Historia de la guerra de la División Real de Navarra...* Pamplona 1825, p. 17.

220. Ibídem, t. 1, p. 22.

221. Agirreazkuenaga, op. cit., p. 193 / Ortiz de Orruño, José María. *La militarización de la sociedad vasca en tiempos de paz: los naturales armados (1823-1833).* Univ. País Vasco. Vitoria-Gasteiz, 1998.

Allende el Ebro

La frontera es uno de los símbolos más evidentes de la autonomía y soberanía de los pueblos. Indica control de un territorio, autoridad y gestión del movimiento de gentes y mercancías. Las fronteras son inherentes a los países libres. Ya en el siglo XVIII, a partir de los decretos de Nueva Planta que despojaron de la independencia fiscal a los territorios de la Corona de Aragón, los cuatro territorios comenzaron a ser denominados «Provincias Exentas». Desde que en 1722 Felipe VII de Navarra (V de España) respetó las aduanas del Ebro, las tres provincias eran las únicas, junto al Reino de Navarra, que quedaban con un sistema fiscal con hacienda propia y fronteras con España.

Como otros baluartes del sistema foral, el de las aduanas se resolvió por las armas, pero antes hubo otros intentos. Durante los siglos XVI y XVIII la Corona trató de modificar los aranceles aun a costa de contrafueros, pero fue con el Duque de Olivares cuando comenzaron a presionar para la desaparición de las llamadas «fronteras del Ebro». El 6 de octubre de 1717, se comunicó el decreto por el que todas «las aduanas de España» se debían trasladar a los puertos de mar y a las mugas con Francia. Es la primera vez que en un decreto oficial se habla de España en lugar de Castilla. El traslado motivó una «matxinada» popular y una gran represión posterior. Finalmente, en 1722, Felipe V ordenó la vuelta de las aduanas a sus mugas históricas. El consejero real, Marqués de Campoflorido, ya había advertido al rey sobre la «unanimidad con que las provincias y el reino de Navarra repetían que mover las aduanas era contrario a sus fueros».[222]

---

222. Novia de Salcedo, Pedro. *Defensa histórica legislativa y económica del Señorío de Vizcaya.* Bilbao 1851.

Hay historiadores que ven en esta reacción contraria de las tres provincias y del Reino de Navarra el comienzo de una andadura política común de los cuatro territorios, después de los desencuentros en la conquista de Navarra. Las aduanas, las quintas y el mantenimiento de las constituciones propias van alejando a las tres provincias del área castellana, y se van uniendo a los navarros en las mismas demandas. Tras volver al Ebro la línea fronteriza, el tema volvió a plantearse en 1757, y en los debates de las Cortes navarras aparecen «papeles de ratonera» alabando a alaveses, vizcaínos y guipuzcoanos, que resisten «con heroico tesón» al traslado.

Acostumbrados a viajar, los observadores extranjeros repararon en esa frontera. En 1777, el diplomático francés Jean François Bourgoing, en su libro *Nouveau Voyage en Espagne* decía de las tres provincias: «tan diferentes de los castellanos, también parecen vivir bajo otra dominación. En muchos aspectos su país se supone que está más allá de las fronteras de España». Y del reino de Navarra añade que «conquistado por Fernando el Católico a Jean d'Albret, forma, como la Vizcaya, una región aparte, que ha conservado sus costumbres, sus privilegios y su tribunal particular y que en algunos aspectos se considera como independiente de las fronteras. La mayor parte de las mercancías procedentes del extranjero entran en Navarra libremente, sin pagar derechos, y no son inspeccionadas hasta Ágreda, primera aduana de Castilla por aquella parte».[223]

En las mismas fechas, el escritor belga Jean François Peyron afirmaba en su *Nouveau voyage en Espagne fait en 1777 et 1778* que el Ebro no solo nos separaba de Castilla, sino que servía además de barrera a la especie de libertad

223. Bourgoing, Jean François. *Nouveau Voyage en Espagne*... París 1788. Cit. Laborda, p. 156.

que se disfrutaba en Bizkaia (*«sert de barriere à l'espece de liberté dont on jouit dans la Biscaye»*).[224]

Tras continuos tiras y aflojas, la promulgación de la libertad de comercio de todos los territorios de la Corona con América dio en 1778 a Carlos III de España y VI de Navarra el instrumento para acabar con la situación, al excluir de los beneficios a los vasconavarros en tanto no aceptasen la supresión de las aduanas con Castilla y Aragón. Con el nuevo reglamento «consideraban a Navarra, desde el punto de vista comercial, como un país extranjero», afirma Rodríguez Garraza. La Real Orden del 24 de julio de 1779 calificaba de extranjeros a los frutos y géneros de Navarra y Vascongadas, y gravados por lo tanto con un 15 %. Los partidarios del traslado decían que «por las Aduanas existentes en el Ebro, solo en el nombre viene a ser Navarra miembro propio del cuerpo de Estado [...] reducida a los estrechos límites de su corto recinto; cerrada por todas partes... Navarra en fin, se halla estimada y tratada como provincia extranjera».[225]

Pese a las presiones, en el debate de las Cortes navarras de 1781 volvieron a salir gananciosos los contrarios al traslado, para quienes la pérdida de las aduanas representaba «la pérdida de la libertad navarra». Ese año, el liberal vasco Berriochoa escribía a las Cortes quejándose de «esos grillos que tenemos en la raya de Castilla y Aragón que nos separan y desunen a los españoles, conceptuándose en la clase de país extranjero».[226]

«La línea aduanera –afirma Rodríguez Garraza– con sus principales puestos de control en Orduña, Balmaseda, Vitoria y Tudela separaba, al menos económicamente, al terri-

---

224. Peyron, Jean François. *Nouveau voyage en Espagne fait en 1777 et 1778*. Londres 1783, p. 345 / Laborda, op. cit., p. 160.

225. Rodríguez Garraza, *Tensiones...*, p. 127.

226. Mina Apat, op. cit., p. 42.

torio vasconavarro del resto de la monarquía». De hecho, el estudio que hace este autor durante el quinquenio 1775-79 demuestra que el comercio de Navarra estaba fundamentalmente orientado a las Vascongadas en primer lugar, con un 62,3 %; luego a Francia, con un 37,2 %. «Llama la atención la ausencia casi total de productos españoles», dice Rodríguez Garraza, pues solo se importaba el 0,5 % del total.

> La resistencia de estas provincias a integrarse en una economía nacional persiste durante todo el siglo XVIII y casi toda la primera mitad del XIX. Al mismo tiempo, los ataques de la administración central, apoyada por la literatura político-económica de la época, son cada vez más consistentes. Con todo, los partidarios de llevar las aduanas a la costa cantábrica y al Pirineo, pese al apoyo gubernamental con que contaron, no lograron imponerse a la opinión más generalizada de los habitantes de estas provincias, orgullosos y satisfechos con su independencia aduanera.[227]

Según la historiadora Mina Apat, «la gran mayoría fundamentalmente campesina», en un momento de aumento de la crisis, la usura y la privatización de comunales, «veía en el traslado de las aduanas multiplicarse por cuatro el precio de los artículos de primera necesidad». La misma autora atribuye a la venta de comunales desde 1793 y su pase a manos privadas (liberales fundamentalmente) la mayor virulencia que la guerra carlista tuvo en el País Vasco.[228]

Es significativa la imagen que a finales del XVIII nos da el ilustrado Valentín de Foronda: «el pueblo [vasconavarro] teme más el nombre de aduanas que sufrir un terremoto como el que acaba de trastornar Sicilia».

---

227. Rodríguez Garraza. *Navarra de Reino a provincia* / Ibídem, *Tensiones de Navarra con la administración central (1778-1808)*. Pamplona 1974, p. 99.

228. Mina Apat, op. cit., pp. 47, 51.

Sin comercio con España, sin aportación de soldados y sin contribuciones, las cuatro provincias eran «casi un miembro muerto del reino», según palabras de Zamora al ministro Godoy en 1795. La rebelión vasca de 1833, alimentada precisamente por la presión centralista, les dio la excusa definitiva para pasarnos por encima su molón constitucional y unificador.

Lo dijo claro el embajador de España en la guerra de los siete años, cuando habló con el Rey de Francia sobre la causa carlista:

> Señor, no hay tal carlismo, lo que hay es que las provincias privilegiadas se alborotarían a todo cambio de gobierno, siempre que crean que pueden igualárselas con las demás de España. V. M. debe saber que las provincias vascongadas son repúblicas sobre las cuales el rey de España no ejerce más que un protectorado y que no reportan ventajas para la hacienda del Estado. En Navarra el rey es constitucional, si se quiere llamar constitucionales a las antiguas formas de aquel reino, pero no tiene ventajas a favor del tesoro de la nación [...] Así pues en dicho Reino todos pelean por lo mismo, pero como no hay quintas, contribuciones, es esta la verdadera causa [...] lo que hay es que las provincias y Navarra se sirven del Carlismo para no contribuir a las cargas del Estado.[229]

En la prensa europea daban relevancia a la cuestión de las aduanas. En la revista inglesa *The Quarterley Review* de febrero de 1837, se comentaba los escritos de lord Carnarvon en los que hacía «una relación política de los países vascos: Navarra, Vizcaya, Guipúzcoa y Álava». Decía que este territorio tiene fronteras con Castilla, y «al igual que ocurre en las fronteras de Francia con Bélgica y Suiza, se encuentra allí

229. Rodríguez Garraza, *Navarra...*, p. 218.

establecido el mismo sistema, tanto de prevención en una parte como de contrabando en la otra. En una palabra, las provincias vascas, como consecuencia obligada de sus privilegios, han sido tratadas con respecto al comercio, por el resto de España, desde hace mucho tiempo, como una nación extranjera».[230]

No es de extrañar, como reconocen algunos autores, que en la guerra se observe una gran correlación entre la negativa a trasladar las fronteras del Ebro con la adscripción al carlismo «e igualmente sucede, de forma inversa, con la defensa del traslado y la vinculación al bando isabelino», aunque luego se esfuercen en remarcar que fue una guerra dinástica.[231]

El repugnante servicio

El 22 de febrero de 1834, el general Quesada envió un informe al Gobierno señalando que había que enviar a Ultramar a todos los oficiales subalternos. «Pacificado este reino –indicaba–, debe hacerse una saca de seis mil hombres al menos, por dos razones de muchísima importancia; primera para que el resto de España participe de este alivio de las quintas, pues aquí no se han verificado las dos últimas, y lo segundo, para limpiar el país de elementos tan perniciosos».[232]

He aquí uno de los motores de las sublevaciones vascas, la obligación del servicio militar, que ya recogí extensamente en el libro *¡Abajo las quintas!* La forma en que, a lo largo de la historia, los navarros, y los vascos en general, han mirado el servicio militar obligatorio en sus distintas denominaciones (apellido, conscripción, levas, tercios, quintas, contribu-

230. Irujo, op. cit., p. 365.

231. Pan-Montojo, op. cit., p. 32.

232. Pirala, op. cit., t. 1, pp. 283, 285.

ción de sangre) es sin duda uno de los rasgos de su identidad histórica. Esta identidad venía ya reflejada en sus fueros, según los cuales los navarros solo podían ser llamados a las armas en el caso extremo de que «*huest enemiga*» entrase en Navarra, siempre dirigidos por naturales del país y sin poder traspasar las fronteras del Reino.

La legislación foral fue siempre esgrimida para rechazar en las cuatro provincias todos los intentos de levantamiento de levas o quintas, y los intentos del Gobierno de hacerlo por la fuerza se saldaron con deserciones masivas y denuncias de contrafuero. «Navarra es y se ha considerado siempre reyno separado», repetía una y otra vez la Diputación. Entre 1719 y 1770, hubo diez primeras quintas irregulares que no tuvieron aplicación en las llamadas «provincias exentas». En 1770, con un decreto de Carlos III, nacía el sistema de quintas, con la exclusión de los cuatro territorios, aunque en 1773, por razones extrañas, Navarra aceptó la Ordenanza de Reemplazos, que fue continuamente denunciada los años siguientes como contrafuero.[233] A trancas y barrancas, con donativos, deserciones masivas, compra de sustitutos, levas de vagos, etc., se fueron sorteando las quintas hasta hacerlas impracticables, y arrebatando al Estado lo que ya para entonces se consideraba como uno de los principales instrumentos de unificación nacional. En la guerra de la Convención, la deserción masiva de los navarros permitió a los franceses llegar a las puertas de Iruñea, lo que fue considerado como una connivencia con el invasor.

A finales de 1800, Carlos IV publicó su Ordenanza para el reemplazo del Ejército, pero en el reparto de quintos que proponía por provincias y reinos aparecían todos menos el Reino de Navarra y las tres provincias. Empero, en julio de 1803 el Gobierno dictó otra orden pidiendo a los cuatro terri-

233. Esparza Zabalegi, *¡Abajo las quintas!*, p. 102.

torios, de forma conjunta, 2.000 hombres. Las Diputaciones se negaron y Godoy envió al ejército para obligarlas a cumplir, lo que produjo una gran deserción y convulsión en los pueblos. De ninguna manera «se ejecutó la quinta», como afirma Mina Apat. En 1806 le fueron de nuevo solicitados a Navarra 1.498 soldados, a lo que se volvió a negar, siendo la quinta finalmente aplicada en parte a «vagos y quimeráticos», y el resto con pago de dinero, lo que supuso que en Navarra siguiera sin aplicación real el sistema de quintas. La francesada suspendió las quintas hasta que, en 1817, Fernando VII pidió un cupo anual a las cuatro provincias, que se negaron a dar. Al final, hicieron una propuesta conjunta comprometiéndose a entregar diez millones de reales para cumplir con la quinta, «pagados mancomunadamente por todas y cada una de las cuatro provincias *insolidum*», según el convenio firmado el 28 de octubre de 1818. La venta de los comunales era el recurso más fácil para hacer frente a la carga y desterrar, como decía la Diputación, «el fatal sorteo y la funesta quinta, cuyo solo nombre horroriza a los navarros».[234] La guerra realista suspendió las quintas para evitar que los jóvenes engrosaran aún más la rebelión, porque la táctica de los rebeldes, según escribía la Diputación al Gobierno, era «pintar a los sencillos habitantes [...] las contribuciones pecuniarias y de sangre como las más insoportables».[235] Es decir, que si no fuera por los embaucadores, los aldeanos vasconavarros estarían felices con quintas y contribuciones, esto es, sin fueros.

En agosto de 1829 el Ministerio de Guerra volvió a la carga, ordenando que «Navarra y provincias Bascongadas deben dar su cupo respectivo para el reemplazo del Ejército que sean necesarios al decoro y seguridad interior y exterior de

234. Del Río Aldaz. *Orígenes de la guerra...*, p. 66.

235. AGN, *Quintas*, Leg. 3, c. 20. Cit. Esparza Zabalegi, *¡Abajo las quintas!*, p. 195.

la Monarquía de las que son parte integrante». En enero de 1830, el Gobierno exigió enérgicamente a las cuatro provincias los contingentes de los años 1818, 1819, 1824 y 1827. Sin embargo, consiguieron eludirlas. En 1833 hubo nuevas peticiones, pero las provincias estaban políticamente fuertes frente a Madrid y se negaron rotundamente. Una vez iniciada la guerra carlista, con las cuatro provincias en armas, nadie se atrevió a mentar las quintas hasta la Ley de Modificación de Fueros de 1841.

En resumen, desde el siglo XVI, apenas sin altibajos, los intentos de todos los gobiernos españoles de normalizar en Euskal Herria la «contribución de sangre» habían fracasado. Pero la amenaza de la quinta continuaba viva con el estado liberal, que avanzaba detrás de su ejército unificador y el apoyo de sus cipayos locales. Había que derrotarles con las armas en la mano *también* por eso.[236] La derrota en la primera guerra carlista supuso la imposición en Navarra de lo que la Diputación calificó repetidamente como «repugnante servicio». Las tres hermanas aguantarían unas décadas más.

Todos los viajeros que nos visitaron remarcan las aptitudes de los navarros para la guerra de guerrillas, al mismo tiempo que su aversión al ejército regular. Para Von Goeben: «Tan pronto como el navarro dejaba su tierra, era el peor soldado, inquieto, propenso a la rebelión y a los desórdenes y siempre descontento; siendo su eterno estribillo: ¡A Navarra, a Navarra!».[237] Para Valle Inclán, «esta falta de sentido militar no es más que un profundo sentido de la civilización».[238]

---

236. Esparza Zabalegi, *¡Abajo las quintas!*, p. 208.

237. Von Goeben, Augusto. *Cuatro años en España (1836.1840)*. Príncipe de Viana. Pamplona 1966.

238. Extramiana, op. cit., p. 307.

Bajo la firma de «Un español» escribía Ojeada sobre la guerra civil: «Odian sobre todo el servicio militar, y de este odio nace el temor de perder el fuero que los exime de él, y engendra una aversión inextinguible a los soldados, fortalecida y arraigada por sus excesos y usurpaciones».[239] Sin embargo, en las conclusiones de su citado libro la historiadora María Cruz Mina ni siquiera nombra las quintas entre las razones que impulsaron al campesinado vasconavarro a la sublevación carlista. Para ella, pasar seis años guerreando en Cuba o Filipinas no debía ser para tanto.[240]

Supongamos, aunque sea mucho suponer, que como dicen algunos historiadores los jóvenes vasconavarros que se echaron al monte en las sucesivas guerras no tuvieran claro el sentido de los Fueros ni los recordaran en sus banderas políticas. Pero hasta el aldeano más sinsorgo sabía de sobra que las cuatro provincias eran exentas y las únicas que venían eludiendo desde siglos atrás «el repugnante servicio» de las armas. Bastaba ver la penosa condición de los quintos españoles, que traían arrastrados a la fuerza a las provincias rebeldes, o la continua deserción de los mozos de Iparralde, para saber por qué tenían que combatir a cualquier gobierno liberal que amenazara con la equiparación al resto de provincias.

Era la pescadilla que se mordía la cola: para eludir con dinero las quintas y mantener la paz social, los ayuntamientos malvendían los comunales, que caían en manos generalmente de ricos liberales, los que tenían dinero para librar a sus hijos de la quinta, y ese expolio de los comunales alteraba la paz social. El no querer entender los beneficios prácticos que los vasconavarros tenían con sus fueros (quintas, comunales, aduanas y contribuciones) lleva a algunos a negarlos

---

239. Garmendia, op. cit., p. 572.

240. Mina Apat, op. cit., p. 225.

como el motor principal de sus sublevaciones y sustituirlo por móviles abstractos como el oscurantismo, la ignorancia, el absolutismo, el fanatismo religioso y el retorno de la Inquisición. En definitiva: para estos historiadores nuestros bisabuelos eran unos idiotas. Monos antropoides, que diría Molina Aparicio.

La cartografía que vio Zumalacárregui

Zumalacárregui era militar. A lo largo de su vida profesional en academias y cuarteles, tuvo que contemplar la abundante cartografía militar de la época, casi la única que se editaba. Como vasco, algunos mapas le llamarían la atención. Sobre todo, los de la escuela francesa que, al menos desde 1642, ya editaba mapas incluyendo a Navarra y buena parte del resto de Euskal Herria poniéndoles fronteras con España. Es el caso del de M. Tauernier.[241]

Raro sería que Zumalacárregui no conociera el famoso mapa de Nicolás de Fer, geógrafo oficial de Francia. En 1694 dibujó *Les frontières de France et d'Espagne*, en el que se abarcaba todo el Pirineo, de mar a mar. Lo intrigante es que, en un mapa oficial de un estado vecino, denominaba el territorio de la Alta Navarra como *«Usurpée par les Espagnols»*. Habían transcurrido 182 años de la conquista de Navarra y la seguían considerando «usurpada por los españoles». El mismo De Fer nos obsequió además con uno de los primeros mapas casi completos de Euskal Herria, que incluye a Lapurdi y la Baja Navarra; se trata de su mapa *La Biscaye divisée en ses 4 principales parties et La Navarre, en ses Merindades.*

241. Esparza Zabalegi, Jose Mari. *Mapas para una Nación.* Txalaparta. Tafalla 2011, p. 46.

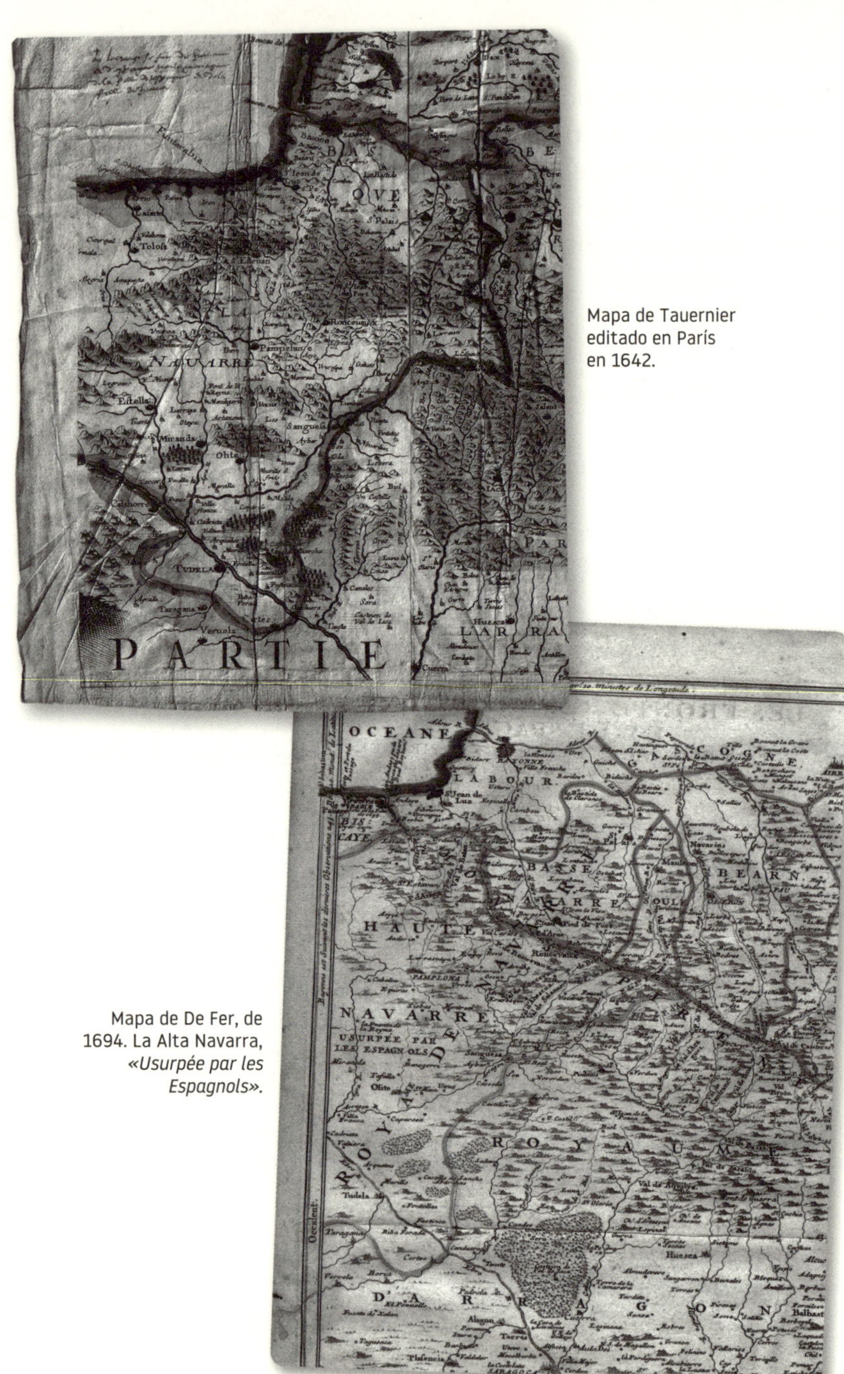

Mapa de Tauernier editado en París en 1642.

Mapa de De Fer, de 1694. La Alta Navarra, *«Usurpée par les Espagnols»*.

Editado en 1707, en París, en la cabecera reproduce los escudos de Biscaye y Navarra.[242]

No es un caso aislado. Hacia 1776 se editó en Londres, también en castellano, el mapa *La Europa dividida en sus principales Estados. Según las últimas observaciones de las Academias de París y de Londres.* Habían pasado dos siglos y medio de la conquista de Navarra y la frontera con Francia se alargaba hasta Tudela del Ebro. Navarra todavía en la órbita francesa. ¿Es casualidad un error así en un mapa oficial que circuló por toda Europa? ¿Y cómo no relacionar esa divulgación cartográfica con la estudiada ambigüedad política y militar que tuvo Navarra en las guerras francoespañolas durante el siglo XVIII?

Ya en la guerra napoleónica apareció el mapa de las cuatro provincias de Eugène Coquebert de Montbret, el primero que señala las mugas del euskera.[243] Y en 1808, el cartógrafo inglés Robert Wilkinson reeditó su *The General Atlas of the World* con el mapa *Spain and Portugal.* Cita las regiones de los dos estados añadiendo: *«With the Independent States of Biscay y Navarre»*: «Con los Estados independientes de Bizkaia y Navarra».

En su mesa de campaña, rodeado de mapas, Zumalacárregui tuvo que reparar forzosamente en aquellos mapas que le mostraban su país y lo invitaban a imaginarlo diferente.

---

242. Ibídem, p. 54.

243. Ibídem, p. 70 / Oleaga Páramo, Ramón; Esparza Zabalegi, Jose Mari. *Imago Vasconiae. Euskal Herriko kartografia historikoaren atlasa.* Txalaparta. Tafalla 2024, pp. 84, 85, 110, 121.

Tercera parte

> «Nuestras clases dominantes han procurado siempre que los trabajadores no tengan historia, no tengan doctrina, no tengan héroes, ni mártires. Cada lucha debe empezar de nuevo, separada de las luchas anteriores: la experiencia colectiva se pierde, las lecciones se olvidan. La historia parece así una propiedad privada cuyos dueños son los dueños de todas las cosas».
>
> Rodolfo Walsh

Contemporáneos de Zumalacárregui

El estallido de la primera guerra carlista impactó en toda Europa, que de alguna manera veía su futuro implicado en la misma. De ahí los bloques geopolíticos y militares que inmediatamente se formaron en torno a uno u otro contendiente y la cantidad de militares, voluntarios, periodistas y observadores que se acercaron a nuestro país y lo reflejaron en libros, artículos de prensa, dibujos y cartografía. La guerra tuvo en Euskal Herria su principal escaparate y en Zumalacárregui, mientras vivió, su personaje más icónico, muy por encima del propio pretendiente.

De sus libros se desprende que la inmensa mayoría de cronistas, de todos los países e incluso de todas las ideologías, se identificó con la causa carlista, y no tanto por simpatías con el pretendiente, como por el entusiasmo que observaron en un pueblo singular, con una actitud casi unánime, en defensa de sus sistemas tradicionales de vida, ligados a los Fueros y a sus tradiciones que hasta ese momento muchos habían calificado de modelo de libertad, de republicanismo, de independencia... A la vista de tanto testigo presencial, los debates recientes que ponen en duda el carácter foral de aquella guerra, insistimos, aparecen pueriles y solo responden a los intereses manipuladores de la historiografía colonial, tan bien situada en nuestras propias universidades. Hace falta engreimiento intelectual para contradecir, dos siglos más tarde, cuanto dijeron y escribieron centenares de testigos contemporáneos.

Más aún: hace falta querer retorcer la historia para divulgar, con gran alquimia de palabras eso sí, que la «defensa del Antiguo Régimen» suponía para los vascos defender el oscurantismo, la Inquisición y los privilegios feudales, algo totalmente ajeno a la historia, las leyes e idiosincrasia del país. Defendieron el «Antiguo Régimen», es cierto, en cuanto este les garantizaba vivir en mejores condiciones, y más igualitarias, que las que les anunciaba el liberalismo, basadas en la rapiña, en la privatización y acumulación de capital, en la militarización de los mozos, en nuevos impuestos, en el cierre de su libre comercio con Europa, en el estanco de productos necesarios, en el empoderamiento de los ricos. «Antiguo régimen» era para los vascos el propio orden de las cosas, ergo el sistema foral. Un sistema además de semi independencia, con elementos propios de un Estado: tribunales y gobiernos propios, fronteras en el Ebro, capacidad de emitir leyes y moneda... Ventajas en suma que no pasaron por alto a los viajeros que nos observaron y admiraron.

Daremos un leve repaso a algunos de ellos. Muchos conocieron personalmente a Zumalacárregui o supieron de él por quienes le conocieron. Y sobre todo escucharon la opinión del pueblo llano, resuelto con Zumalacárregui, como reconoció Harispe, en «proclamar la independencia de Navarra y las tres provincias para formar una república federal». Veamos pues algunos testimonios de esta primera guerra.

El inglés Richard Ford es uno de los más famosos. Conoció desde sus inicios la guerra, defendió a los carlistas vasconavarros y afirmó que la intolerancia y el despotismo estaban del lado de los gobiernos liberales de España. Editó uno de los más bellos libros de viajes de Europa: *A hand-book for travellers in Spain, and readers at home* (Londres, 1845), clásico de la literatura viajera. Resalta su amor a los Fueros, su exención del servicio de las armas, su amor a la pelota, a las canciones... «Los vascos se llaman a sí mismos *Euscaldunac*, a su país *Euscalería* y a su lenguaje *Euscara*». De Navarra dice que es la antigua Vasconia y cita a *Irunia*, o sea «la buena ciudad», como su capital. De los navarros dice que «puestos, por causa de su situación geográfica, en las fronteras de Francia, Aragón y Castilla, y habiendo sido, alternativamente, víctimas de todos y cada uno de estos, la necesidad les ha forzado a estar siempre en guardia contra sus vecinos, a quienes temen y odian. De esta manera arde en sus corazones un espíritu de nacionalismo que late con indeleble memoria en torno a agravios nunca olvidados o perdonados».[244]

En 1833, en plena ascensión militar del Tío Tomás, el político y reformador social francés Frédérick Le Play decía: «El país por el que estamos viajando ahora está formado por 4 provincias que gozan de una libertad casi total, Navarra, Guipúzcoa, en la que nos encontramos, Álava y Vizcaya, que están solo bajo la soberanía de España; tienen una administración especial, no envían al rey ninguna contribución en hombres ni en dinero y son verdaderas repúblicas [*véritables républiques*]». Ese año, el senador norteamericano Caleb Cushing publicó un libro sobre su viaje a Euskal Herria: «Como los galeses en Gran Bretaña, afirman ser los señores primitivos del país y conservan el espíritu de laboriosidad y firme independencia que distinguía a sus progenitores».[245]

---

244. Esparza Zabalegi, *Vascosnavarros...*, p. 312.

245. Le Play, Frédérick. *Voyages en Europe, 1829-1854, extraits de sa correspondance*. París 1899 / Caleb Cushing. *Reminiscences of Spain, the country, its people, history, and monuments*, 1833. Cit. Laborda, pp. 226, 233.

Este es el siglo de los diccionarios enciclopédicos. En 1833 apareció en París el *Dictionnaire de la Conversation*, donde colaboraba el bayonés Eugenio Garay de Monglave, que recuperaba un corónimo a la sazón en desuso:

> La Cantabria actual, cuya población puede elevarse a 800.000 individuos agrupados sobre las principales alturas que se avecinan a las dos vertientes de los Pirineos, se compone de siete provincias, de las cuales cuatro están en España y tres en Francia [...] Que ocupen el norte o el sur de los Pirineos, los Vascos ofrecen el aspecto de una colonia extranjera enclavada en provincias españolas y francesas. Su sangre, sus costumbres, su lengua, sus usos, alzan una barrera entre ellos y todo lo que les rodea.

John Hobart Caradoc era un coronel británico que se unió a Rodil. El 7 de julio de 1834 escribía a su superior Palmerston contándole la postura de Rayneval, el embajador francés en Madrid. Para Rayneval, «estas provincias no son más España que Hungría es Austria, que están luchando por sus libertades y tienen derecho a mantenerlas». Los oficiales liberales decían que no era cierto, que a la gente le importaba un comino sus privilegios, y que «estas provincias tienen que ser conquistadas y después asimiladas con el resto de España».[246] ¿En qué quedamos? Si no les importaban sus fueros ¿por qué había que conquistarlas y asimilarlas?

El escritor y militar prusiano Guillermo von Rahden sí conoció a Zumalacárregui, a quien comparó con Federico el Grande, y a los vasconavarros, junto a quienes luchó como voluntario, llegando a ser coronel. En 1851 publicó *Andanzas de un veterano de la guerra en España (1833-1840)*, que tradujo y editó el tafallés José María Azcona en 1965. Para no dejar dudas del sujeto territorial, el libro tiene un mapa

---

246. Santacara, p. 66.

desplegable de Euskal Herria en alemán, con las siete provincias, hecho por el propio Rahden, que tuvo fama de excelente cartógrafo. Se trata por tanto de uno de los primeros mapas completos del país. Según él, los vasconavarros son «libres, como sus montañas no sojuzgadas, alienta en ellos el verdadero concepto de la dignidad humana. No conocen la diferencia de castas. Tan señor es el que manda como el que obedece y eso da lugar, en sus relaciones, a una dependencia mutua, condición indispensable en la vida social y fuente de bienestar social».[247]

Mapa del alemán Wilhem von Rahden.

247. Von Rahden, Guillermo. *Andanzas de un veterano de la guerra en España (1833-1840)*. Pamplona 1965, p. 40.

Manuel Lassala, jurisconsulto, escritor e historiador español, fue uno de los precursores del aragonesismo político. Participó en la guerra realista y en la primera guerra carlista, y entre sus muchos libros publicados se le atribuye el titulado *Historia política del Partido Carlista,* editado en 1841. En él habla con gran admiración del «ejército y país vasco-navarro», movilizado «por el unánime grito de Religión, Carlos v y fueros».[248] Tras la muerte del general, Lassala se hace eco de que agentes ingleses «se habían dirigido a los gefes guipuzconanos con proposiciones de extraña naturaleza, y en las que se hablaba hasta de la independencia».[249]

Y del campo carlista al isabelino: Frederick Hardman fue un escritor inglés que en 1835 se alistó en la Legión Auxiliar Británica para luchar en la Primera Guerra. Romántico, liberal, anticarlista, reconoce que «los soldados castellanos, en su mayoría, sentían casi todos más o menos desprecio hacia todo lo vasco»[250]. En cuanto a los vascos, cree que seguían a Don Carlos por varias razones: «muchos por considerar que su causa era la justa, otros por ambición y no pocos porque creían que la continuación de los Fueros de sus provincias dependía del éxito del pretendiente». Y de forma tajante contradice el pretendido clericalismo de los rebeldes vascos: «todos ellos veían con poco afecto a los curas, considerándolos como los zánganos de la colmena, siempre dispuestos a aprovecharse del trabajo ajeno».[251] Las fiestas y romerías vascas, la música y las danzas, el txistu, el juego de pelota, afirma, «contribuyen en gran medida a mantener el sentimien-

---

248. Lassala, Manuel. *Historia política del Partido Carlista, de sus divisiones, de su gobierno de sus ideas y del Convenio de Vergara,* Madrid 1841, p. 10.

249. Ibídem, p. 56.

250. Hardman, Frederick. *La guerra carlista vista por un inglés.* Temas de España 1967, p. 87.

251. Ibídem, p. 101.

to de nacionalidad entre vascos y navarros; todo en ellas es nacional».[252]

El también militar germano Gottieb von Rosen estuvo en la contienda vasca en el lado isabelino. Repara en que la atención de Europa se centraba en el País Vasco, como si fueran los únicos contendientes, y reconoce que «en el afán por la preservación de sus libertades y derechos secundaron el estandarte del absolutismo contra un ejército que no simpatizaba de ninguna manera con sus libertades, que más bien intentaba arrebatárselas». En su viaje llega hasta Lerín: «Aquí ya no se habla vasco como en general a todo este lado de la sierra situada entre Pamplona y Puente la Reina. Aun así, la gente no quiere renunciar a su reputación de pertenecer al país navarro por muchas razones, y ni siquiera les gusta que les llamen españoles. "Navarros somos", acostumbran a responder de manera correctiva». Al final, Rosen acabó apoyando el movimiento «Paz y fueros» promovido por Muñagorri.[253]

Otro escritor y militar alemán, Adolf Loning, se unió en 1834 al ejército carlista, siendo herido en la batalla de Mendigorria. Publicó un libro sobre los Fueros del Reino de Navarra y de las tres provincias, fueros que denomina «esa sagrada joya para todos los vascos» (*«dieses allen Basken heiligen Kleinod»*) y suponen «la fuerza moral de este pueblo» (*«die moralische Kraft dieses Volkes»*). «Navarra fue, como ya se sabe, conquistada [...] la lengua es para los navarros, como para todos los vascos, un bien preciado no solo porque sea suya, sino también por ser un recuerdo digno de gloria que testimonia su independencia [...] Los habitantes del reino de Navarra, así como de las provincias vascas, que suman en

252. Ibídem, p. 165.

253. Rosen, Gottlieb von. *Bilder aus Spanien und der Fremdenlegion.* Bünsow 1843. Cit. Laborda, p. 238.

total 700.000 almas, son impulsados por los mismos intereses, y con salvadas excepciones, todos hablan el mismo idioma». Remarca que esta población, que representa una vigésima parte de España, se enfrentó durante siete años a toda una poderosa monarquía, en una pelea a vida o muerte, para salvaguardar íntegra la herencia de sus ancestros. La muerte de Zumalacárregui fue, según él «una puñalada en el corazón». Maroto, un traidor.[254]

Aquella primavera de 1834, mientras Zumalacárregui barajaba su opción independentista, el naturista francés Charles Athanase Walckenaer publicaba en París el tercer tomo la *Encyclopédie des gens du monde*, que habla de un pueblo, *Escaldounak*, un país, *Euskalerra*, y una lengua, *Eskouara*. Un país, dice, al que España siempre se refiere como «las naciones vascas».

«Arrogantes e invencibles en su hogar, sacrifican todo por la libertad que ellos estiman más que su propia existencia», escribía en 1835 el escritor francés Prosper de Lagarde. «Emigran y prefieren un vida vagabunda y miserable, pero independiente, que la sujeción al servicio militar».[255]

Los agentes secretos

Toda guerra tiene sus agentes secretos. Su tarea fundamental es estar bien informados e informar correctamente a los gobiernos a los que sirven. Lataillade trabajaba para el Gobierno francés y su informe al ministro de Marina Luis Felipe de Orleans, fechado el 16 de noviembre de 1834, es

---

254. Loning, Adolf. *Die Fueros des Königreichs Navarra und der Baskischen Provinzen Alava, Biscaya und Guipuzcoa*. Hannover 1843. Cit. Laborda, p. 229.

255. Lagarde, Prosper de. *Voyage dans le Pays Basque eta aux Bains de Biarritz, contenant des observations su la lague des Basques...* París 1835. Cit. Laborda, p. 249.

otro alegato independentista. Aconseja la intervención francesa en las cuatro provincias, para garantía de sus fronteras y también «por respeto a los derechos imprescriptibles de la nacionalidad de los vascos, que se remontan a los tiempos más remotos». Habla de las instituciones vascas, que las define como «un régimen de libertad e igualdad, el más absoluto, el mejor entendido y mejor obedecido, porque es obra de todos». Para acabar con la guerra carlista sugiere que se proponga a Zumalacárregui la restauración de la independencia nacional de las cuatro provincias, «que pueden federarse y concluir tratados... todo bajo la garantía del Rey de los franceses». Lataillade dice que es cosa bien sabida que Zumalacárregui «es ante todo un buen vasco» y que, para él, Don Carlos «no es sino otro instrumento de combate»; pero que también habrá que hablar con el verdadero poder político vasco, que son las Diputaciones de las cuatro provincias.

En otro informe, datado en marzo de 1835, el agente francés remarca: «Las provincias vascas, las más libres de la tierra, han sido siempre soberanas e independientes de la Corona de España». Y propone que la Cuádruple Alianza garantice esa independencia con los Fueros, apartándolos de la causa del pretendiente Carlos. De no hacerlo así, el agente secreto augura nuevas guerras: «Pudiendo mensurar el habitante de las cuatro provincias insurgentes, desde el más sabio al más ignorante, el alcance de los sacrificios de todo orden que se le quieren imponer mediante el abandono forzoso de sus derechos de nacionalidad, hará guerras buenas o malas, pero siempre guerras al fin de conservarlos y defenderlos contra cualquiera que pretenda impugnarlo». Es obvio que Lataillade acertó, y hubo nuevas guerras nacionales.

Otro agente secreto, en las mismas sazones, advertía de cosas similares, pero al Gobierno español. Además, tenía razones para conocer a los vascos. Eugenio Aviraneta Ibargoyen, masón y conspirador liberal, era de padres vascos. Tuvo un papel relevante en la primera guerra Carlista y su figura fue popularizada por Pío Baroja. En sus informes plantea la importancia de los Fueros para la resolución de la guerra:

> Los fueros tienen muchos partidarios en la clase elevada de las cuatro provincias [...] querer sujetar aquellos pueblos a nuestras actuales instituciones es querer eternizar la guerra civil, y poner en peligro el trono de la Reyna Isabel. Ellos se creen, con sus fueros, los pueblos más libres de la tierra, y, cuando un pueblo tiene esa creencia, es sumamente peligroso tratar de darles otras instituciones [...] La insurrección de las [cuatro] provincias vascongadas, no es una insurrección de sucesión a la corona. Es el pretexto ostensible, el fin oculto de aquella insurrección es la emancipación de las provincias vascongadas de la corona de Castilla [...] Zumalacárregui era un instrumento secreto del gobierno francés, que supo lisonjear su ambición con promesas de colocarle al frente de la federación de aquellas provincias.

En su famosa *Memoria,* apunta esos intereses extranjeros en separar de España a las cuatro provincias, «que pretenden a toda costa tener allí un gran mercado libre para servir de escala y depósito a la introducción de contrabando en Castilla; al mismo tiempo, que poco a poco se extranjericen los vasco-navarros, acostumbrándose a olvidar los vínculos de familia para promover su independencia del Ebro allá».[256]

Volveremos más tarde a los informes de Aviraneta. No deja de tener su relevancia que los espías de Francia y España, lo mismo que otros informantes del Gobierno inglés, coincidan en sus análisis sobre los Fueros y la posibilidad de instaurar la República de los Pirineos.

---

256. Aviraneta, Eugenio de. *Memoria dirigida al Gobierno español sobre los planes y operaciones...* Madrid 1844, p. 25.

Más voces independentistas

Augusto Von Goeben, militar prusiano, estuvo presente en la guerra carlista, en cuyo bando peleó. En 1841 publicó un libro de memorias titulado *Cuatro años en España (1836-1840)*, uno de los testimonios más interesantes de la guerra. «Las provincias vascongadas contienen, en unión del pequeño reino de Navarra, tan solo 250 a 260 leguas cuadradas, con una población, antes de la guerra, de unos 650.000 habitantes. De este pequeño país estaban unos dos tercios en manos de los carlistas... Los vascongados, acostumbrados a considerarse como un pueblo privilegiado, separado de sus vecinos por múltiples barreras levantadas por la naturaleza, la política y los prejuicios, están orgullosos de su origen, de su independencia y de sus prerrogativas, miran a los demás españoles como extraños y los desprecian como a tales». Destaca Von Goeben la dificultad de los dialectos, lo que hace que navarros y vizcaínos se entiendan mal. Y añade: «Los vascos son una raza de elevada estatura, robusta, seria y reservada, pero de noble alma, magnánimos, hospitalarios en alto grado y fieles a su palabra; apegados con tesón e inflexibilidad, rayanos en la testarudez, a su patria; esto es a sus provincias, a las que aman con fanático entusiasmo... Fuera de su patria se protegen como hermanos y consiguen por este medio una gran preponderancia sobre los restantes españoles [...] Los vascongados y navarros están acostumbrados a considerar como extraño, si no como enemigo, a todo el que no es su paisano». Afirma que son el derecho a sus aduanas lo que excitó la envidia del resto de la Monarquía:

> Es verdad que las Provincias Vascongadas y Navarra eran consideradas como extranjeras en relación a España, sus fronteras estaban ceñidas de puertos y aduaneros y de guardas de aduanas; pero a pesar de todas las medidas de precaución, no podía impedirse el contrabando en el que participaba toda la nación, que cargaba con esa mala

> fama. Su situación junto al mar con numerosos puertos y la proximidad de Francia permitían a los vascongados recibir las mercancías directamente mientras que la larga línea del Ebro, como quiera que este río es vadeable en verano... les ofrecía mil caminos para extender más y más desde el Norte por toda España las mercancías prohibidas... Así se explica fácilmente cómo los vascongados y navarros celasen con el máximo interés la observancia de sus amplios e importantes derechos. El descontento cada día creciente por el desvío del Gobierno y los pasos que lenta pero manifiestamente conducían al fin último, la supresión de los fueros, habían amontonado en el pequeño país material inflamable en cantidad infinita; no se necesitaba más que una chispa para hacer saltar furiosas llamas y poner en audaz rebelión a este pueblo receloso, altivo, confiado en su derecho, en sus fuerzas y sus montañas. La muerte de Fernando aceleró la tempestad.

Así, en ningún lugar del estado donde hubo carlismo el pueblo se volcó en la forma en que hicieron los habitantes de estas provincias, que «ofrecieron durante los primeros años de la guerra el magnífico espectáculo de un pueblo que da completamente de lado a los intereses individuales para conseguir el ideal nacional colectivo».[257]

Hubo también historiadores peninsulares coetáneos que tuvieron claro el motivo nacional de la sublevación carlista. Luis Bordas, que vivió la guerra, escribió:

> En la época de la Constitución se despojó a las tres provincias llamadas Exentas y a la Navarra de sus privilegios, igualándolas con el resto de España tocante a los derechos y deberes. Cuando la invasión francesa restableció el absolutismo, recobraron su inmemorial independencia; y a tales datos debe buscarse la verdadera causa del levantamiento y el carácter de la guerra que sostienen con tanta pertinacia. [...] Nosotros estamos bien y vosotros estáis mal,

---

257. Von Goeben, op. cit, p. 57.

> dicen los vizcaínos a los españoles; queréis precisarnos a dejar nuestra feliz situación para que tomemos parte de vuestra miseria. Mejor haríais en procuraros nuestra felicidad; pero al menos dejádnosla gozar en santa paz, y si no sabremos defenderla [...] No fueron los principios del absolutismo ni los derechos de D. Carlos que hicieron tomar las armas a las provincias Vascongadas, sino la conservación de sus franquicias que se ven amenazadas con el restablecimiento de la uniformidad. En su insurrección hay un sentimiento de nacionalidad ofendida, de resistencia a la fuerza extranjera; porque esas provincias no sostienen una guerra de opinión, ni tampoco puede llamarse guerra civil, sino de independencia; y si desean que la España sea esclava bajo un rey absoluto, es por vivir ellas con toda libertad bajo su constitución republicana.[258]

República o reino independiente, opciones que se repiten hasta la saciedad aquellos años. Manuel Irujo cita un folleto editado por Debecourt en París en 1836, titulado «Navarra y España, o la verdadera naturaleza de la cuestión debatida por las armas», escrito al parecer por un vasco. Habla de las grandes diferencias de costumbres entre los dos bandos beligerantes, diferencia «que la victoria más definitiva no podrá salvar». Propone una partición del territorio entre dos partes, como se hizo en la paz de Westfalia entre católicos y protestantes:

> La misma solución podría ser aplicada aquí, y con igual éxito, porque don Carlos es el Rey de los Vascos como Isabel es la Reina de los Españoles [...] el reino instituido no sería nuevo. Célebre en la historia y bien conocido por su nombre, del que resta un virreinato, no es otro que el de Navarra. Es en efecto a la Corona de Navarra a la que los vascos, nobles y libres, han reconocido siempre y aun

---

258. Bordas, Luis. *Historia de la revolución y guerra civil de España.* Samuel Sauri Edit. Barcelona 1847, p. 70.

> ahora mismo no han cesado de pensar así. Solamente por razones fáciles de comprender, sería conveniente que el territorio puesto bajo el cetro de Don Carlos, cuyas capitales naturales serían Pamplona y Vitoria, se denominase en adelante Reino Vasco-Navarro, como se dice Reino Lombardo-Veneciano. A partir del establecimiento de esta fundamental y clara división, de la cual un arbitraje benefactor se encargaría de trazar la línea geográfica de separación, sería acordado un año de libertad recíproca, durante el cual, los habitantes de las dos nuevas monarquías hispánicas, podrían optar libremente por ser ciudadanos de una o de la otra, domiciliándose en el territorio donde reinará el príncipe que les pareciera preferible.

El autor llama Euscaria al País Vasco, a los vascos «euskaldes» y al idioma vasco «euskariano». Para él, en la guerra «no se enfrentan dos sistemas políticos, sino dos razas... El que habla la lengua euskariana está con don Carlos en cuerpo y alma, a vida y muerte». El autor se enfrenta a sus compatriotas, por su pretendida neutralidad, «afrentosa e hipócrita», que ayuda «a los que están luchando en proporción de diez contra uno». Y ante la posibilidad de que la armada francesa ataque por la espalda a los vascos, afirma que, de producirse, «los vascos podrán decir en su día: Defendimos la independencia de Euscaria contra todos los españoles. Mantuvimos en la lucha el fiel de la balanza, hasta que, un día, la espada gala vino a caer sobre el platillo de la servidumbre». Y es que, sin ayuda francesa, «jamás un ejército español podrá someterlos». En su narración, reproduce una de las canciones de guerra de los vascos:

> Napartarren arraza
> hil da, edo lo datza?

Y el folleto acababa: «Francia ganará con la vecindad del reino de los heroicos euskaldes y cesará la sórdida y pérfida persecución actual, que indigna al honor de la humanidad [...] La

Vasconavarra erigida en Estado Independiente no sería un hogar de intrigas a nuestras puertas».[259]

Otro coetáneo, que firmaba en 1836 como un «Español Guipuzcoano», afirmaba:

> Recordamos haber oído fuera de España que en vida de Zumalacárregui se intentó que este caudillo, digno de mejor causa, prohijase la idea de formar un Estado independiente con la de Navarra y las Provincias Vascongadas. Esto oímos decir y nos pareció entonces y aún nos parece todavía, tal vez equivocadamente, que no carece absolutamente de fundamento.[260]

Henri Cornille pasó por Euskal Herria en 1835 y opinó sobre la guerra:

> Vizcaya, Álava y Guipúzcoa debían formar un Estado separado. Unidas por las vicisitudes de sus destinos, así como por la naturaleza de su suelo, estas provincias compartieron, como hermanas, la desgracia y la prosperidad [...] Esta resistencia de las Provincias Unidas, nacida de un espíritu de independencia y de amor nacional, crece aún más por un sentido de interés público: sirven a la causa del aspirante, porque esa causa es la suya propia, y les importa poco luchar bajo la bandera del despotismo cuando luchan por la libertad. [...] Es una guerra de conservación, una lucha sagrada, cuyo resultado concierne tanto al pasado como al futuro.

---

259. *La Navarre et l'Espagne, ou Véritable nature de la question débattue par les armes dans la péninsule itérique et solution possible des difficultés qu'elle presente.* Debécourt. París 1836.

260. Un español guipuzcoano. *Provincias Vascongadas. Fuero de Guipúzcoa o Contestación a un impreso anónimo que desde Bayona de Francia se ha remitido por el correo a varios ilustres Prócesos y otros personajes residentes en Madrid.* Madrid 1836, p. 58.

Al igual que sucedió con las Provincias Unidas, decía Cornille, Navarra «vio cómo el fragmentado edificio de sus constituciones caía pieza por pieza, pero los escombros que había conservado aún podían llegar a ser imponentes. Sus tribunales, cortes y virreyes sobrevivieron a su derrota y todavía dan testimonio de sus libertades primitivas».[261]

El legionario y periodista británico T. T. Wilkinson llegó con el bando isabelino y acabó pasándose al carlista. El artículo que publicó en el *Morning Herald* el 11 de marzo de 1838 recoge con rotundidad la voluntad secesionista vasconavarra: «La guerra comenzó por el intento del gobierno español de privar a los vascos de sus exenciones, y se convirtió en la lucha de un pueblo libre por la independencia [...] Los vascos hicieron bien en defender sus libertades, pero su política de intentar forzar a Don Carlos frente a los españoles era errónea: luchaban por la libertad en casa y por el absolutismo fuera».

En 1837 Wilkinson editó en Baiona *Observations on Spanish affairs...* En el mismo, según Somerville (citado a su vez por J. M. Azcona), afirma:

> La reina les privó de sus fueros para ganarse la popularidad de las demás regiones, y era paradójico que el ejército liberal entrase en el país para asesinar, quemar y esclavizar al grito de viva la libertad. Los vascos necesitaban a un caudillo y lo hallaron en Zumalacárregui, a quien quisieron coronar como Tomás I rey de Navarra y Señor de Vizcaya. Sus escrúpulos legitimistas le inclinaron a reconocer a Don Carlos, y entonces se dio otra paradoja: que los vascos, partidarios de la libertad, la querían para ellos solos y pretendieron imponer un rey absoluto a los demás españoles.

---

261. Cornille, Henri. *Souvenirs de Espagne*. París, 1936. Cit. Laborda, p. 246.

A la muerte del caudillo, la camarilla que lo envidiaba «propaló la especie que quería la independencia de su país [...] Los amigos de Zumalacárregui fueron postergados, y los gobiernos europeos, que simpatizaban con los vascos cuando defendían la libertad, comenzaron a apoyar a la reina Cristina».[262]

Conforme avanzó el conflicto aumentaron las voces en el mismo campo liberal de garantizar los Fueros como medida para no alargar la guerra. El 6 de abril de 1837, el coronel liberal Churruca escribía: «El pueblo vasco perecería entero o abandonaría para siempre a España», antes que abandonar sus queridos fueros.[263]. Hasta la Diputación liberal de Vizcaya, en carta dirigida a las Cortes el 29 de agosto de 1839, agitó el espantajo del separatismo. Era preciso, dijo, que el Gobierno conservara los Fueros para evitar que la guerra tomara «un carácter de nacionalidad que hasta ahora no ha tenido». La Diputación, decía, conoce «mejor que nadie la índole de estos naturales y el vivo amor que todos indistintamente profesan a esas leyes que heredaron de sus mayores». Y el Ejército «podrá vencer a los hombres, pero no vencerá a la naturaleza: y aun dado caso que lograse imponer su yugo á los Vascongados, sería necesario un ejército de ocupación», permanente, cuyo gasto haría estéril «la gloria de su conquista».[264]

Es cierto, como nos recuerda Garmendia, que muchas de estas expresiones sonaban a amenazas de los liberales vascos al Gobierno de Madrid y que tampoco gustaban a la mayor

---

262. Esparza Zabalegi, *Vascosnavarros...*, p. 825 / Azcona, op. cit., pp. 414, 456.

263. Garmendia, op. cit., pp. 433, 619.

264. Diputación Provincial del M.N. y M.L. Señorío de Vizcaya. *Colección de proclamas, oficios, representaciones y otros documentos que dirige la Diputación a los habitantes del Señorío, para dar conocimiento de las gestiones practicadas a favor de sus fueros, usos y franquicias.* Oficina de Nicolás Delmas. Bilbao 1839, p. 20. Cedido por Joseba Agirreazkuenaga.

parte de los dirigentes del partido carlista, que hicieron continuas confesiones de amor a la unidad de la patria española. La pregunta es por qué ese tipo de amenazas son tan abundantes, ratificadas con los testimonios de muchos viajeros. Hubo carlismo en Aragón, en Burgos, en las Castillas... ¿Por qué solo en las cuatro provincias hubo durante un siglo amagos, iniciativas y amenazas de separación? ¿No será porque esa posibilidad, siquiera remota, era considerada deseable y realizable por buena parte de la población, tal como afirmó en su carta Harispe?

El escocés Alexander Somerville vino al País Vasco con la expedición de Evans a luchar contra los carlistas. Sin embargo, aseguraba que los vascos luchaban por sus fueros, que, según afirmaba, «por un lado significan "leyes", pero que en las provincias del norte siempre han expresado "el derecho del pueblo" o el derecho de la herencia de la propiedad, unido al derecho a legislar sus propias leyes». Somerville es de los narradores de la guerra carlista que cita, siguiendo a Wilkinson, el carácter independentista de la sublevación vasca. Según él, Zumalacárregui casi se determinó a aceptar la corona que los naturales del país estaban inclinados a ofrecerle. Dice que fue un infortunio la llegada de Don Carlos.[265] Aun así, cuenta que los vascos recibieron al rey con entusiasmo «a condición de que mantuviera sus fueros, le condujeron junto al árbol de la libertad en Guernica y le sentaron en el solio, bajo el dosel de sus ramas. Colocaron en su cabeza la boina nacional, que pasó a formar parte de uniforme del ejército, entre aclamaciones de los habitantes, cuyas inmunidades juró guardar».[266] Augusto Laurens fue otro oficial del ejército prusiano que llegó en 1836 al País Vasco a participar en

265. Somerville, Alexander. *History of the British Legion, and War in Spain...* London 1839, p. 720 / Wilkinson. *Observations on Spanish affais,* Baiona 1837.

266. Azcona, op. cit., p. 414.

la guerra con el bando carlista. En 1839, editó un libro en Berlín sobre su aventura. Él vino a luchar por el legitimismo español, pero al instante descubrió en estas cuatro provincias a todo un pueblo en armas: «Zumalacárregui era el ídolo de su pueblo y se hablaba sin reparo de alzarlo con la corona de Navarra y hacerlo rey de los vascos. No era esta, sin embargo, la idea de Zumalacárregui. No quería otra cosa que defender los derechos y libertades de su patria y esquivó aquel honor modestamente, dejando paso a su legítimo rey que se hallaba en Inglaterra». La última frase del libro es rotunda: «Pero los vascos se mantendrán firmes, incluso para formar en sus peñascos infranqueables un reino propio».[267]

En mayo de 1837 se produjo la expedición real con la que el pretendiente esperaba extender la guerra a otras partes del Estado. Es el momento en que Pirala vuelve a referirse a la independencia de parte del territorio vasco: «Muchos, si no todos, creían en el próximo triunfo de don Carlos, y lo esperaban también algunos extranjeros, no faltando quienes, según se aseguró, propusieron a los guipuzcoanos la independencia de su provincia».[268] Pirala insiste en que Aviraneta y otros conspiradores estaban combinando «el plan de sublevar las Provincias Vascongadas y Navarra, en la ausencia de don Carlos y sus tropas, aprovechándose del cansancio de los pueblos y de los elementos que conservaban entre la gente armada que quedó guarneciendo las Provincias».[269] Sublevarse contra don Carlos, evidentemente. ¿Con qué fin, si no era conseguir la paz a cambio de fueros o algún tipo de independencia?

---

267. Laurens, Augusto von. *Mein Aufenthalt in Spanien während des Jahres 1836*. Berlín 1839, p. 225.

268. Pirala, op. cit., t. IV, p. 87.

269. Ibídem, t. IV, p. 711.

Son tantos testimonios, y tan abrumadores, sobre el independentismo que sobrevoló en la primera guerra carlista, que los primeros historiadores nacionalistas, no tan lejanos de los hechos ni temporal, ni territorial, ni familiarmente, escribieron libros luminosos, algunos difícilmente superables, como *Inglaterra y los Vascos* de Manuel Irujo. El desprecio con el que estos autores abertzales han sido tratados por los historiadores españolistas nos anima aún más a recoger sus palabras. Para Ángel de Zabala, en su libro de 1905, «no se comprende cómo Tomás de Zumalacárregui, el primer y más valioso jefe carlista, no aprovechó, de ser verdad, esta u otra semejante coyuntura para revelar a sus soldados el secreto propósito que se le ha atribuido de asegurar con aquella lucha la amagada independencia vasca, tomando a Carlos, al efecto, como medio y no como fin».[270]

Para Manuel Irujo, hijo y nieto de carlistas, la guerra de 1833 fue

> el primer movimiento de unidad nacional vasca, aunque por los más –comenzando por los propios interesados– no fuera denominado con este nombre [...] ya fuera visto desde Madrid, París, Lisboa y Londres, el esfuerzo vasco era uno, y estaba caracterizado por una adhesión ferviente, activa e incondicional a su raza, idioma, costumbres, instituciones, religión y territorio, elementos integrantes del espíritu nacional. Por eso, no es casual que Iparraguirre, voluntario carlista, compusiera el *Gernikako Arbola*, y que los carlistas vascos lo cantaran con el mismo sentido nacional que nosotros hoy. Podrá discutirse pues el acierto, pero no es posible negar una realidad escrita con sangre.[271]

---

270. Zabala Ozamiz-Tremoya, Ángel de. *La Primera Guerra Carlista* en «Euzkadi. Revista trimestral». Bilbao 1905, pp. 115, 116 / Urquijo Goitia, José Ramón. *Tomás Zumalacárregui, literatura y mito.* Instituto de Historia (CSIC), p. 273.

271. Irujo, op. cit., p. 125.

Y sobre Zumalacárregui, Jesús de Galíndez lo resumía así: «No fue un caudillo absolutista, fue un héroe de la independencia vasca. Le faltó una idea clara, pero en el fondo de su mente y de su corazón ardía la llama de patriotismo; luchó por sus fueros, por sus libertades, por su raza [...] bajo su mando supremo se volvieron a unir todos los vascos, como en los buenos días de Sancho III».

Para el gran Arturo Campión, de origen liberal:

> Cuando las nieblas de las pasiones políticas no anublen ya las inteligencias, estas percibirán claramente que los realistas y carlistas de antaño fueron, involuntariamente, e inconscientemente, precursores de los nacionalistas de ogaño... las guerras civiles, por la contigüedad del territorio común de combate y la mancomunidad de los sentimientos, abatieron muchas de las barreras morales interpuestas entre alaveses, guipuzcoanos, navarros y vizcaínos. El neologismo político-colectivo «las cuatro provincias-lau probintziak» que en tantas ocasiones hemos visto sonar, aparejó la vía al Euzkadi de Sabino.[272]

Los mapas de la guerra

La cartografía del momento reflejó como nunca los límites del país. Fue Javier de Burgos, ministro de Fomento a la muerte de Fernando VII, quien, en octubre de 1833, redujo el País Vasco a cuatro provincias españolas. Navarra pasó de Reyno a provincia de un plumazo. El furor y el descontento que produjo contribuyó al estallido de la guerra carlista. Ordenó la división del territorio español en 49 provincias y encargó al geógrafo Auguste Henri Dufour elaborar, bajo el título gené-

---

272. Ortueta, A. de. *Navarra y la unidad vasca.* Barcelona, 1931, p. 476. Cit. Garmendia, p. 437.

rico de *Atlas Nacional de España*, el mapa titulado «Navarra y Provincias Vascongadas con las nuevas divisiones». Se editó en 1836. Sin duda, dejándose llevar por la lógica histórica, el francés no se contentó con dibujar las cuatro provincias encargadas, sino que completó el mapa con las provincias de Iparralde. Así, el que debería haber sido un mapa de cuatro «provincias españolas» resultó ser el primer mapa del conjunto de Euskal Herria. En la leyenda asegura que los vascos «son de un carácter franco y divertido, valientes, activos vigorosos, de costumbres sencillas y muy adictos á sus privilegios, que los hacen en cierto modo independientes».[273]

En 1835, en pleno conflicto bélico, se editó en París «Théatre de la Guerra. Carte des Provinces de Biscaye, d'Alava, Guipuscoa et de Navarre. Frontiéres Nord d'Espagne», que Chaho incluyó en su libro. Vuelve a representar las siete provincias, todavía denomina a Navarra «Royaume de Navarra», y aporta un plano de su capital.

Es lógico pensar que en campo carlista conocieran y utilizaran estos mapas, que, de alguna manera, representaban el ideario independentista que en aquellos momentos circulaba por el país.

A estos se les sumarán varios mapas militares más bajo el título genérico de «Teatro de las operaciones del ejército del Norte» y posteriormente el del olitense Zaratiegui también con las siete provincias, el citado de Von Rhaden y otros más en todo Europa.[274]

En la primera guerra, con una exactitud que no había tenido nunca, los atlas cartográficos representaron un nuevo país, a horcajadas entre dos estados. Una Suiza de los Pirineos, como dijeron entonces.

---

273. Esparza Zabalegi, *Mapas para una nación*... p. 81.

274. Ibídem, p. 99.

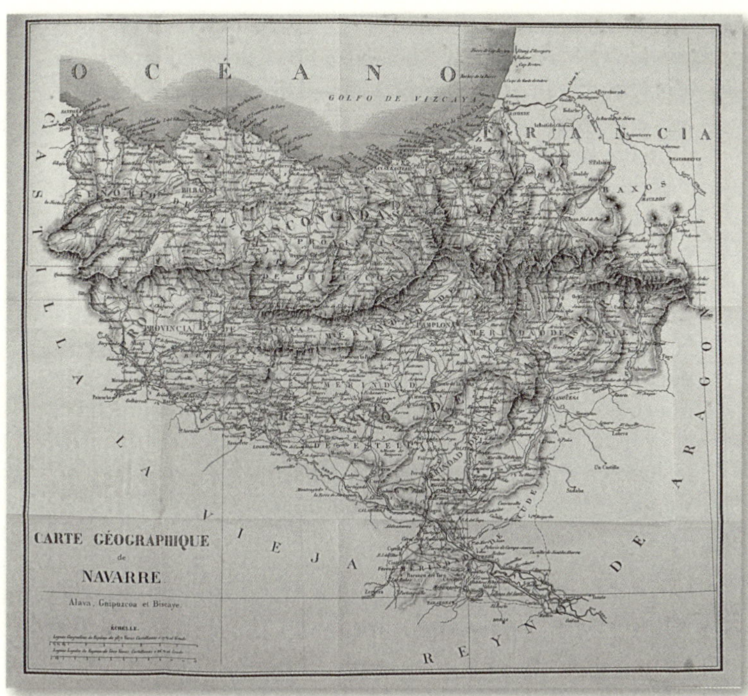

Mapa del general Zaratiegui, natural de Olite, incluido en la biografía que hizo a su amigo Zumalacárregui.

La vigorosa independencia

En su citado libro *Zumalacárregui*, en el que habla del partido que en 1812 pretendía proclamar a Wellington como rey de Navarra, Vocaltha define así la sublevación vasca:

> Los vascos, nación fiera, intrépida, robusta e indomable [...] más amigos de la libertad que de su vida [...] En ningún punto del universo, ha hallado la libertad lugar más alto que en las montañas de Vasconia occidental y Navarra [...] Navarra es un pueblo abandonado de los otros pueblos, simple, pobre, fiel, valeroso, amigo de su independencia [...] El vasco es el único pueblo de Europa que ha vivido a través de los siglos conservando su propia fisonomía nativa. Es el único que tiene el honor de decir «nuestros brazos

> no fueron jamás encadenados» [...] Es bello y fiero el vasco cuando habla de patria. Su cabeza no se doblegó jamás a la esclavitud [...] Por eso las provincias de Navarra se levantaron en armas; por eso encontraron a un hombre llamado Zumalacárregui para llevarlos a la victoria [...] las diferencias de modales y lengua, el pequeño contacto que siempre ha existido entre Francia y Navarra; pero mejor que todo eso, el espíritu de trabajo, de independencia y de nacionalidad de las provincias vascas ha obstaculizado hasta nuestros días y obstaculizará, sin duda, durante mucho tiempo la acción emancipadora de los círculos de demolición. Tampoco el lenguaje revolucionario de estos encontró simpatía ni eco en la tierra de la lealtad y el coraje. El vasco rechaza el epíteto de soldado como contaminado de servilismo y se llama a sí mismo un campesino armado... *paysano y no soldado.*[275]

El marino, hispanista e historiador norteamericano Alexander Slidell Mackenzie fue vapuleado por Jaime del Burgo, por contar el ambiente que palpó en tiempo de Zumalacárregui. De forma despectiva, en *La aventura hispánica* Del Burgo dice de él que «escribió un libro alegre y optimista... Su ligereza de criterio y su poca preparación le hacen creer...». ¿Qué creía el «poco preparado» Mackencie? Pues lo que estaba viendo personalmente: que «los vasconavarros son las gentes más libres de España» y que «la idea de la República se había infiltrado entre los vascos y que su realización solo dependía de que Zumalacárregui se pusiera al frente de un movimiento popular que declarase independientes a las provincias vascongadas y Navarra». Y recoge testimonios: «Tanto nos importa Carlos como Cristina y nos da lo mismo el rey que la reina. No echamos de menos ni un Dios que nos juzgue ni un rey que nos mande. Si no podemos ser españoles a nuestro albedrío, nos arreglaremos a nuestro modo y cada

---

275. Vocaltha. *Zumalacarreguy et l'Espagne...* Nancy 1835, p. 105.

año elegiremos un rey que sea nuestro».[276] Mackencie estaba en Navarra y recogió los testimonios de docenas de viajeros como él, de todos los países y colores. Del Burgo, y muchos como él, no estaba allí y escribe con más prejuicios que datos. Como tampoco estuvo Azcona, que también acusó de ligereza de criterio a Mackencie, Somerville y Chaho, porque conocían «poco el carácter de Zumalacárregui y la significación de aquel levantamiento. Zumalacárregui no tenía madera de Cronwell ni de Wallestein».[277] Sorprende la altanería de mi ilustre paisano, para arrogarse conocer el carácter personal de Zumalacárregui mejor que sus contemporáneos.

El reverendo británico Thomas Farr también estuvo presente. Para él, «el vasco es un pueblo feliz y contento; que tienen una excelente administración municipal; que son laboriosos, hospitalarios y amables con sus amigos, pero ¡ay de sus enemigos!; que su país es la imagen de la industria, la riqueza y la productividad, así como de un cultivo de montaña limpio y cuidadoso; que son audaces, activos, atrevidos y nada temerosos de la muerte. Incluso admitiré más: que es la única parte de España por la que se puede viajar con seguridad». Asegura que los vascos son más extranjeros para nueve décimas partes de España que los irlandeses para Inglaterra «y nadie será legítimo soberano de España, sino quien sea elegido por ellos».[278]

El periodista y político alemán Gustav Höfken había trabajado en el periódico *Rheinische Zeitung* de Karl Marx. Vino a la guerra identificado con los liberales y reconoce que los Fueros estaban entre las divisas de los carlistas. «Los vascos de aquellas montañas, tanto de Francia como de España, per-

276. Mackenzie, Alexander Slidell. *Spain revisited.* London 1836 / Azcona, op. cit., p. 257.

277. Azcona, op. cit., p. 257.

278. Farr, Thomas. *A Traveller's rambling reminiscences of the Spanish war.* 1836. Cit. Azcona, p. 258.

severaban de manera firme y leal en mantener el idioma y las costumbres de sus antepasados». Lo que identifica a los vascos es que se alimentan del respeto por sus costumbres, del amor a las viejas libertades, de su fuerza moral. «Solo un paraje montañoso así, con un alto cerco amurallado por un lado y, por el otro, fácilmente defendible, podría, a lo largo de tantos milenios, haber mantenido a un pueblo sin destruir sus costumbres, su idioma y sus modos, y del que, por otra parte, no se encuentra ninguna otra huella».[279]

Otro escritor inglés, Thomas Roscoe, nos visitó en la primera guerra y, en 1837, publicó en Londres *The tourist in Spain*, uno de los primeros relatos románticos del siglo, según la historiadora Coro Rubio. Aplica el concepto de pueblo a las gentes que habitan a ambos lados del Pirineo y subraya su peculiaridad. Hablando de los vascos, Roscoe introduce el concepto «nacionalidad» (*nationality*), término que hasta mediados de siglo no se introduciría en el lenguaje político del país. Intenta encontrar un tronco céltico común entre vascos, irlandeses y escoceses: «Me agradaría descubrir semejanza entre lo irlandés, o realmente, entre lo galés y estos rudos montañeses; un pueblo sobrio, limpio, trabajador, que extrae del rudo suelo, al que está ligado con entusiasmo, lo *necesario* para mantener una vigorosa independencia».[280]

Friedrich von Schwarzenberg, militar y escritor austriaco nació en un ambiente aristocrático vienés que abandonó para venir a la guerra carlista. Recorrió todo Euskal Herria. En 1838, justificaba así la sublevación:

> La decisión con la que los vascos saben defender su individualidad contra la manía de la nivelación y de la after-civilización, que anega todo en un mar de vulgaridad y trivia-

---

279. Azcona, op. cit., p. 261.

280. Roscoe, Thomas. *The tourist in Spain. Biscay and the Castiles.* London 1837, p. 37.

> lidad, les asegura un puesto de honor para siempre y nadie podrá borrar el recuerdo de Navarra, Vizcaya, Álava y Guipúzcoa [...] Nadie hay, entre los vascos, que pueda considerarse como de inferior condición [...] Sus leyes e instituciones son casi republicanas, y probablemente tengan razón al defenderlas contra la centralización y la fusión con aquellas partes del resto de la península que en muchos aspectos no son ni similares ni equivalentes.[281]

Y loa los principios democráticos contenidos en la legislación navarra, «más libre que la de Inglaterra». Como curiosidad, dice que los batallones carlistas también desfilaban al compás de la *Marsellesa*.[282]

El militar francés Alphonse de Barrés du Molard vino a pelear con el ejército carlista, y llegó al rango de coronel. Un legitimista, al cabo, que cambia de opinión cuando conoce el país. Un país corajudo capaz de plantar cara a un Estado con diez veces más de población. Los habitantes de las provincias vascas y el norte de Navarra, hasta Tierra Estella, dice, hablan la lengua vasca y se levantaron en armas para defender sus fueros. Algo debería saber, pues estuvo varios años entre ellos. Y cita la exención de las quintas e impuestos, las aduanas libres... En su libro de memorias, editado en 1842, incluye el mapa de las cuatro provincias.[283]

Otro que vino a luchar con los carlistas fue el militar y escritor alemán Eugen von Vaerst, que publicó su experiencia en 1847 en el libro *Die Pyrenäen*. La razón del alzamiento de los vascos era, según él, la convicción, desde 1823, de que las nuevas ideas iban a abolir sus fueros y libertades con las

---

281. Azcona, op. cit., p. 386 / Schwarzenberg, Friedrich von. *Aus dem Wanderbuche eines verabschiedeten Lanzknechtes.* 1845 / Laborda, op. cit., p. 274.

282. Azcona, op. cit., pp. 394, 405.

283. Barrés du Molard, Alphonse de. *Mémoires sur la guerre de la Navarre et des Provinces Basques.* París 1842, pp. 2, 4.

que «no solo mantenían vivo el viejo espíritu de la independencia sino también su bienestar material».[284]

Luis de Evans era capitán del ejército español y en 1837 publicó sus *Memorias de la guerra de Navarra y las Provincias*, en las que parece empatizar más con el enemigo que con los suyos: «Siempre hicieron temblar a los tiranos [...] De aquí sus fueros, de aquí sus preeminencias, de aquí una libertad tan extensa en Vizcaya que ninguna república democrática ha podido igualar, y de aquí por último el orgullo nobilísimo que les distingue de las provincias meridionales». Y tal como empezó a hacerse habitual, comparó Euskal Herria con la Suiza independiente.[285]

Vasconia: la Suiza de los Pirineos

Así denominaron a Euskal Herria numerosos viajeros y escritores. La primera referencia que yo conozco es en el diario *Schwäbischer Merkur* de Stuttgart (Alemania), del 26 de septiembre 1834. Este periódico no considera a las «pequeñas nacionalidades vascas» como provincias españolas, sino como «una nación que por sí sola tiene todo lo que caracteriza a una nación: una lengua propia, constitución, costumbres y hasta fronteras naturales; y ciertamente la decisión por su parte de organizarse como una Suiza en los Pirineos, como una república independiente sería más apropiada que el establecimiento del nuevo reino feudal de Bélgica».[286]

Luis Viardot, escritor, periodista e hispanista francés, fue uno de los más claros apologistas de la independencia

---

284. Laborda, op. cit., p. 272.

285. Evans, Luis de: *Memorias de la guerra de Navarra y las Provincias.* Barcelona 1837, p. 18.

286. *Schwäbischer Merkur*, Stuttgart 26.IX.1834. Tomado de Ingo Lieben.

vasca. Liberal, profundamente desafecto a la causa de Carlos, para él, la milenaria Vasconia debería formar una república soberana a ambos lados de los Pirineos, creando un estado entre Francia y España. En 1836, publicó en la *Revue des Deux-Mondes* un artículo titulado *La Navarre et les Provinces Basques*, cuya traducción tomamos de *Inglaterra y los vascos* de Manuel Irujo. Consideraba el carlismo como una causa desesperada y maldita, que los vascos habían tenido «la desgracia de asociar a la justa causa de su independencia», y proponía el establecimiento de dicha confederación vasca. Según él, las «cuatro provincias exentas» fueron despojadas de sus libertades por los liberales, y eso «explica la razón por la cual el nombre de D. Carlos, rey absoluto, está inscrito en sus banderas republicanas». La guerra tiene difícil solución, pero «si se reconoce de una vez que Navarra y las provincias vascas no luchan por otra cosa que por su independencia, y no por la causa carlista, la cuestión se simplifica». Viardot proponía retomar el proyecto independentista de la Guerra de la Convención, y reflexionaba así:

> ¿Por qué no hacer de las provincias vascas y Navarra una confederación independiente y neutral, una Suiza de los Pirineos? [...] Ellas no se consideraron jamás como formando parte de España; han conservado siempre su nacionalidad; combaten desde hace tres años para no perderla jamás y para conservar las ventajas inherentes a la nacionalidad. [...] [Si se les devolviera su antigua independencia] desaparecería todo pretexto para su levantamiento en armas y su pacificación estaría asegurada tanto en el presente como en el futuro [...] es fácil probar que todo este país, naturaleza, instituciones y costumbres, concurren, mucho mejor que en el caso de Suiza, a la formación de un estado independiente. Las provincias vascas y Navarra, entre los Pirineos y el mar, de un lado; el Ebro del otro y los altos picos o profundos valles, en sus flancos de Aragón y Asturias, tienen sus límites naturales mejor trazados que Suiza, entre el Jura, Saboya y el Tirol. Tienen, por otra

> parte, la costumbre inmemorial de su organización y vida federal que ha venido funcionando como en Suiza. Posee, asimismo, sus leyes civiles, comerciales y criminales. En la Confederación Helvética, algunos cantones hablan francés, otros alemán y otros italiano. En las provincias vascas, no solo se habla la misma lengua, sino que ellas tienen su lengua propia, que no pertenece más que a ellas. Lo que hará siempre de ellas una nación aparte, a pesar de cualquier unión forzada a la que la política quiera someterlas.[287]

«Verdadera o apócrifa –nos dice el historiador López Antón– la visión romántica de las carlistadas está llamada a tener éxito, debido a que sugiere posteriores recreaciones estéticas protagonizadas por literatos y poetas. La Navarra carlista es la Suiza vasca de los Pirineos. El cliché de la Suiza mítica que se configura entre los militares, literatos y observadores del conflicto carlista va a dar una imagen de "carlistas versus buenos salvajes", la cual complace a los propios vascos. Estos se adhieren a ese tópico. Los vascos se reinventan a sí mismos».[288]

A la comparanza con Suiza recurre también el Conde de Carnarvon, aristócrata inglés, miembro conservador de la Cámara y amigo del carlismo. En 1837 escribió *Portugal and Gallicia: With a Review of the social and Political State of the Basque Provinces, and a few Remarks on Recent Events in Spain,* en un intento de explicar en su país la bondad de la lucha vasconavarra y atraer a Inglaterra a la causa de Carlos. El libro fue divulgado por Manuel Irujo en su *Inglaterra y los vascos.* «Todos los ejércitos que la Reina había enviado a las Provincias Vascas habían sido derrotados sucesivamente por la determinación de un pueblo casi unánime». Presenta las cuatro provincias, *basque provinces,* separadas políticamente, pero unidas por el régimen foral y aspiraciones comunes. «La

---

287. Esparza Zabalegi, *Vascosnavarros...*, p. 815 / Irujo, op. cit., p. 340.

288. López Antón, Jose Javier. Inédito.

pamema del liberalismo y la jerga de la economía política no tenían atractivo para ellos, y el trampolín principal de sus pensamientos era un deseo ardiente de libertad y todo cuanto tiene valor práctico para el individuo era comprendido y utilizado por los vascos. Nadie gana a este pueblo en la lucha por la libertad civil y religiosa». Llama a los vascos los tiroleses de Europa y sostiene que «las Provincias Vascas eran más libres que el cantón más libre de Suiza». Hasta entonces habían ejercido «los derechos de un pueblo libre y un estado independiente», de ahí la prosperidad del país frente a sus vecinos. Considera a «las Cortes de Navarra más soberanas que las británicas». Carnarvon se siente avergonzado de la alianza internacional para someter la insurrección vasca: «el triunfo de tres poderosas naciones unidas contra un país de patriotas montañeses, ofrecerá poco espacio para la alegría; y yo no envidiaré los sentimientos de ninguno que vuelva después de haber subyugado a un pueblo libre y galante». Además, muestra sus dudas acerca de que la intervención inglesa en las provincias vasconavarras «pudiera someter el indomable espíritu de los vascos, nunca reprimido por los romanos, mahometanos, franceses o españoles». El escrito de Carnarvon fue contestado por el embajador inglés en Madrid, que defendió las tesis de la reina diciendo que «si el Carlismo está absolutamente restringido a las Provincias Vascas, entonces medio millón de habitantes están empeñados en dar la ley a trece millones, y el bienestar de la Península y la tranquilidad de Europa pide que este hecho monstruoso sea firmemente resistido».[289]

Encontramos a Suiza como modelo también en el relato del periodista y escritor francés Alfred-Auguste Cuvellier-Fleury,

---

289. Irujo, op. cit., p. 374.

que nos visitó en 1837. Toda la prosperidad que muestran las regiones vascas, frente a la miseria de las españolas, se debe, según él, a que «las provincias del Norte se gobiernan a sí mismas. Actualmente, como en los tiempos de Augusto, los indóciles cántabros resisten las leyes de la metrópoli. [...] Ellas forman en el umbral de la monarquía española una pequeña Suiza, activa, floreciente y libre...».[290]

«Se puede considerar a las cuatro provincias de este lado del Ebro como una élite en comparación con las otras», escribió un autor anónimo en un libro posteriormente traducido por el editor alemán Bernhard Friedrich Guttenstein. Y de nuevo la semejanza con Suiza: «Las tres provincias de Álava, Guipúzcoa y Vizcaya están sometidas a la corona española solo de nombre, ya que por sus leyes y sus instituciones locales son tan libres e independientes como cualquier cantón suizo». Sobre los Fueros dice: «La privación de estos privilegios fue, durante largo tiempo, el plan primordial de los castellanos, y fue usada en vano la violencia, astucia, soborno, persuasión e intimidación para poder despojárselos».[291]

La referencia suiza se dio también entre paisanos. Andrés Eguaguirre y Lasarte fue un militar liberal, natural de Leitza, el primer navarro en alzarse contra los franceses en 1808. En 1821 peleó a favor de los constitucionales. Cuando la sublevación carlista de 1834 era coronel de Infantería y publicó un *Plan de campaña para hostilizar y reducir a la obediencia y sumisión a los rebeldes de las provincias Vascongadas del Norte de España.* El leitzarra conoce bien su país y encuentra analogías entre las cuatro provincias vascongadas y el proceso de independencia de Suiza. En su propuesta, pide 10.000

---

290. Cuvellier-Fleury, Alfred-Auguste. *Voyages et voyageurs 1837-1845*. París 1856, p. 99 / Laborda, op. cit., p. 269.

291. Anónimo. *Fahrten und Wanderungen in Castilien, Asturien, Aragon, Navarra, Biscaya, Catalonien, Andalusien und andern spanischen Provinzen.* Traducido del inglés por Bernhard Friedrich Guttenstein, 1842 / Laborda, op. cit., p. 271.

hombres para derrotar a Zumalacárregui, al que viene a comparar con Guillermo Tell, el legendario prócer de la independencia suiza en el siglo XIV.

> Cuando Guillermo Tell quiso dar la libertad a su patria, los generales y oficiales austriacos miraban su alzamiento y resistencia como efecto de un delirio, fundados en la multitud de fuerzas físicas, y en los inmensos recursos que tenía el gobierno imperial a su disposición, que no podían contar los montañeses. La experiencia demostró poco después que la arrogante confianza que tenían los militares austriacos estaba fundada en principio de apariencia y de ninguna solidez, pues los suizos, al abrigo de sus peñascos, establecieron su libertad e independencia, enseñando al mismo tiempo a la Europa entera una táctica y organización militar, que después imitaron con entusiasmo los soberanos con ventajas recíprocas suyas.
>
> Las circunstancias que concurrieron a la libertad e independencia de la Suiza, tienen una analogía muy parecida e inmediata con el de las provincias vascongadas. Aquella luchaba contra las fuerzas de un gran imperio que contaba con recursos efectivos [...] pero el valor, la constancia, lo escabroso del terreno; la indisoluble unión, el dialecto, el sistema de guerra clandestina que abrazó unido a la continua variación de generales en jefe que deberían sofocar la rebelión... Contribuyeron a que Guillermo Tell triunfase, y que las continuas victorias que alcanzaba diariamente consolidasen la libertad helvética.
>
> Estos sucesos y hechos ocurridos en un país que contaba con menores recursos que con los que cuentan las provincias vascongadas, debe hacer a los generales en jefe menos confiados [...] El arte de la guerra pues tiene sus principios fijos e invariables como cualquier otra ciencia exacta. Querer hostilizar y vencer a los sobrios y denodados montañeses, que favorecidos por la naturaleza del país sostienen su libertad o sus quiméricos fueros, como a los grandes y disciplinados ejércitos que marchan al combate bajo todas las reglas y máximas de la ciencia estratégica militar, es un error.

Un país con diez millones de habitantes, continuaba Eguaguirre, no puede con uno de 500.000 porque todos «están unidos por el espíritu de partido, de interés, de idioma, de clima, de legislación y de localidad, que forman una sola familia una base y un todo que se pone en movimiento y acción cuando lo necesita. Esta compactibilidad no existe ni puede existir en las demás provincias leales de España... circunstancias que en lo físico y en lo moral hacen infinitamente superior la fuerza numérica de las provincias rebeldes a las demás reunidas de España». Y acaba insistiendo en la comparación de «los suizos cuando la guerra de la independencia helvética con respecto a las provincias Vascongadas del Norte de España... es evidente que tiene una semejanza muy parecida e inmediata».[292]

La sombra del ejemplo suizo seguirá proyectándose durante mucho tiempo. En 1839, en el debate sobre los Fueros en las Cortes (el 18 de octubre), el senador Joaquín María Ferrer aseguraba que «estas provincias han estado en una posición equívoca; están situadas en una frontera extranjera; no ha sido la primera vez que han sido objeto de alguna operación diplomática en que se ha tratado de formar de ellas una pequeña Bélgica o Suiza; eso data de muchos años; el interés de quienes deseen esto puede existir aún». Efectivamente, existía, como veremos más adelante.

Ya en 1866, a su paso por Baskonia, el futuro presidente de la República, Emilio Castelar, dejó escrito: «Provincias vascongadas, yo saludo vuestras antiguas libertades. Si no estuvierais tan apegadas a vuestras venerandas tradiciones [...] hoy seríais la Suiza de los Pirineos».[293]

---

292. Eguaguirre y Lasarte, Andrés. *Plan de campaña para hostilizar y reducir a la obediencia y sumisión a los rebeldes de las provincias Vascongadas del Norte de España.* Valencia 1835, pp. 1-5. Archivo Fundación Altaffaylla.

293. Castelar, Emilio. *Un año en París.* Madrid 1875, p. 13.

Chaho el maldito

Joseph Augustin Chaho nació en Atarratze en 1811. Filósofo y lingüista, estudió en París lenguas orientales. Para desespero de quienes sostienen que el separatismo vasco tiene su origen en Sabino Arana y en sus devaneos reaccionarios, ignorantes, racistas y clericales, la figura de Chaho brilla medio siglo antes agitando la bandera de la independencia vasca desde otros estribos ideológicos: Chaho fue liberal radical, socialista, revolucionario, anticlerical, enciclopedista y pro-carlista. Fue el primer enterrado en el cementerio civil de Baiona. «Amasijo extraño de romanticismo y socialismo, de revolucionario, de carlista y enciclopedista [...] fantástico y original, precursor de la Teosofía y del separatismo vasco», dijo de él Azcona.[294] Hizo una gran labor de recopilación folclórica. Su ideal, que luego siguieron de alguna forma Navarro Villoslada, Iturralde y Suit y otros miembros de la Asociación Euskara de Navarra, era la superación de los banderíos políticos de los vasconavarros, mediante la unión de todos en una causa única que restaurase los valores y la lengua de Baskonia. Con solo 26 años publicó con d'Abbadie *Etudes grammaticales sur la langue euskarienne*, que dedicó al Zazpiak Bat, lo que le convirtió de alguna forma en el precursor del lema. Editó el periódico *L'Ariel*, que a partir de 1848 se llamó *Le Republicain de Vasconie*. En su libro *Viaje a Navarra durante la insurrección de los Vascos (1830-1835)*, define así el país: «El país de los Euskarianos, *Euskal-Erria*, que abrazaba primitivamente toda la Península Hispánica y una parte de las Galias, se restringió a las siete pequeñas regiones que los Vascos ocupan todavía hoy en los Pirineos Occidentales». Chaho ve a Zumalacárregui como caudillo de la independencia vasca: «La envidia de los castellanos fue el primer motivo

---

294. Azcona, op. cit., p. 105.

de la guerra. No podían sufrir que las provincias vascas se gobernaran y administraran en completa independencia». Pretende establecer al pie de los Pirineos un grupo social y político similar al que proyectan los polacos y húngaros en sus países. La comparanza con Polonia la veremos más tarde en el propio general Maroto. «Los vascos defienden –sigue diciendo Chaho– su independencia nacional y los esplendores de la patria. Y caen fusilados a los gritos de Vivan los Fueros y viva Carlos v [...] Se hallan hoy en armas al Sur de los Pirineos para defender contra los imperialistas de Castilla su noble independencia y la individualidad de nuestra raza... bajo la bandera nominal de un señor o rey».[295]

También hay similitudes con Italia en el proceso de unificación: «La divisa de Chaho es el *"Italia fara da se"* (Italia lo hará por sí misma), traducido al vascuence y aplicado a nuestra tierra», afirma Azcona.[296] Y 20 años antes de que Iparraguirre lo plasmara en el himno nacional vasco, la libertad vasca debía ser preludio de la de todos los pueblos: «Las ramas sagradas [del Árbol de Gernika] que los iberos pirenaicos deben distribuir un día, vendrán a ser la señal de la liberación y de la federación de los pueblos».[297] El paralelismo con el *«Eman ta zabal zazu, munduan frutua»* del *Gernikako Arbola* es sorprendente, al igual que esta otra referencia que parece anunciar el bombardeo de Gernika: «las hordas castellanas han hecho irrupción en Vasconia peninsular: el roble venerable, al pie del cual tenía lugar desde hace tres mil años las asambleas de la república, ha sido derribado. En su lugar los cagotes han escrito en la nueva lengua [el castellano] esta inscripción digna de los bárbaros: Aquí fue

---

295. Chaho, J. Agustin. *Escritos sobre la primera guerra carlista. Palabras de un vasco. Viaje a Navarra.* Zumalakarregi Museoa. Ormaiztegi 2018, p. 327.

296. Azcona, op. cit., p. 111.

297. Azcona, op. cit., p. 113.

Guernica». No es de extrañar que dijeran que Chaho tenía mucho de visionario.[298]

Un solo defecto le reprocha a Zumalacárregui, «y que es lo que constituye para nosotros su mayor mérito: es la idolatría que profesa a la nacionalidad de nuestra raza, su patriotismo exclusivo».[299]

Por si quedara alguna duda sobre quién era el sujeto de aquella insurrección vasca, en la edición francesa de su libro incluye el ya citado mapa, «Carte des Provinces de Biscaye, d'Álava, Guipuscoa et de Navarre (1833)», en el que incluye además las provincias vascas de Iparralde. Y en un extremo de la *carte*, otro mapa de Iruñea y su comarca, la capital histórica del país. Es uno de los primeros mapas contemporáneos de Euskal Herria.

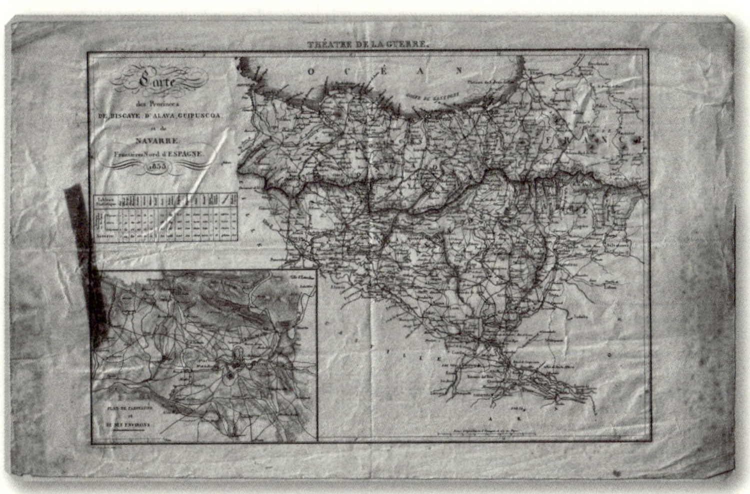

Mapa de 1835, aparecido en el libro de Chaho.

298. Urkizu Sarasua, Patri. *Agosti Chahoren bizitza eta idazlanak. 1811-1858.* BBK-Euskaltzaindia. Bilbo 1992.

299. Chaho, op. cit., p. 334.

Faltaban todavía 32 años para que naciera Sabino Arana. La separación de los Pirineos no era obstáculo para formar un mismo pueblo: «tal vez algún día los vascos intenten recobrar la unidad nacional... Si malas inspiraciones no vienen a contradecir la voz de justicia y de la sana política. La independencia de la Federación Vasca se proclamará sin combate».

Las ideas y testimonios de Chaho han sido repudiadas por todos los historiadores españolistas hasta la actualidad. «Obra absolutamente contradictoria con su trayectoria política, socialista revolucionario y anticlerical», dice de su obra Urquijo Goitia. Un loco, un incongruente con su ideología revolucionaria, un soñador, un precursor del nacionalismo... Para acentuar su solitaria excepcionalidad, el historiador Urquijo llega al absurdo de decir que «no hay ningún otro documento (proclama, libro de memorias, etc.) escrito en el mismo sentido».[300] ¿En qué sentido? ¿En el de citar, proclamar y/o aplaudir las supuestas intenciones independentistas de Zumalacárregui? ¿Cuántas docenas más de documentos tendremos que mostrar en este libro para que se convenza? Ya nos sorprendió Urquijo al calificar de «elucubraciones» las manifestaciones de Harispe al Gobierno francés, hablando de la proclama independentista del caudillo vasco. ¿Pero se pueden obviar todos los testimonios que recogen esas intenciones independentistas de las cuales solo una parte recoge este libro?

Chaho no estaba solo

Todos los detractores de Chaho lo son porque no quieren admitir, ni como remota, la posibilidad de que en Zumalacá-

---

300. Urquijo Goitia, José Ramón. *Tomás Zumalacárregui, literatura y mito.* Instituto de la Historia (CSIC), 2011.

rregui, o en la primera guerra carlista, asome el menor atisbo de independentismo vasco. Ello supondría reconocer que hubo una guerra nacional en Euskal Herria, en un momento crítico en el que Europa estaba pariendo los estados que han configurado su fisonomía y su cartografía actual. Para los hegemonistas españoles, los vascos no tienen espacio entre las naciones independientes del futuro y necesitan decir que nunca lo han tenido. Por eso Chaho era «un excéntrico» y Mackencie una persona «poco preparada». El resto «elucubraba». A regañadientes, los historiadores españolistas llegan a admitir que el hispanista y liberal Viardot defendió la tesis independentista, y en los últimos años han tenido que sumar a la lista a varios autores más que citan la independencia vasca –o sus «barruntos», como decía el propio Pirala–, lista que ya empieza a ser incómodamente larga: Somerville, Laurens, Lassala, Vocaltha. Wilkinson, Lataillade, Aviraneta, Maroto... ¡Demasiados testigos para algo que no ha existido!

Pero todavía falta elaborar una relación de la legión de escritores, viajeros y cronistas que, en el mismo tiempo en que se difundían por la prensa europea las intenciones de Zumalacárregui de proclamar la República Federal Vasca, se dedicaron a darle contexto y verosimilitud a la noticia, ora ratificando claramente esas intenciones secesionistas, ora divulgando las bondades de una república vasca, ora comparando Baskonia con una nueva Suiza, Bélgica, Polonia, Hungría o el Reino Lombardo-Veneciano. Incluso destacando el carácter «nacional» de la guerra, el amor a la independencia o las barreras insalvables entre vascos y españoles. Todos ellos contribuyen a llenar de matices y colores un cuadro político del que Chaho solo hizo un apasionado esbozo.

Además de los clásicos citados, solo en este libro y en torno a la primera guerra, aparecen también los testimonios de Zurbano, Harispe, Dorothea von Biron, Bois-Le Comte, Richard Ford, Frédérick Le Play, Eugenio Garay, John Hobart Caradoc, Gottieb von Rosen, Adolf Loning, Prosper de Lagarde, Augusto Von Goeben, Luis Bordas, los folletos editados por Debecourt y el firmado por un «Español Guipuzcoano» (ambos en 1836), el *Observations on Spanish affairs* (Bayona, 1837), Henri Cornille, Thomas Farr, Gustav Höfken, Thomas Roscoe, Friedrich von Schwarzenberg, Luis de Evans, Lord Carnarvon, Alfred-Auguste Cuvellier-Fleury, Lord Hay, Françoís Ducuing, Eugen von Vaerst, Charles Dembowsky, Samuel Edward Cook, Víctor Hugo, Émile Bégin, Faucher, Prosper Mérimée, George Henry Borrow, Marquis de Custine, M. B. Mitchell... Y en el período entreguerras: Alfred Germond de Lavigne, Hans Wachenhusen, Jules Michelet, Wentworth Webster, Cherbuliez, Emmanuel V. Guendias, Severn Teackle Wallis, William Edward Baxter, Alfred von Wolzoguen, Justin Cénac-Moncaut, Jean Charles Davillier, Edgar Quinet...

Sin duda, hay más, de todos los países, de todas las ideologías, ocultos en archivos y bibliotecas, esperando ser descubiertos, traducidos y divulgados. Muchos están ya digitalizados en Internet. ¿Cuántos testimonios más serán necesarios para que estos historiadores españolistas comiencen a reconocer que en torno a Zumalacárregui hubo mucho más que «elucubraciones» independentistas?

Amantes de su independencia nacional

La guerra continuaba sin Zumalacárregui, pero el Ejército español, ayudado por el de otras tres potencias, seguía sin poder con los vasconavarros. En mayo de 1836, según Mitchell, «el General Córdoba tenía a sus órdenes en las provincias del norte 320 jefes, 2.828 oficiales, 100.822 infantes y 4.685 caballos, cuando al mismo tiempo Eguía, general en jefe del ejército carlista, apenas podía disponer de 27.000 hombres entre infantería, caballería y artillería». A pesar de eso, «todos los esfuerzos hechos por Córdoba para entrar en las provincias fueron inútiles».[301] La represión se cebaba sobre todo en las familias carlistas que tenían hijos voluntarios: «por cada mozo que se vaya a la facción donde quiera que esta se halle, pagarán sus padres o personas que los tuvieran bajo su dirección la suma de dos mil reales de vellón», decía la Real Orden del 24 de septiembre de 1836.[302]

Charles Joseph Edmond de Bois-Le Comte, diplomático francés y embajador interino en Madrid en 1836, estaba destinado en el País Vasco para estudiar las posibilidades de intervención en el conflicto. En su libro citado *Essai historique...* explica la paradoja carlista vista con criterio liberal, y se admira de las antiguas instituciones vascas: «Vizcaya es una democracia pura, donde la igualdad humana ha alcanzado el más alto nivel. Guipúzcoa constituye una comunidad republicana. Álava integra una hermandad solidaria. El reino de Navarra [«nación navarra», le llama] es el núcleo de la raza vasca, donde esta se conserva con más vigor [...] Abandonados en 1510 y 1520 por los franceses [...] los navarros quedaron afectados a la Corona de Castilla [...] y la Corona ha reconocido siempre los servicios por una ejecución no menos puntual de los pactos que le ligan a la nación navarra». Explica que existen otras influencias morales «que contribuyen poderosamente a unir los navarros a su nacionalidad: la religión, la nobleza, el idioma y la gloria militar... El idioma es querido de los navarros, no solo porque es el suyo, sino porque constituye un recuerdo de gloria, ya que él atestigua su independencia [...] Los navarros, amantes de su independencia nacional, abandonan las llanuras y van a refugiarse en profundos valles».

301. Mitchell, Georges. *El campo y la corte de don Carlos*. Herper, Pamplona 1997, p. 14.

302. Pan-Montojo, op. cit., p. 129.

Bois-Le Comte detalla la trascendencia que tienen los privilegios «*des nations basques*», ya que, tras la rebelión de 1820, navarros y vizcaínos vinculan el restablecimiento de sus privilegios con el del poder absoluto de Fernando VII. El autor termina diciendo que, si hoy los vascones aborrecen al Ejército que se bate con ellos, es debido a «las crueldades que han pesado sobre los individuos, la devastación de casas y propiedades, el robo, el saqueo, el incendio, todo ha excitado en la población una animosidad contra el Ejército mayor que la que los franceses inspiraron en la época de la independencia».[303] En 1836 se editó un libro muy poco citado, sin duda porque rompe el discurso dominante. Fue escrito por Evaristo San Miguel, un general isabelino que participaba en la guerra. Algo sabría del tema. Dice que, gracias a los Fueros, los vasconavarros presentan un aspecto físico y moral...

> superior al que se observa en el resto de la península. El apego de esos habitantes, sin exclusión de clase, ni de condiciones, a sus fueros es un hecho evidente que no se puede oscurecer a los ojos de ningún observador. ¿Qué extraño es que el partido enemigo de nuestra causa nacional se haya aprovechado hábilmente de esta circunstancia y atizado con ideas *de libertad e independencia* sentimientos de odio que provoca en otras partes con las armas de la superstición y el fanatismo? Sí ofrece esta guerra singular el aspecto de un pueblo que lucha por la conservación de sus privilegios contra un ejército consagrado a arrebatárselos.

Y llevando hasta el final su reflexión, el general liberal afirma que la guerra carlista «es para nosotros lo que antiguamente las de Flandes y en tiempos posteriores las de Italia».[304] Es decir, guerra de conquista y dominación.

---

303. Bois-Le Comte, op. cit., pp. 22, 45.

304. San Miguel, Evaristo. *De la guerra civil en España.* Madrid 1836. Cit. Olcina, Evarist, *De carlismo y de carlistas.* Ediciones Arcos 2015, p. 42.

Finalizaba la guerra carlista y los Fueros aparecen nítidamente como el elemento principal a negociar. Y como veremos, la independencia, como opción de algunos. Según asegura en su libro *Historia contemporánea* el guipuzcoano Juan de Olazábal y Ramery, John Lord Hay, comandante general de la Escuadra de Su Majestad Británica, ya había enviado una carta a la reina regente en diciembre de 1838, donde manifestaba el sentir de la nación británica con respecto a la guerra carlista. Los vascos, dice,

> consideran sus fueros como la causa principal de su antigua prosperidad y temen que, si la causa de V. M. triunfa, queden suprimidos [...] Temen, también, que aún cuando D. Carlos fuese hecho prisionero o arrojado de España, continuaría aún la lucha, porque, levantándose entonces el estandarte de los fueros, todos los vascongados volarían a su defensa; una fuerza más compacta y poderosa que el actual ejército carlista pelearía en defensa de las libertades vascongadas. [...] Y ¿podría el resto de la Nación vencer a los vascongados en tales circunstancias, cuando es dudoso que puedan hacerlo ahora que pelean por una causa que les es extraña?.[305]

En diciembre de 1839, Lord Hay insistía ante su Gobierno:

> La diferencia de lengua, hábitos y carácter de los vascos y castellanos y la diferencia de las instituciones bajo cuya influencia se desarrollan y crecen, son las razones por las cuales ellos nunca en el pasado se miraron los unos a los otros como de la misma familia... todos los vascos, con rarísima excepción, son fueristas. La ininterrumpida serie de edades durante las cuales, las ventajas producidas por los fueros han sido gozadas en estas Provincias, han dado nacimiento a una tan fuerte adhesión hacia un códi-

305. Laborda, op. cit., p. 276 / Esparza Zabalegi, *Vascosnavarros...*, p. 372.

go que ellos tienen en veneración, que cualquier pequeñísima innovación es mirada por ellos con repugnancia; se sienten satisfechos con las instituciones que tan en perfecta armonía se hallan con su espíritu y hábitos [...] Si el Gobierno de la Reina hubiera garantizado formalmente la preservación de los Fueros, los vascos hubieran abandonado inmediatamente a Don Carlos y hubieran volado hacia aquel estandarte.

Agirreazkuenaga atribuye al diputado por Vizcaya Urioste de la Herrán la proclama de la Diputación de 1839 en la que alertaba del «peligro de deslizamiento hacia una guerra de nacionalidad» ya que, de acuerdo a las noticias que circulaban por el extranjero, el conflicto estaba derivando «en una guerra de los vascos contra el Gobierno».[306] No podemos resistirnos a citar otra frase de Lord Hay, que resume la paradoja de liberalismo español: «¿Qué puede haber más contrario a la razón, que el deseo de levantar las bases de la libertad española sobre las ruinas de las antiguas libertades de los vascos?».[307]

Y otro autor contemporáneo incidía en la paradoja del país carlista:

Ningún país menos a propósito que las provincias exentas para que sus moradores abrazasen la causa del absolutismo. Ellos se hallaban gobernados desde tiempo inmemorial por leyes especiales llamadas fueros, los cuales les hacían independientes y libres de manera que el régimen de su gobierno era doblemente aventajado para hacer causa común con la de la libertad y no para prestar apoyo a la tiranía.[308]

---

306. Agirreazkuenaga, op. cit., p. 182.

307. Irujo, op. cit., p. 485.

308. *Crónica contemporánea...*, p. 26. Cit. Agirreazkuenaga, p. 188.

El político francés Françoís Ducuing publicó en París *Etudes historiques. La guerre de montagne (Navarre 1834-1835, Kabylie 1841-1847)* y repasa toda la campaña de Zumalacárregui:

> Celosos de su independencia y aferrados a sus costumbres locales, a sus Fueros, como una superstición. Libres como el rey, dicen de sí mismos, y, en este sentido, quieren un rey, pero un rey libre, el rey neto, como el patrón de sus propias libertades, de modo que, a este rey, a quien proclaman como príncipe absoluto, le niegan el derecho a establecer los impuestos y el servicio militar obligatorio. Estimando su altivez y su orgullo, son capaces de todos los heroísmos, pero no harán nada en nombre de la disciplina.[309]

Uno de los testimonios más interesantes en torno al final de la guerra nos lo aporta el escritor francés M. G. Mitchell, en su libro *Le camp et la cour de D. Carlos*, traducido y editado rápidamente en Madrid en 1840. En él, asegura que «los vascos difieren tanto del carácter del resto de España como de las leyes que los gobiernan y que son peculiares de su país». Mitchell es de la opinión de que en «la insurrección vasconavarra» la conservación de los Fueros no jugó el papel «principal», porque si hubiera sido así, los habrían aceptado cuando se los ofreció el Gobierno de Madrid: «Cada nuevo general que enviaba el gobierno de Madrid, al mismo tiempo que imponía castigos a las provincias sublevadas, les ofrecía el reconocimiento de los fueros, si renunciaban a sostener las pretensiones de don Carlos».

Es curioso que el propio editor de la obra de Mitchel es el primero que discrepa con él en el tema de los Fueros: «El empeño con que en todos los documentos carlistas se habla a las provincias de la conservación de sus fueros, demuestran

---

309. Ducuing, François. *Etudes historiques. La guerre de montagne (Navarre 1834-1835, Kabylie 1841-1847)*. Hachette. París 1868, p. 23.

claramente que esta idea tenía gran parte en el entusiasmo con que combatían aquellos habitantes, por más que el autor diga falsamente lo contrario en varios pasajes de su obra, y el resultado del reconocimiento de los fueros confirma, como hemos dicho ya, más y más esta aserción, poniéndola fuera de toda duda».

Según Mitchell, desde su elección como jefe del Ejército Vasco-Navarro, Maroto ya estaba trabajando con Espartero para entregar a los carlistas: «Los vascos nunca olvidarán que fueron vendidos como esclavos. No es el destino de las armas lo que se ha declarado en contra de ellos; han sido vencidos por la traición más infame, han sido heridos no solo en su afecto, sino también en su orgullo».[310]

Charles Dembowsky fue un escritor italiano de origen polaco, autor de *Duex ans en Espagne et en Portugal pendant la guerre civile (1838-1840)*, editado en París en 1841. No se conforma con ser un viajero más en el país vasconavarro, sino que analiza las causas políticas de la contienda. Divide a los bandos en forales y anti-forales: «presintiendo además las masas que la libertad nueva impuesta por los constitucionales no podía igualar aquella que ya gozaban, todo el país se puso en conmoción».[311] Afirma que los reyes siempre habían recelado de la excesiva independencia de estas provincias y era evidente que «ante este temor no quisieron nunca consentir que se erigiese ninguna sede episcopal [unificada, se entiende] en territorio vasco».[312] El escritor explica cómo «un país en el que el espíritu de independencia y libertad parece innato, haya

310. Mitchell, M. G. *Le camp et la cour de D. Carlos*. Bayonne 1839, p. 164.

311. Denbowski, Carlos. *Dos años en España durante la guerra civil 1838-1840*. Crítica. Barcelona 2008, p. 503.

312. Ibídem, p. 487.

abrazado con tanto entusiasmo la causa de don Carlos» y lo resume en sus fueros y en el apoyo del numeroso clero local. Por su parte, la burguesía y los propietarios de minas veían «su riqueza mejor garantizada por la Constitución que por los Fueros» y se declararon en favor de los cristinos. Destaca el valor de los voluntarios echándose contra los cañones bayoneta en ristre y asegura que este género de ataque «ayudaba a los vasco-navarros, hombres de una fuerza prodigiosa». Afirma que «los navarros son soldados indomables» y duda que se encuentre en Europa «tropas ligeras que puedan compararseles». Dice, incluso, que en tiempo de Zumalacárregui se veía «a las muchachas rechazar como cobardes, indignos de su amor, a los hombres que habían huido de los pueblos» para no acudir con los carlistas.[313] Avanzada la contienda, en 1838 afirma: «es evidente que la lucha ya no se sostiene sino gracias a la admirable tenacidad que caracteriza a los Navarros y a los Vascongados, y a su odio innato a los españoles que consideran como dominadores extranjeros». En 1840, dice de Navarra que «la gran cuestión que agita aquí todos los espíritus es saber si el Gobierno de Madrid respetará los Fueros de este antiguo reino, aun cuando no haya tenido la menor participación en el convenio de Vergara»; al describir los Fueros concluye que «la administración financiera de Navarra estaba totalmente separada de la de España».[314]

Francisco de Paula Madrazo publicó en 1844 una de las primeras biografías de Zumalacárregui. Reitera que los navarros defienden su ideal hasta la muerte si es preciso, pero añade que debe ser «en su propio país, en defensa de su familia y de su hogar; allí no les duele verter generosamente su sangre, porque cuando esta se derrama sobre el suelo

313. Ibídem, p. 28.

314. Ibídem, p. 553.

natal, creen ellos que contribuyen a fecundizar y a fortalecer la felicidad y la independencia de sus paisanos».[315]

Carlistas: *Républicains dans les Pyrénées*

Desde que en 1745 Larramendi planteara hacer «una República toda de Bascongados», hemos visto a numerosos autores que citan el carácter republicano de los vascos y sus instituciones, todo lo contrario a una abundante historiografía española que ha retratado al pueblo vasco como refractario a las ideas liberales, poniendo como ejemplo su actitud en las guerras realista y carlistas del siglo XIX. Sin embargo, la mayoría de los viajeros y escritores que nos visitaron durante los siglos XVIII y XIX dejaron constancia de que, lejos de ser un pueblo retrógrado y oscurantista, era mucho más avanzado social y culturalmente que sus vecinos del sur, y con unas instituciones que en Europa fueron puestas como modelo de libertades republicanas. El propio Rousseau citó en este sentido al Árbol de Gernika en *El contrato social*. John Adams (1735-1826), presidente de Estados Unidos y uno de los forjadores de su independencia, en su defensa de la constitución americana puso a los vascos como ejemplo de bienestar, paz social y libertades.

Manuel Irujo hace un repaso a muchos observadores europeos presentes en los conflictos decimonónicos. La mayoría, con mayor o menor énfasis, coinciden en decir que los vasconavarros tenían con los Fueros un sistema avanzado de libertades públicas, que los convertían en los primeros republicanos de Europa. La paradoja es que cuando el liberalismo español intentó hacer tabla rasa con sus viejas libertades,

---

315. Madrazo, Francisco de Paula. *Historia militar y política de Zumalacárregui*. Madrid 1844, p. 35.

unieron la causa de su independencia a la del rey absoluto. En páginas anteriores hemos citado escritores que mencionan el carácter republicano de los habitantes o de sus instituciones.

Poco antes de comenzar la guerra carlista nos visitó el militar y escritor inglés Samuel Edward Cook y, como tantos otros, se fijó en la ilustración (¿liberal, cabría decir?) de un país que dentro de poco iba a ser calificado de todo lo contrario. «Tan pronto como se aleja uno de las provincias libres [*"free or Basque provinces"*, las suele llamar], se puede decir que la ilustración cesa; está limitada a unos pocos ámbitos». Y, una vez más, la comparación republicana con Suiza: «Los navarros [...] se parecen al resto de la gente de las provincias del norte. [...] Son perfectos republicanos, y de la mejor clase, siendo más refinados, y libres de la ruda grosería, la vulgaridad y el interés propio del suizo común». Además, añade que la responsabilidad de gestionar un país tan abundante en trabajo es de las vascas, a las que a este respecto nadie supera en la tierra.[316]

Sobre esta aparente contradicción, la de que un pueblo que rendía culto a las libertades públicas saliera al monte a defender un sistema despótico, es obligado citar a Víctor Hugo, unos de los escritores románticos más conocidos. «Los vascos no son ni españoles ni franceses, sino vascos», llegó a afirmar con rotundidad. Para el pueblo eran los carlistas y no los liberales quienes defendían la libertad, es decir, que en el fondo eran los carlistas los verdaderos liberales, idea que además de Hugo mantuvo el joven Unamuno, más tarde Irujo y finalmente ha recogido Joxe Azurmendi.[317]

Según Hugo, dos partidos rodeaban al pretendiente Carlos: el de la Corte o del «rey neto» y el partido de los derechos o de los Fueros. Zumalacárregui era de estos y neutrali-

---

316. Azcona, op. cit., p. 231.

317. Azurmendi Joxe. Prólogo de *Idi orgaren karranka*. Elkar 2002, p. 41.

zaba la influencia que los curas tenían sobre el pretendiente. «¡Al demonio los frailes!», solía decir frecuentemente. Con un par de frases, el escritor francés echa por tierra los sambenitos (absolutista, ultraclerical) que han endosado al país los historiadores.

El autor de *Les Pyrénées* llama al país «Nación de los Fueros», y razona así:

> Parece que una nación así tenía que estar dispuesta a aceptar las novedades francesas. Error. Las viejas libertades temen a la libertad nueva. El pueblo vasco lo ha demostrado así [...] El país de los derechos, la nación de los fueros gritó: ¡Viva el Rey neto! La antigua libertad vasca hizo causa común con la antigua monarquía de España y de las Indias, contra el espíritu revolucionario. Debajo de esta contradicción aparente se encerraba una lógica profunda y un instinto certero. Las revoluciones –insistamos en este punto– arremeten contra las antiguas libertades con la misma violencia que contra los antiguos poderes. Las revoluciones quieren hacerlo todo de nueva planta y rehacerlo en gran escala... De ahí proceden esas inmensas generalizaciones que son, por decirlo así, los cuadros de las naciones del porvenir y que se adaptan tan difícilmente a los pueblos inmemoriales y tienen tan poca monta de las costumbres rancias, de los antiguos usos y costumbres, de las viejas franquicias, de los idiomas vernáculos, de las fronteras de antaño, de las antiguas usurpaciones... En lenguaje revolucionario, los viejos principios se denominan prejuicios, las antiguas realidades se llaman abusos... De esta manera, las revoluciones destruyen el pasado... Para los revolucionarios, el antiguo Rey de España era un abuso, el antiguo alcalde vasco era otro abuso. Los dos abusos se han dado cuenta del peligro y se han unido contra el enemigo común. El Rey se ha apoyado en el alcalde.

Hugo concluye con cierto pesimismo:

> Sin duda esta unidad vasca tiende a relajarse y terminará por desintegrarse. Pero no olvidemos que esta unidad tan

> endeble en apariencia ha resistido durante largo tiempo a todas las fuerzas disolventes. Francia se apropió de una vertiente de los Pirineos, y España se apoderó de la otra. Pero ni Francia ni España han podido disgregar la unidad vasca [...] Jamás la ley de adhesión molecular bajo la cual se forman las naciones ha luchado más vigorosamente que la vasca contra las infinitas causas que disuelven y recomponen las formaciones naturales.[318]

Y si Víctor Hugo era liberal, el príncipe alemán Lichnowsky llegó para combatir en las filas carlistas, y decía, en 1837, que los vascos «unen a una gran altivez aristocrática ciertas ideas de libertad republicana». De Zumalacárregui dice que «es el héroe de cantos y baladas que harán resonar su nombre cuando nadie se acuerde de don Carlos ni de Doña Cristina».[319]

Pasaron los años y la literatura de viajes siguió reflejando lo mismo: el médico e historiador francés Émile Bégin retomó la idea de la república federal: «Al vasco, ser español o ser francés le importa un bledo; él solo quiere ser vasco y les place la idea de formar con los aragoneses y los catalanes una república federal independiente». Aman su libertad y como se ha visto «en las guerras nacionales», soportan «cualquier cosa para no perderla».[320]

Republicanos también para la prestigiosa revista *Revue de Deux Mondes*, en la que escribían Alexandre Dumas, Honoré de Balzac, Prosper Merimée o Charles Baudelaire. El 1 de mayo de 1837, apareció un artículo firmado por Faucher, en el que sostenía que la guerra mantenida por las cuatro provincias «no es una guerra de opinión. No hay nada en ella que recuerde a la de Vendée, ni la adhesión feudal ni el fanatismo religio-

318. Hugo, Víctor. *Les Pyrénées*. París 1890.

319. Azcona, op. cit., p. 250.

320. Bégin, Émile-Auguste. *Voyage pittoresque en Espagne et en Portugal*. París 1852, pp. 31, 99, 185 / Esparza Zabalegi, *Vascosnavarros*... p. 117.

so. Es una guerra absolutamente moderna y prosaica, guerra de independencia, guerra de intereses. Esos *republicanos* [sic] del País Vasco han tomado a Don Carlos por bandera, pero no han hecho de este Príncipe ni su amo ni su jefe. El fanatismo es extraño a las costumbres de estas poblaciones».[321]

En 1836 se leía en la revista *Revue Britannique*: *«Les provinces de Biscaye, d'Alava, de Guipuzcoa et de Navarre, sont de vieilles républiques libres, que leur situation entre deux monarchies a protegées á travers toutes les révolutions»*. Una división entre Francia y España que era *«ridicule, arbitraire et illusoire»*.

De estos años es la carta del escritor Prosper Mérimée sobre la conveniencia de erigir el País Vasco en un estado *tampón* independiente. Mérimée era de ideología liberal y señaló que «entre Burgos y Vitoria hay al menos cuatrocientos años de civilización».

También en 1837 se publicó en París el *Examen crítico de las Revoluciones de España de 1820 a 1823 y de 1836*, que cita Manuel Irujo. Pese a ser el autor afecto a la reina y contrario a los carlistas, afirmaba que la democracia vasca era muy superior a las restantes democracias occidentales.

> Tenemos dentro de nuestro propio país otras varias constituciones en que se reconoce todo el mecanismo de los actuales sistemas representativos. ¿Qué otra cosa son sino las que hicieron tan florecientes las provincias de Álava, Vizcaya, Guipúzcoa y Navarra? ¿Hay hoy en la constitución de Inglaterra, ni aún en la de Bélgica y en los Estados Unidos, tantas garantías contra la tiranía monárquica como en algunas de estas cuatro, o no se puede hablar de ellas porque está allí el pretendiente?[322]

---

321. *Revue de Deux Mondes*, París, 1.v.1837.

322. *Examen crítico de las Revoluciones de España de 1820 a 1823 y de 1836*. París 1837, p. 321 / Irujo, op. cit., p. 95.

George Henry Borrow, escritor y viajero británico, era anticarlista y, sin embargo, como dijo Irujo, supo ver «sustancial diferencia entre un carlista español y un carlista vasco». Escribió *The Bible in Spain* (1842), traducida por Manuel Azaña.

> Se suponía que Basconia era la fortaleza del carlismo y que sus habitantes eran religiosos fanáticos que creían en peligro su religión. La verdad es que los vascos se preocupaban poco de D. Carlos y de Roma y que tomaron las armas solo para defender ciertos derechos y privilegios suyos. Si usaron el nombre de D. Carlos fue meramente como grito de guerra [...] Son los bascos gente fiel y honrada, capaz de adhesión desinteresada. No hay en el mundo pueblo más orgulloso que el vasco, pero el de ellos es un orgullo republicano. Entre ellos no hay clase aristocrática y no toma a nadie como superior a los demás. El carretero más pobre tiene tanto orgullo como el gobernador [...] Las mujeres tienen mucho más talento que los hombres.[323]

El escritor francés Alfred Germond de Lavigne insiste hacia 1855 con lo de la república federal: «Euskaldunia, otra denominación de la nación vasca», era «una nación distinta, totalmente independiente de sus dueños efectivos», que había mantenido una especie de «*fédération de petites républiques*». El origen de esta libertad era «la constitución de un poderoso reino pirenaico, bajo el nombre de Navarra, fue, durante un cierto periodo, un medio para que parte de los vascos, devenidos en navarros, consagraran su separación de los demás pueblos de España».[324]

Al año siguiente, 1856, nos visitó el corresponsal de guerra y escritor alemán Hans Wachenhusen, quien definió a los

---

323. Borrow, George Henry. *The Bible in Spain.* 1842.

324. Germond de Lavigne, Alfred. *Itinéraire descriptif, historique et artistique de l'Espagne et du Portugal.* Hachette. París 1866, p. 11 / Laborda, op. cit., p. 322.

vascos como «uno de los pueblos más originales». «Son, en cierta media, como un Estado, una república en sí misma o no dejan que se les recorte ni el más mínimo título de sus privilegios». Se mantienen tan independientes de España como de Francia, «haciendo valer sus propias administraciones elegidas por ellos mismos, su propia constitución garante y sus propias leyes criminales, civiles y comerciales».[325] El historiador francés Jules Michelet tocó el tema vasco en muchos de sus libros. En uno de ellos decía que sus «privilegios» los convertían «en una especie de república dentro de una monarquía».[326] Otro gran conocedor de los vascos fue Wentworth Webster, filólogo, historiador y religioso británico, muy reconocido entre los españoles, que lo nombraron académico de la Real de la Historia de Madrid. Euskaltzale y divulgador de los vascos en el mundo, escribió que «incluso cuando España se venía abajo, el País Vasco era una excepción... Los vascos, hasta nuestros días bajo la forma de una monarquía, han mantenido las franquías y libertades de una verdadera república. No hay región en Europa que fuera mejor administrada». Pero en estos *«républicains dans les Pyrénées»,* como los llama Webster, ve la misma paradoja que tantos otros observadores: «Incluso el derecho divino de los reyes y el absolutismo más puro fueron apoyados hasta la muerte por los republicanos en los Pirineos».[327]

Quizás uno de los que con más expresividad se refirió a esta aparentemente insalvable contradicción carlista-republicana fue Cherbuliez, alumno de Ranke en Alemania, cuando en 1873 escribió que el carlismo era «una enfermedad deses-

---

325. Wachenhusen, Hans. *Itinéraire descriptif, historique et artistique de l'Espagne et du Portugal.* 1866. Cit. Laborda, p. 324.

326. Michelet, Jules. *La Mer.* París 1861, p. 277 / Laborda, op. cit., p. 334.

327. Citado por José María Lacarra, prólogo al libro de Justo Gárate, *El carlismo de los vascos.* Auñamendi. Donostia 1980, p. 9.

perante» que «recluta sus bandas entre republicanos de sandalias de cuero».[328]

La paradoja carlista, la de un pueblo de valores republicanos apoyando una monarquía reaccionaria, ha sido asaz comentada por muchos observadores. Republicano, fuerista y federal, Serafín Olave publicó en 1875 *Antiguas tradiciones de Navarra y su oposición al absolutismo*. En esa obra, afirmaba que Navarra perteneció a una República Pirenaica y en su paso a reino guardó las esencias republicanas hasta nuestros días.[329] Manuel Irujo lo resumió así: «Se da el paradójico fenómeno de que las frases "Viva la libertad" y "Vivan las cadenas", repetidas epiléptica y alternativamente en Madrid a tenor del pronunciamiento de turno, sonaban en las montañas vascas en sentido estrictamente contrario. Lo que en España significaba opresión en Euskadi rezaba libertad. Por muy disparatado que parezca, los demócratas vascos, tal como hoy entendemos la democracia social, eran los carlistas».[330]

¿Se sublevaron los «peseteros» por las pesetas?

El año 1837 estuvo lleno de amagos y amenazas independentistas, incluso en el campo liberal. En enero se encontraba en Madrid el diputado liberal navarro Agustín Armendáriz, tomando parte activa en las Cortes. Desde aquel foro intentó defender el régimen foral, porque Navarra era «una monar-

328. Esparza Zabalegi, *Vascosnavarros...*, p. 467.

329. Olave Díez, Serafín. *Antiguas tradiciones de Navarra y su oposición al absolutismo.* Lisboa 1875, p. 13.

330. Irujo, op. cit., p. 98.

quía independiente», lo que provocó que un diputado gallego le preguntara con sarcasmo: «¿Quién es el embajador?».

Ese mismo mes, ante los excesos del ejército y el «despotismo militar» que sufría Navarra, la Diputación llegó a hacer uno de esos amagos independentistas que, pese a la dudosa credibilidad que le atribuyen, no deja de ser significativo y ayudó sin duda a caldear el ambiente:

> Navarra acostumbrada desde que no alcanza la memoria de los tiempos a vivir libre y bajo una monarquía representativa, anhela y anhelará siempre por la libertad legal y constitucional; y si la parte rica e ilustrada se somete con placer a seguir la suerte de la monarquía española bajo esas bases indispensables y no sin ellas: los navarros conocen el derecho que en otro caso les asistiría para constituirse: los lazos con que supo atraerlos bajo su cetro la perspicacia política de Fernando el Católico en el pacto de conservar sus antiguas libertades y su independencia, se rompería de lo contrario, y Navarra podría ejercer un derecho funesto a su existencia política, pero preferible al férreo cetro de la tiranía, próximo a experimentar si el Gobierno de V. M. no proporciona a sus generales los medios necesarios para hacer la guerra a sus verdaderos enemigos, dejando descansar a los ciudadanos honrados y tranquilos.[331]

¿Baladronada de una Diputación liberal sin más margen de maniobra? Si analizamos el contexto general tal vez no nos parecerá tan salida de tono. No olvidemos que el apoyo a los Fueros en esa época lo encontramos, con más o menos fervores, tanto en el campo carlista como en el liberal. Denbowski afirma haber estado «con unos chapelgorris liberales y que lanzaban tres vivas: uno a la reina otro en favor de los fueros, el tercero por la Constitución».[332]

---

331. AGN. *Actas Diputación*, 12.I.1837 / Mina Apat, op. cit. P. 169.

332. Denbowski, op. cit., p. 531.

Cuando en 1837 se preparaba en Madrid la nueva Constitución, el coronel Churruca, vasco y liberal, uno de los jefes militares que actuaba contra el ejército carlista en Vizcaya, se dirigió así al ministro de la Guerra: «¿Por qué luchan los vascos? Dícese por algunos que la guerra de las provincias del Norte es guerra de principios y no guerra de Fueros; pero yo les contesto que los naturales de Vizcaya no se matan porque triunfen principios del absolutismo y de tiranía, sino porque los ambiciosos y los agentes del fanatismo les hicieron y continúan haciendo creer que iban a perder sus Fueros. Esta es la base sólida y terrible de la guerra de estos países».

El 26 de agosto de 1837 unos 700 tiradores y flanqueadores liberales que estaban acantonados en la zona de Pamplona se sublevaron con la intención, según se desprende de las sentencias posteriores, de «declarar a la provincia libre e independiente». *El Eco del Comercio* (17.IX.1837) dio cuenta de los sucesos señalando que los sublevados afirmaban que «se estaban burlando de ellos sin pagarles ni llevarles al enemigo y por lo mismo exigían sus atrasos... Declararon también a la provincia libre e independiente, reconociendo empero la Constitución y a la reina Isabel II».[333] Dueños de la capital, dieron muerte al virrey de Navarra, conde de Sarsfield, y al coronel Mendivil. Dominada la sedición, un consejo de guerra condenó a muerte al coronel jefe de la misma, León Iriarte, al comandante del Segundo Batallón de Tiradores de Navarra, Pablo Barricarte, que se unió a ella, y a casi todos los sargentos sublevados. Los oficiales fueron enviados a presidio y los soldados a Ceuta.

---

333. Irujo, op. cit., p. 110 / García-Sanz Marcotegui, Ángel. *Liberales navarros en la primera guerra carlista: los cuerpos francos y el motín de 1837*. UPNA 2014, p. 181.

León Iriarte, alias *Charandaja*, pamplonés y militar liberal, fue uno de los fusilados. La sentencia decía:

> Resultando, que el Coronel Don León Iriarte se presentó poco después de pronunciada la sedición en Cizur Menor, y que, lejos de tomar medidas para cortarla en su origen, ni haber dado aviso alguno a las autoridades de la plaza de Pamplona para evitar la entrada de los sediciosos en ella, y los males que se siguieron, vino a la cabeza de los batallones espontáneamente y en plena libertad, apareciendo en este hecho contra él el grave cargo de haber entrado en la plaza y ocupándola con fuerza armada; considerando asimismo por las declaraciones contestes que se comprometió bajo su firma a seguir y llevar a efecto la conspiración que tenía por objeto la independencia de Navarra, cuyo documento confesó el mismo Iriarte haber firmado, aunque alegando ignorar su contenido; y por último, apareciendo probado igualmente que dicho jefe ejercía libremente su autoridad dentro de la plaza [...] el Consejo, en vista de todo, le condenó y condena a ser pasado por las armas. Igualmente condenó y condena a la propia pena al comandante del Segundo Batallón de Tiradores Don Pablo Barricarte [...] que fue el primero que firmó la relación de su batallón inserta con el número seis, de los que se comprometieron a proclamar la independencia de Navarra.[334]

Pedro Esarte cita la carta del capitán Bazaine a Harispe, alto militar cercano al Gobierno francés, el 19 de noviembre de 1837, en la que decía que «los debates han probado que el objeto de esta insurrección era declarar a Navarra independiente... el asesinato de Sarsfield había sido hijo de una conspiración perfectamente organizada por jefes de prestigio en el Ejército, que querían la separación de las provincias vascongadas del resto de la monarquía y tenían por lema la Inde-

---

334. Ibídem, p. 188 / Pirala, op. cit., t. IV, p. 451.

pendencia de reino de Navarra». El ministro de la Guerra, Ferrari, también aludió a que «la provincia se había declarado independiente» y de ahora en adelante se administraría sola y dirigiría ella misma las operaciones militares, pero que indirectamente, sin embargo, reconocería al Gobierno de la Reina y que «la provincia iba a unirse a todas aquellas en que se había producido o iba a seguirse el movimiento», es decir, el resto de provincias vascas.[335]

La *Gaceta Oficial* (carlista) se hizo eco de «los insurgentes que habían proclamado la independencia».[336] La prensa francesa también lo recogió: «Navarra se declaraba independiente y ya no reconocía el gobierno de la reina»,[337] lo cual se contradecía con lo dicho por el ministro Ferrari.

Estos documentos tienen gran relevancia, pues indican que unos liberales vascos, que formaban parte del ejército de la reina, se sublevaron contra las tropas españolas, con la intención, dice explícitamente la prensa y las sentencias, de «proclamar la independencia de Navarra», quejosos al parecer de la marcha de las operaciones y de la falta de fondos, movimiento al que iban a unirse el resto de provincias vascas. Además, téngase en cuenta que Sarsfield era el primer virrey de Navarra que no había jurado los Fueros, ni comunicado a la Diputación su nombramiento, pudiendo dar con ello argumentos al levantamiento separatista.

Pese a tantas referencias históricas sobre lo mismo, el historiador Ángel García-Sanz, paladín de los liberales navarros, llega a la insólita conclusión de que el perfil de los involucrados era de liberales implicados en el sostenimiento de las instituciones y de la reina, y que no concuerda con unos «pre-

335. Esarte, Pedro. «Derecho a rebelión». Nabarralde. Haria, n.º 1, 2009, p. 23 / Ibídem. *Cien años de Gamazada.* Utrinque Roditur. Ansoain 1993, p. 34.

336. García-Sanz, op. cit., p. 192.

337. *La Presse,* 4.IX.1837. Cit. García-Sanz, p. 192.

suntos independentistas navarros». Que eran buenos chicos, vamos. Argumenta también que lo que realmente pedían los amotinados no era la independencia de Navarra sino una mera «independencia económica», que nadie cita por ningún lado. Así pues, los «peseteros» solo querían pesetas.

Es patético cómo estos historiadores españolistas retuercen la semántica de las palabras si ven documentos que no les convienen. García-Sanz sigue los pasos de Urquijo Goitia cuando este escribió sobre esa misma conspiración «que tenía por objeto la independencia de Navarra». La palabra «independencia», dice Urquijo, no significaba la separación del Estado y la creación de una entidad política nueva, sino solo «desobediencia» a un gobierno central.[338] Y hace lo mismo Molina Aparicio –el que ya hemos visto calificar de monos antropoides a la mayoría de los vascos– cuando no ve significado independentista en las contundentes afirmaciones de Larramendi sobre la República Vasca.

Y uno se pregunta: ¿acaso aquellos independentistas vasconavarros de 1837 no conocían la diferencia entre independencia y desobediencia? Porque para ser solo «desobedientes», bien independientes de España habían quedado la Luisiana en 1800; Paraguay y Venezuela en 1811; Argentina en 1816; Chile en 1818; Florida, Ecuador Colombia y Panamá en 1819; Perú en 1820; México en 1821; Nicaragua, Honduras, Costa Rica, El Salvador y Guatemala en 1823; Bolivia en 1825 y Uruguay en 1828. Y si toda la prensa europea que ya hemos citado habla de la proclama de Zumalacárregui declarando las «cuatro provincias limítrofes de la Francia independientes de la España», ¿qué significado dan estos historiadores a las palabras *«indépendance»*, *«unabhängigkeit»*, *«independence»*, *«independenza»* o *«ανεξαρτησία»*?

---

338. Urquijo Goitia, José Ramón. *La Primera guerra Carlista desde la ideología nacionalista vasca.* CSIC, Centro de Estudios Históricos. Departamento de Historia Moderna y Contemporánea, 1998, p. 6.

¿Nadie en Europa conocía su significado y sus consecuencias políticas? Además, cuando Bazaine escribió a Harispe diciendo que los que tenían por lema la «Independencia del reino de Navarra» querían «la separación de las provincias vascongadas del resto de la Monarquía», ¿no lo dejó suficientemente claro?

En 1837, por supuesto, los vascos tenían muy claro lo que significaba la independencia de un país porque, además, muchos de ellos ya habían participado en los citados procesos libertadores americanos. Los historiadores lo saben mejor que nadie, pero antes de reconocerlo algunos prefieren retorcer la gramática hasta el ridículo.

Para García-Sanz, la sentencia de Espartero condenando a muerte a Iriarte y Barricarte por haber firmado a favor de «la independencia de Navarra» ha hecho que «especialmente en los medios nacionalistas vascos o navarristas radicales se sostenga que este era uno de los objetivos de los amotinados».[339] Eso es cierto, porque los «medios nacionalistas vascos o navarristas radicales» saben leer. Además, fácilmente se le podría dar la vuelta a esa opinión diciendo que allá donde la sentencia de Espartero, las cartas de Bazaine y Ferrari, la prensa vasca, española y francesa, solo hablan de la independencia de Navarra, «especialmente los medios españolistas radicales» se empeñan en negar ese motivo, el único documentado.

No todos. Pío Baroja dedicó un artículo al fusilamiento de Iriarte y sus compañeros. Insiste en la independencia de Navarra como uno de los motivos de la sublevación, ya que «le caracterizaba también su tendencia localista. Lo que pasaba fuera de Navarra le debía interesar muy poco». Más comedido, el historiador Rodríguez Garraza no niega esas pretensiones independentistas de Iriarte y Barricarte, tan claras en sus sentencias, pero sostiene que el inicio de la insurrección

---

339. García-Sanz, op. cit., p. 200.

tuvo otras razones y que luego los acusados se sirvieron de ella y la desviaron a sus intereses.[340]

Lo bueno es que el propio García-Sanz, admirable por tantos trabajos, nos da argumentos en favor de la tesis independentista. La prensa de esos días ya citaba «algunos brotes independentistas» y en la información de *Le Phare de Bayonne* se aseguró que los proyectos en este sentido fermentaban desde hacía algún tiempo y que el movimiento del sábado 26 «no era sino el inicio de una trama». En otra carta de Madrid se decía que «los carlistas y constitucionalistas de las provincias vascas se iban a reunir para tratar de la separación de las provincias del Gobierno. Un periódico francés, *Le Siécle,* afirmó que la Junta de Gobierno establecida en Pamplona había proclamado la independencia y que Cataluña era de hecho independiente, lo que interpretaba como síntoma de un desgarramiento aún mayor de la monarquía española [...] Interesadamente, los carlistas propalaron noticias similares».[341]

También por García-Sanz sabemos que en los meses de octubre y noviembre de 1837 hubo «serios» incidentes en las filas carlistas. Según algunos periódicos, que muy probablemente tuvieron la misma fuente, el 31 de octubre en Estella hubo una reunión de generales y de la Junta Gubernativa de Navarra en la que, de acuerdo con sus homólogas de las provincias Vascongadas, se acordó comunicar a su rey que no consentiría que ningún soldado navarro ni vascongado fuera a Castilla, ya que querían independizarse de España y también de Don Carlos, «porque quieren sostener sus fueros, y juntas de república como anteriormente».[342] En una carta enviada desde Vitoria se aseguró que había habido alborotos en Estella en este último sentido y que se decía que el pre-

---

340. Rodríguez Garraza, *Navarra de Reino...*, p. 262.

341. García-Sanz, op. cit., p. 201.

342. *El Eco del Comercio,* 11.XI.1837; *La Estafeta,* 12.XII.1837; *El Español,* 14.XI.1837.

tendiente iría a esa ciudad para hacer un escarmiento «por la común gritería que hubo de independencia y muera la junta carlista».[343]

Quizás para no contradecirse tanto y reconociendo el ambiente general del momento, García-Sanz llega a admitir que las pretensiones de los sargentos sublevados implicaban «prácticamente la emancipación de Navarra de la obediencia del Gobierno» pero que, no obstante, esto «no entrañaba su secesión».[344] Ya. Y cabe preguntarse: si en la actualidad vascos y catalanes solicitaran la emancipación de sus territorios de la obediencia del Gobierno... ¿no estarían hablando de independencia?

Y en este momento abandono mi compromiso de respaldar este libro tan solo con testimonios y documentos y lanzo una conjetura: aquel movimiento que hizo coincidir en el tiempo (otoño de 1837) y en el espacio (Navarra) a carlistas y liberales en pro de la independencia de Navarra ¿fue espontáneo o fue urdido por alguien? Y si ese alguien existió, ¿quién podría ser que tuviera ascendiente entre los liberales y los carlistas navarros a la vez? Alguien conspicuo y conspirador, que fuera liberal, laico, republicano, independentista, vasconavarro y carlista a un tiempo. No sé qué hacía el xiberutarra Agustín Chaho esos días, pero no me extrañaría que anduviera en aquellos tejemanejes. Lo dicho: una conjetura. Sin prueba alguna... por ahora.

Este ambiente «independentista» se alargó hasta el año siguiente. El 27 de mayo de 1838 aparecieron en el *Boletín Oficial de Pamplona* unas «Bases bajo las cuales Navarra y las

---

343. García-Sanz, op. cit., p. 229 / *El Español*, 23.XI.1837 y *El Eco del Comercio*, 6.XII.1837.

344. García-Sanz, op. cit., p. 205.

provincias Vascongadas seguirán adheridas a la monarquía de Carlos 5º», que reproducían una propuesta de algunos sectores de carlistas vascos al pretendiente. Tratándose de un boletín oficial liberal, bien podría ser una argucia para crear disensiones entre el carlismo popular vasco y la dirección del partido, pero la simple publicación de las *Bases* ya indica que su contenido respondía a una sensibilidad popular. Proponía que una vez el pretendiente consiguiera el trono se dieran los siguientes pasos:

> 1º. Navarra y las provincias Vascongadas formarán otras tantas repúblicas independientes, federativas dentro de la monarquía española. 2º. Cada una de las provincias de Álava, Guipúzcoa y Señorío de Vizcaya se gobernarán según sus antiguos Fueros. 3º. Navarra se gobernará también según sus fueros en el estado que tenían cuando se agregó a la Corona de Castilla en el año 1512, con las modificaciones que exijan las circunstancias. 4º. Se reformará la representación nacional en la forma que las Cortes acordasen, reunidos según el estado antiguo; pero a votación nominal y no por estamentos y a pluralidad absoluta de votos.[345]

Navarra tendría un virrey navarro pagado por el Reino y mantendría su propio ejército con mandos naturales. «No podrán entrar tropas españolas en Navarra sin que lo pidan o consientan expresamente las Cortes o Diputación». Las Cortes navarras, además, acordarían los subsidios que habría que dar a España, impuestos, contribuciones, administración de justicia, comercio exterior e interior, etc. Como bien nos recuerda el historiador Mikel Sorauren, este documento excepcional, al parecer verdadero, muestra el interés dentro del carlismo vasco de armonizar las leyes viejas con las nuevas ideas del liberalismo, superando las Cortes estamentales

345. *Boletín Oficial de Pamplona*, 27.v.1838.

y el absolutismo, y reconociendo el voto individual de los representantes, en una propuesta muy similar a la que hicieron los revolucionarios franceses a Luis XVI, en los Estados Generales que dieron paso a la Revolución.

Poco después de este boletín, los carlistas navarros se sublevaron tras la derrota de Peñacerrada, donde según ellos las legiones castellanas no combatieron con suficiente intensidad, porque estaban en conversación con el enemigo encabezados por Maroto. El jefe carlista Felipe Urra entró en Estella, al grito de «¡Mueran los ojalateros, abajo los castellanos!», lo que le costó la vida.[346] Sofocada la rebelión, Maroto se hizo dueño de la situación.

Aquel agitado 1838, fuera de nuestro territorio, en Bruselas, el aristócrata y viajero francés Marquis de Custine también oteaba el horizonte independentista vasco. Publicó un libro sobre el viaje realizado en 1831, dos años antes de la Primera Guerra. Sin embargo, en su prólogo a la edición de 1838 deja clara su opinión:

> Es posible que no tenga derecho a emitir mi opinión sobre los apuros que asolan hoy España, ya que se desataron dos años después de mi estancia en este país; pero si no he visto el drama, he visto la escena... Por tanto, diría que el reposo del país no será restaurado por el triunfo de uno de los dos pretendientes: no es una guerra de sucesión, disputa entre príncipes que agita España, es una lucha de cosas, un conflicto de intereses: los pueblos del norte de la Península ya no pueden estar de acuerdo con los del sur, y el combate que libran sólo terminará en la independencia de Bizcaya y las provincias limítrofes del Ebro.[347]

---

346. Irujo, op. cit., p. 111.

347. Le Marquis de Custine. *L'Espagne sous Ferdinard VII.* Bruxelles 1838, p. 39.

En su obra sobre Zumalacárregui, José María Azcona recoge el texto anterior, pero en francés, sin traducirlo: *«...et le combat qu'ils se livrent ne finira que par l'indépendance de la Biscaye et des provinces de l'Ebre»*.[348] No es la única vez que el erudito tafallés recurre a no traducir el original, sin duda para atenuar la censura. Comprendamos a mi paisano: era 1946 y el franquismo no podía admitir relacionar la figura de Zumalacárregui con la independencia vasca. Si ocurre ahora, qué diremos de entonces.

¡Viva la independencia!

Con la muerte de Zumalacárregui en 1835 se inició el lento declive del carlismo vasco. Conforme se acercaba el final de la guerra, esta se fue centrando en las cuatro provincias y por todas las partes se fue pergeñando una salida, no tanto en torno a la cuestión dinástica cuanto a la motivación más sentida en el país: la conservación de los Fueros y, mixturado con ello, los «barruntos» independentistas, que diría Pirala.

El 5 de marzo de 1838 la Diputación provincial de Navarra envió a Madrid una memoria en la que consideraba «un error funesto» la creencia de que los navarros se hubiesen levantado por los Fueros e insistía en que «la influencia religiosa es el móvil principal de la insurrección».[349] Resulta patética esa actitud de la Diputación liberal, interesada en separar la causa carlista de los Fueros, consciente como era de que la derrota carlista implicaba su poda o desaparición, como así ocurrió. Los liberales vascos no estaban por la abolición foral sino por su modificación. Pero de ahí a afirmar

348. Azcona, op. cit., p. 102.

349. García-Sanz, op. cit., p. 53.

que el fuerismo era liberal y no carlista, como todavía repiten algunos historiadores, hay un largo trecho.

Al mes siguiente aparecía la proclama de Muñagorri, «Paz y Fueros», que de facto contradecía la opinión de la Diputación navarra. Financiado por el Gobierno y apoyado por los ingleses y franceses, su intentona no tuvo más éxito que el de sembrar confusión entre sus paisanos, pero desde el punto de vista histórico sirvió para conocer qué se consideraba como clave de la sublevación vasca. Su proclama de abril de 1838, que acompañó de versos en euskera, tiene ciertos tonos independentistas que no podían ser del agrado de sus protectores gubernamentales y, por lo tanto, hay que entender que se incluían para engatusar a una población que los sentía como propios:

> Navarros y guipuzcoanos: Hace cinco años que la desolación y la muerte pesa sobre nuestra patria. La sangre vertida en nuestros campos es la sangre de nuestros hermanos, de esos valientes que seducidos y engañados por intrigantes combaten por un príncipe cuyos derechos a la corona de España son muy dudosos. ¿Qué pedís? ¿Por qué combatís? ¿Por quién? ¡Paz y fueros! Tal debe ser nuestro objeto. Si ambiciosos desean el trono, allá se las hallan. La Navarra, las provincias vascongadas, unidas por tantos vínculos de amistad, de sangre, de costumbres, de libertades, son desde ahora independientes. Desde hoy no somos ya los esclavos de esos miserables acostumbrados a mandar como señores y a enriquecerse a expensas de los pobres. ¡A las armas! ¡Viva la independencia! ¡Paz! ¡Libertad! ¡Obediencia a las nuevas autoridades!

Ese interés popular por los gritos de independencia y fueros ya lo había reflejado Arnao en sus informes al Gobierno, que lo había nombrado mediador con la causa de Muñagorri. De ahí que pudo guiar la proclama de Muñagorri, hablando de fueros e independencia, para intentar atraerlos finalmente al grito de «Isabel II y Fueros». Arnao advertía al Gobierno lo duro que suponía para los vasconavarros dar el paso desde la extrema libertad de comercio que gozaban a la «angustiosa opresión» de los aranceles «y desde no ver en su territorio un empleado de aduanas a tropezar de continuo y en todas partes con empleados, guardas, con rondas y carabineros». En otra carta, el presidente del Consejo de Ministros, Heredia, advertía a Arnao de la necesidad de estrechar los lazos con los territorios vascos ante el peligro que se uniesen a Francia en un momento favorable:

> Por lo tanto –decía Heredia– hemos de atar esos lazos de unión de tal manera que los pueblos allí reunidos encuentren en esta unión un tan visible bienestar que no les vengan nunca tentaciones de buscar mejor suerte de agregación al otro país vecino, cuya prosperidad ciertamente es bien tentadora.[350]

Necesitado con urgencia de hombres, Muñagorri no tuvo inconveniente en alistar en sus filas a antiguos peseteros liberales, lo que fue calificado por los carlistas como una jugarreta más «de los negros» y lo desprestigiaron rápidamente. No obstante, es interesante ver que el Gobierno español y el inglés reconocían que eran los Fueros, y no la defensa del pretendiente carlista, la demanda fundamental de las cuatro provincias y lo que podía atraer a los combatientes a la paz. Al finalizar la guerra, un liberal mató a Muñagorri. Estos fueron algunos de los versos publicados, en los que, como hará Mañé y Flaquer cuatro décadas más tarde, llama a las cuatro provincias *«Fueroen erria»,* el País de los Fueros.

---

350. Rodríguez Garraza, *Navarra de reino...*, p. 299.

Pake eta fueroak
da gure bandera
gure anai maiteak
atozte onera
Nafarrak, alabesak
giputz, biskaitarrak
atozte guregana
gazte eta zaharrak
[...]
Beltzak eta zuriak
dira erausiak
elkar artu dezagun
euskaldun guztiak
egiten degularik
bizitza berria
defenditu dezagun
fueroen erria[351]

En la parte carlista también movían fichas. El militar murciano Rafael Maroto había sido elevado a la máxima jefatura en el ejército carlista. El 28 de junio, desde el cuartel de Estella hacía su primera proclama a las cuatro provincias, que solían comenzar: «Voluntarios y Pueblos Vasconavarros» o bien «Voluntarios del reino de Navarra y de las Provincias Vascongadas»: «La conservación de los Fueros y la paz que dicen ofreceros es un medio del que quieren valerse para adormeceros y engañaros; mas si esto llegaren a lograr, los veríais repentinamente sobre vosotros como fieras del infierno para asesinaros y para desbaratar estas hermosas provincias, en donde se han propuesto no dejar ni un solo viviente, ni la más simple cabaña de pastor».

Mientras preparaba el camino que acabaría en la traición de Vergara, Maroto ordenó fusilar en Estella a los generales Guergué, García, Sanz y Carmona, de gran prestigio en el

351. Zavala, Antonio. *Karlisten lehenengo gerrateko bertsoak.* Auspoa 1992, p. 339.

ejército carlista. El hecho causó una gran conmoción popular. En una alocución de febrero de 1839, titulada «Voluntarios. Pueblos del Reino de Navarra y Provincias Vascongadas», Maroto justifica los hechos: «Religión o Muerte y restauración de nuestras antiguas leyes, por cuyos principios moriremos todos, y lancemos fuera de nuestro lado todo hombre ambicioso que no coopere eficazmente en la causa que defendemos». Las antiguas leyes, los Fueros, seguían siendo bandera para todos. Pocos meses más tarde entregaba a Espartero cinco batallones castellanos, tres guipuzcoanos y ocho vizcaínos. Los navarros rechazaron el convenio, que traería como consecuencia la Ley de Confirmación de Fueros de 1839 y como consecuencia posterior la Ley de Modificación de Fueros de Navarra y la abolición de lo más granado del sistema foral. Maroto continuó con su empleo de teniente general y fue nombrado conde. En Navarra su nombre quedó como paradigma de traición.

Maroto, presidente de la República de Vasconia

Al final de la guerra, se volvió a plantear con fuerza el tema de la independencia. Lo cuenta el conspirador Aviraneta en su famosa *Memoria*: «En el mes de febrero [de 1839] supe que el lord John Hay estaba en relaciones con varios de los titulados generales de la facción, y entre ellos con Castor de Andechaga, Simón Torre, Alzáa e Iturriaga, pero que trataban de la independencia del país bajo el sistema de fueros y garantía de Inglaterra». Aquello le pareció al espía vasco-español «más perjudicial que el carlismo puro».[352]

---

352. Aviraneta, Eugenio de. *Memoria dirigida al Gobierno español sobre los planes y operaciones...* Madrid 1844, p. 35.

A principios de junio, la división guipuzcoana andaba alborotada y, temiéndose una desbandada de la tropa, autorizaron a los «capitanes de las compañías para que se entendieran con Maroto, y este tratase de salvar la división y la suerte de la oficialidad contando en el caso con los ingleses». Los capitanes, acordes con los jefes de los batallones, «se habían presentado en Orozco al general [...] y preguntándoles a qué se dirigían sus miras, habían respondido que a la independencia de las cuatro provincias bajo un sistema republicano foral, y que él [Maroto] fuese el presidente de la república, expulsando a don Carlos y a su familia del territorio peninsular, haciéndolo todo de acuerdo y con la garantía de Francia e Inglaterra; por lo cual, las conferencias y relaciones que había con John Hay se encaminaban a este fin». Según dice Aviraneta, esas noticias le «alarmaron sobremanera», porque temía «un golpe fatal contra la integridad de la monarquía».[353]

Pío Baroja, en la biografía escrita para *Vidas españolas e hispano americanas del siglo xix*, afirma de la existencia de este proyecto, consistente en proclamar la independencia de las cuatro regiones vascas situadas al sur de los Pirineos, a base del régimen foral instituido en una República de Vasconia presidida por el citado general castellano. Este proyecto –añade Baroja– era estimado como la mejor solución para el país por el partido separatista, y en su nombre algunos oficiales vasconavarros hicieron una exposición a Maroto en Orozco, exposición que el coronel Madrazo llevó a París y para la cual, de acuerdo con los representantes de las potencias del Norte, se pedía el beneplácito de Lord John Hay.[354]

En su libro antes citado, M. B. Mitchell, anti foralista, no lo olvidemos, no quiere dejar de mencionar la noticia, «bas-

353. Ibídem, p. 48.

354. Irujo, op. cit., p.113.

tante importante –dice él– y tal que si no tuviera las pruebas en mi mano, hubiera dudado mucho en publicarla». Según Mitchell, el 27 de agosto de 1839 Aldave se puso en contacto con Lanz, quien estaba al mando de los batallones insurgentes que no querían firmar la paz, para informarle que el general Elío estaba listo para declararse contra Maroto, con la condición de que Navarra fuera independiente. Esta misma noticia también la recoge Chaho y más tarde Baroja y Echave-Sustaeta. Este último, citando la fuente del propio general Maroto, afirma que el general Elío había hecho saber «que tenía doce batallones navarros y la caballería del mismo Reino y que estaba pronto a declararse contra Maroto a condición de que la Navarra quedase independiente» (*«Aldave lui dit qu'Elio l'avait chargé de lui faire savoir qu'il avait 12 bataillons Navarrais et la cavalerie de ce royaume, et qu'il était prêt à se déclarer contre Maroto, sous la condition que la Navarre serait indépendante»*).[355]

Idoia Estornés, citando a Egaña, dice que hacia el 6 de agosto de 1839 varios jefes de la división guipuzcoana recurrieron a Muñagorri dispuestos a separarse de la causa de don Carlos «a cambio de la independencia».[356] Parece ser que este testimonio tiene relación con los anteriores y forma parte de las conspiraciones «independentistas» que se verbalizaron aquellos meses.

Mientras, la prensa europea seguía de lejos el enmarañado final de la guerra. El *Morning Post* del 6 de septiembre de 1839 insistía en la causa foral: «Los habitantes de las Provincias Vascas se levantaron en guerra antes de que Don Carlos buscara refugio en su suelo. Se alzaron en defensa de sus Fueros, Don Carlos no era más que un invitado».[357]

---

355. Mitchel, M. G. *Le camp et la cour de D. Carlos*. Bayonne 1839, p. 122.

356. Estornés, op. cit., p. 113.

357. Irujo, op. cit., p. 149.

El *The Times* del 20 de septiembre de 1839 recoge unas palabras de Maroto a Espartero que dejan entrever aquella posibilidad independentista: «en cuanto a mi estipulación del mantenimiento de los Fueros de las Provincias Vascas, prométame que serán respetados y eso me basta. Si, poco a poco, esas provincias se convierten en una nacionalidad polaca, peor para ellas».

Hubo más: según Aviraneta, los marotistas pensaban exigir a Carlos la abdicación en su hijo mayor y propondrían la boda de este con la hija de la reina Cristina. Y si no se aceptaba la combinación, «amenazarían con proclamar la independencia de las cuatro provincias vascongadas con un régimen fuerista-republicano-clerical, nombrando a Maroto presidente de la República de Vasconia y haciendo ministros y consejeros a obispos y curas, expulsando a Don Carlos y a su familia del territorio vasconavarro».

Existió otro plan de Aviraneta, poco conocido, relacionado con la independencia de las cuatro provincias, aunque pudo tener relación con el anterior. Se trataba de secuestrar al pretendiente Carlos en una de sus largas estancias en Azkoitia, lejos de su ejército y cerca del mar. Conseguidas las autorizaciones, Aviraneta se desplazó a Baiona y allí ató los planes con un grupo de txapelgorris liberales que, disfrazados de carlistas, atravesarían los montes y detendrían a Carlos y su hijo, llevándolos en dos horas a Zumaia, donde los embarcarían en un vapor inglés. A la vuelta, según el plan de Aviraneta, los liberales esparcirían unas proclamas, como si fueran de Maroto, «como presidente de la federación foral de las tres provincias vascas y Navarra, destronando a don Carlos y extrañándole a Francia».[358]

---

358. Aviraneta, op. cit., p. 95 / Pirala, op. ci.t, t. v, p. 351.

Paradojas de la guerra, Maroto podría haber sido presidente de la primera República de Vasconia.

Hubiera sido la gran paradoja que Maroto, en lugar de pasar a la historia vasca como sinónimo de traidor, lo hubiera hecho como presidente de la primera República de Vasconia.

La Marotada

El final de la guerra se escenificó en el Abrazo de Vergara, donde los generales Maroto y Espartero firmaron la paz a cambio del reconocimiento de grados militares y una ambigua referencia a la «concesión o modificación de los fueros». De aquí partió la ley de octubre de 1839 que contenía «la confirmación de los fueros de la Provincias Vascongadas y Navarra, sin perjuicio de la unidad constitucional de la monarquía», coletilla final que fue germen de la continuación del conflicto hasta nuestros días. Como veremos, el final de la guerra también estuvo salpicado por diversas iniciativas independentistas. Don Carlos y la religión quedaban ya fuera de la ecuación y permanecía lo sustancial: o Fueros o independencia.

Los Gobiernos de Francia e Inglaterra intervinieron para el mantenimiento de los Fueros de las provincias vascongadas y Navarra, que debía ser «su mayor deseo», según escribió el subprefecto de Baiona a su Gobierno. Y el 12 de julio de 1835, en la Cámara de los Comunes y sobre la posible intervención de Inglaterra en el conflicto, dejaron claro que la solución pasaba «por restaurar los privilegios quitados a los vizcaínos y los navarros por las cortes».[359]

El Convenio de Vergara no fue aceptado por los trece batallones navarros y los seis alaveses; ni por cinco de los ocho guipuzcoanos. Solo los ocho vizcaínos lo aceptaron en su totalidad. Hubo escenas de despedida pintorescas: el general Zaratiegui reunió sus documentos, alguna bandera y unas monedas de oro carlistas y en una caja de plomo lo enterró todo junto al Árbol de Gernika. El olitejo recuperó la caja diez años después, a la vuelta del exilio.[360]

La Diputación liberal de Vizcaya todavía hizo un último esfuerzo para convencer al Gobierno que respetase los Fueros, en carta a las Cortes el 25 de septiembre de 1839. «El amor á los fueros es en Vizcaya un sentimiento casi tan natural como lo es al hombre el instinto de su conservación. Apenas entre sus 120. 000 habitantes se hallarían cien que no participasen de este mismo afecto». El temor a perderlos ha sido sin duda «el mas poderoso auxiliar de la rebelión. Voten la conservación de los fueros de las provincias Vascongadas; y encadenados sus habitantes por tanta magnanimidad, jamás tendrá España ciudadanos mas leales...».[361]

---

359. Mina Apat, op. cit., p. 190.

360. Azcona, op. cit, p. 356.

361. Diputación Provincial del M.N. y M.L. Señorío de Vizcaya, op. cit. p. 26.

El 25 de octubre, efectivamente, las Cortes confirmaron los Fueros de las cuatro provincias vascas pero «sin perjuicio de la unidad constitucional de la Monarquía». Sin duda, la ley más contestada de nuestra historia. Nace así el Estado unitario español. En mayo de 1840, se reúnen las cuatro diputaciones para intentar una política unitaria ante el tema foral, pero mientras las tres provincias vascongadas siguen firmes en el mantenimiento de los Fueros, los liberales navarros están por transar y modificarlos. Caro Baroja afirma que «la primera guerra civil dejó a la masa popular carlista la persuasión de que había sido traicionada: que el país había quedado humillado y la fe en entredicho. Estas ideas se cultivaron con perseverancia durante las décadas siguientes, de 1840 a 1870». Las expresiones «hacer una marotada» o «ser más traidor que Maroto» se han conservado hasta nuestros días.

Los mozos o «*mutilak*» que no salieron al exilio regresaron altivos a sus pueblos. Ellos no habían sido derrotados sino traicionados, y hacían orgullosa ostentación de sus txapelas. Ya en noviembre de 1838 el general Espartero había publicado un bando:

> Convencido de los males que causa el uso de la boina, distintivo particular de los que hacen la guerra contra los legítimos derechos de nuestra augusta Reina Doña Isabel II y la Constitución, y enterado al mismo tiempo de algunos desafectos a la causa que defendemos hacen alarde de este distintivo que, introducido por manía o moda, solo tiende a la confusión y alarma, de las que pueden originarse acontecimientos desagradables, con especialidad en los encuentros o persecuciones del enemigo, he venido a decretar lo siguiente: Art. 1º Desde la publicación del presente bando se prohíbe el uso de la boina a toda clase de personas y estados, así militares como paisanos.[362]

---

362. *Bando de Espartero*, Arch. Casa Juntas Gernika. Citado por Martín Angiozar y María Elena Arizmendi.

Los contraventores, seguía el bando, podrían tener hasta dos años de presidio. Un año más tarde volvían a publicarse bandos similares dirigidos a los mozos «del extinguido Ejército Vasco-Navarro» [363], prohibiéndoles hacer «alarde de presentarse en los pueblos con este distintivo». Como reacción, en poco tiempo la txapela se convirtió en una prenda de vestir símbolo de todos los vascos, siendo indistintamente utilizada tanto por los carlistas como por los liberales. La «boina vasca» traspasó fronteras, y por ese nombre se le conoce en muchas partes del mundo.

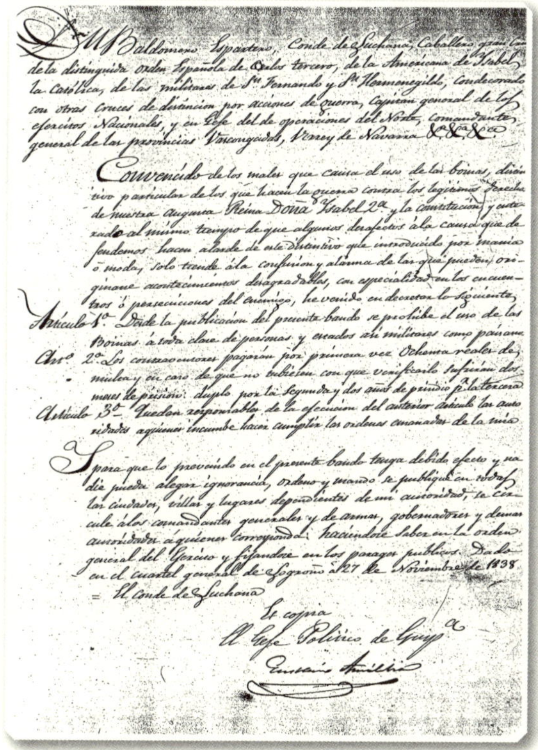

D. Baldomero Espartero, Conde de Luchana, Caballero gran Cruz
de la distinguida orden Española de Carlos tercero, de la Americana de Ysabel
la Católica, de las militares de Sn Fernando y Sn Hermenegildo, condecorado
con otras cruces de distincion por acciones de guerra, Capitan general de los
egercitos Nacionales, y en Gefe del de operaciones del Norte, Comandante
general de las provincias Vascongadas, Virey de Navarra &ca &ca &ca

Convencido de los males que causa el uso de las boinas, distintivo particular de los que hacen la guerra contra los legitimos derechos
de nuestra Augusta Reina Doña Ysabel 2a y la constitucion; y enterado al mismo tiempo de que algunos desafectos á la causa que defendemos hacen alarde de este distintivo que introducido por mania
ó moda, solo tiende á la confusion y alarma de las que pueden ori-
ginarse acontecimientos desagradables, con especialidad en los encuen-
tros ó persecuciones del enemigo, he venido en decretar lo siguiente.

Artículo 1o. Desde la publicacion del presente bando se prohibe el uso de las
Boinas á toda clase de personas y criados asi militares como paisanos.

Art.o 2o. Los contraventores pagarán por primera vez Ochenta reales de
multa y en caso de que no tubiesen con que verificarlo sufrirán dos
meses de prision: duplo por la segunda y dos años de presidio p.r la tercera.

Artículo 3o. Quedan responsables de la ejecucion del anterior artículo las autoridades aquienes incumbe hacer cumplir las ordenes emanadas de la mia.

Y para que lo prevenido en el presente bando tenga debido efecto y nadie pueda alegar ignorancia, ordeno y mando se publique en todas
las ciudades, villas y lugares dependientes de mi autoridad, se cir-
cule á los comandantes generales y de armas, gobernadores y demas
autoridades á quienes corresponda: haciendose saber en la orden
general del Egercito y fijandose en los parages publicos. Dado
en el cuartel general de Logroño á 27 de Noviembre de 1838
= El Conde de Luchana

Es copia
El Gefe Político de Guypa
[illegible]

Bando de Espartero. Hasta la txapela fue prohibida en Euskal Herria.

---

363. AM Tafalla. *Bandos*, 28.x.1839.

Los liberales también estaban inquietos. En 1839, una comisión de vasconavarros residentes en Madrid editaron el folleto «Representación de los vascongados y navarros residentes en Madrid pidiendo la conservación de los fueros de sus provincias». Entre ellos el navarro José María Monreal; Pedro Egaña representaba a Araba, Francisco Hormaeche a Bizkaia y Joaquín Aldamar a Gipuzkoa. Estaba dirigido a los diputados a Cortes que debían dirimir la cuestión de los Fueros, «liberalísimas y republicanas instituciones» les llama, y no dudan en reconocer que estos han sido el motor de la sublevación:

> Los Fueros han creado esa nacionalidad navarra y vizcaina que llevamos en el corazón. Han creado esa patria que amamos y veneramos sobre todas las cosas, cualquiera que sea el punto del globo donde nos encontremos. Esos Fueros han dado a nuestros hermanos descarriados del Norte, aquel brío, aquel poder, aquella constancia invencible con que los habéis visto luchar por espacio de seis años [...] Vais a elegir entre la paz y la guerra perpetuas. Vais a separar de la comunión española, o atraer a ella para siempre a cuatro provincias pobladas, industriosas, decididas, fieles hasta la muerte en sus empeños [...] Mas para que esa Paz no sea una tregua sino un estado duradero, os volvemos a repetir: falta vuestra franca y solemne declaración sobre reconocimiento de los Fueros.[364]

Los firmantes suplicaban a las Cortes españolas que cumplieran «la solemne promesa» que había hecho «soltar las armas a los batallones vascongados» y conseguir unir así «cuatro provincias más a la causa constitucional». No les hicieron caso y, efectivamente, solo hubo una larga tregua.

---

364. *Representación de los vascongados y navarros residentes en Madrid, pidiendo la conservación de los fueros de sus provincias.* Madrid 1839.

La ley «Paccionada»

Navarra fue la primera en sufrir las consecuencias de la ley. El Gobierno propuso a las Cortes el proyecto de Ley de Modificación de los Fueros de Navarra; los diputados liberales navarros, a espaldas de la mayoría y con un territorio ocupado por el Ejército, llevaron adelante la «negociación» con el Gobierno. Para Campión, fue la ocasión que aprovecharon los liberales navarros «para realizar su atraco a la Constitución del Reino, acreedora a que la califiquemos de crimen de alta traición y abominemos de ella y la maldigamos con toda nuestra alma y la califiquemos de calamidad, la mayor que ha caído sobre Navarra en el decurso de su larga historia».

Navarra dejaba de ser un estado y pasaba a ser mera provincia; desaparecían sus Cortes y con ellas la independencia legislativa y judicial; se perdía la capacidad de emitir moneda propia; el virrey era sustituido por un capitán general en el plano militar y por un gobernador en el civil; se obligaba a los navarros a participar en el servicio militar o «contribución de sangre»; se trasladaban las aduanas del Ebro a los Pirineos, integrándose Navarra en el mercado estatal; se concretaba la aportación de Navarra a la hacienda estatal por medio de una cantidad fija de contribución directa; se incorporaban el estanco de la sal y de otros productos de consumo, etc.

Para evitar la reacción de los navarros, dos meses después de la aprobación de la ley, el «Gefe Político» de la nueva provincia seguía negando que los navarros tendrían que cumplir el servicio militar. Durante varios años, la Diputación insistió machaconamente en que «la repugnancia de los navarros al servicio de las armas» se había convertido ya «en algo invencible» y evitaba las quintas mediante enganches de sustitutos por medio de grandes cantidades de dinero, que los pueblos pagaban a costa de contribuciones y ventas de bienes de propios y comunales. Las otras tres provincias consiguieron atrasar en sus territorios la aplicación de la ley de

1839, lo cual arreció el descontento en Navarra, sobre todo cuando tenía que entregar quintos al Ejército, mientras veía vigente en las provincias hermanas su anterior exención.

No es de extrañar que Campión, como la mayoría de intelectuales navarros, llamara a la ley «crimen de alta traición» y «la muerte de la nación Nabarra». Para él, fue negociada por «una Diputación provincial usurpadora, a espaldas de la legalidad foral» y la modificación de los Fueros era «el plano inclinado por donde Navarra, herida de parálisis», iba «resbalando hacia la unidad constitucional». Empero, era «un mal menor, menor que la nivelación absoluta».

La oposición popular a la ley era tal que al mes y medio de ser decretada la Ley de Modificación de Fueros de 1841 y, tras el golpe, apareció una proclama firmada por Mencos, Carriquiri y Ribed, liberales moderados, en la que exigían la abolición de la ley. Como era habitual en aquellos tiempos, la proclama iba dirigida a las cuatro provincias:

> ¡Nobles y esforzados habitantes de las provincias vascongadas y Navarra! Yo os prometo en nombre de esa Excelsa Señora, conservar vuestros fueros en toda su integridad [...] La ley que modifica las instituciones de Navarra, será declarada sin ningún valor ni efecto. Ni ahora ni después, vascongados y navarros, tendréis más modificación ni arreglo de vuestros fueros seculares que aquellos que vosotros mismos, porque así os convenga, queráis establecer, por medio de la sola, exclusiva y legítima representación del país, representado por vuestras Juntas y por vuestras Cortes.[365]

Coincidieron las protestas con la llamada «Octubrada de 1841», cuando varios espadones liberales como O'Donnell o Montes de Oca se levantaron para rescatar a Isabel II, que se hallaba bajo la tutela de la regencia de Espartero desde que se

365. Mencos, op. cit., p. 1952.

exilió la reina María Cristina. La militarada comenzó, cómo no, en Vitoria, con una proclama dedicada a los «Nobles Vascongados y Navarros» que prometía la conservación de «vuestros Fueros en toda su integridad». Montes de Oca prometía además que «la ley que modifica las instituciones de Navarra será declarada de ningún valor ni efecto», lo que prueba la endeblez de la Ley «Paccionada»: a los pocos meses de ser aprobada ya se enarbolaba su abolición como bandera.[366]

Este intento burdo de utilizar los Fueros vascos como apoyo militar a las intrigas liberales es lo que llevó a Benito Pérez Galdós a deducir que «Álava, con Navarra, Guipúzcoa y Vizcaya es la tierra que podríamos llamar del martirio español»[367], el territorio causante de todos los males de España, en una expresión que hoy día tiene sus seguidores.[368] «Por dar mayor fuerza a su audaz aventura, agregaban a su bandera el programita de restablecimiento de los fueros, cebo magnífico para llevarse consigo a toda la población éuscara, pisoteando el Convenio de Vergara».[369] En la ciudadela de Pamplona, desde la comandancia de Navarra y las provincias vascongadas, O'Donnell proclamó el 4 de octubre la bandera de «Cristina y fueros». Según la narración de Pérez Galdós, Montes de Oca pagó su asonada con su fusilamiento en Vitoria, no sin antes intentar dar gritos en favor de Isabel II, la reina Cristina y los Fueros.

El carlismo mayoritario contempló con escepticismo estos enfrentamientos entre liberales, que vinieron a confirmar cómo, hasta el último momento, el tema de los Fueros, esto es las libertades de los cuatro territorios, era la bandera más recurrente para intentar movilizar a los vasconavarros.

---

366. Pirala, op. cit., t. VI, p. 286.

367. Pérez Galdós, Benito. *Episodios nacionales. Montes de Oca.* Madrid 1930, p. 203.

368. Molina Aparicio tomó de Galdós el título de su beligerante libro.

369. Ibídem, p. 205. Pirala, op. cit., t. VI, p. 280.

¿A qué viene pues tanto empeño en seguir apartando la causa foral de las sublevaciones vascas?

Durante más de 130 años la ley fue protestada y exigida su abolición por los ayuntamientos, partidos e instituciones navarras. Ni siquiera los «padres» del navarrismo españolista han admitido la ley como «paccionada». Para Julio Gurpegui, autor en 1944 del libro pionero *Navarra foral siempre española,* fue un «castigo», impuesto por el liberalismo «de la forma más brutal». El Conde de Rodezno insistía en lo de la imposición: «La ley del 41 no salió, como Venus, de blandas espumas, sino de las espumas sangrientas de una guerra civil sostenida mayormente por Navarra». A nivel popular el rechazo fue generalizado, sobre todo cuando se empezaron a comprobar sus consecuencias. Fulgencio Barrera, regente de la Audiencia de Navarra, diputado foral por el distrito de Tudela y uno de los cuatro comisionados que firmaron el «acuerdo», fue motivo de esta copla cantada hasta la saciedad por sus paisanos:

Barrera vendió las quintas
y Castejón el Peñón
y de Tudela sería
el que vendió al Señor

José M.ª Iribarren explica con esta rotundidad hasta dónde llegó la sensación de traición causada por Barrera a los tudelanos:

> No obstante haber sido esta Ley Paccionada muy favorable a Navarra, dadas las circunstancias en que se firmó –recién vencida nuestra provincia en la guerra de los Siete Años– el pueblo consideró traidores a sus firmantes. Tan mal ambiente rodeó a Barrera que obtuvo del Gobierno el traslado a la Audiencia de Manila. La inquina popular no le perdonó ni aún después de muerto. El pueblo de Tude-

la se amotinó frente a su casa, llegando a lanzar piedras y cascotes contra la alcoba mortuoria. Nadie quiso conducir el cadáver al cementerio, y el Ayuntamiento hubo de encomendar esta labor a cuatro alguaciles que lo efectuaron secretamente a horas intempestivas. ¡He aquí un caso patético y terrible de la venganza popular y del sentimiento foral de los navarros![370]

¡Al grito de *Laurac Bat*!

En los años siguientes se dieron en las cuatro provincias diversos conatos insurreccionales que no llegaron a prender y se reprimieron con fusilamientos, deportaciones a Ultramar y estados de guerra. El golpe a los Fueros navarros con la ley de 1841 y la implantación de las quintas hizo que la rebelión siguiera incubándose. Cuando en septiembre de 1846 se produjo el levantamiento de Cataluña, se extendió por las cuatro provincias una proclama firmada por la Junta Provisional Vasco-Navarra, exigiendo los Fueros: «¡Vasco-navarros! ¡Al grito de LAURAC BAT álcese como un solo hombre las cuatro provincias!». Era quizás la primera vez que aparecía impreso el lema. En 1848 se levantaron partidas y el brigadier Elío dirigió una proclama a los habitantes de las cuatro provincias, en la que, una vez más, se reclamaban los Fueros. En 1849 se declaró el estado de guerra y los rebeldes fueron embarcados a Ultramar como «miserables delincuentes».

La guerra no llegó a generalizarse en Euskal Herria, pero sí en Cataluña, donde tuvo un claro carácter de liberación nacional y de conflicto social, y llegaron a unirse los carlistas o montemolinistas con los republicanos. Al entrar en los pueblos, quemaban los registros de la propiedad y prometían el reparto de tierras, mientras los ricos liberales les acusaban de

---

370. Esparza Zabalegi, *Vascosnavarros...*, p. 463.

intentar implantar «el fatal comunismo en toda su extensión y horror».[371]

En 1844 se creó la Guardia Civil, invento liberal para, entre otras cosas, perseguir a los refractarios al servicio militar, salvaguardar los bienes comunales privatizados, perseguir a los quintos desertores, vigilar la nueva frontera en el Pirineo y garantizar la unidad del nuevo Estado. Es decir, gestionar y asegurar la derrota vasconavarra. No es de extrañar que al poco de su creación el Benemérito Cuerpo reconociera públicamente «lo difícil que es llenar el Tercio del 10º distrito con licenciados del País». El distrito y el país al que se refería no era otro que las cuatro provincias vasconavarras. Han transcurrido 180 años y Euskal Herria sigue siendo el territorio más alérgico a la Benemérita.

En 1847 hubo levantamientos en toda Navarra contra los sorteos. Los pueblos apenas podían eludir la quinta y contrataban sustitutos a costa de grandes endeudamientos municipales. Catorce años después de firmada la ley, el de las quintas seguía siendo el mayor problema político, y la propia Diputación liberal reconocía que ese asunto era «impracticable» en Navarra. Con la implantación de las sociedades de quintas para redimir en metálico, con los enganches de sustitutos y con la deserción a América, fueron sorteándose las quintas siguientes. Entre 1869 y 1872, la Diputación redimió con dinero las cuatro quintas, dado el ambiente hostil del territorio. Ningún navarro fue quintado, caso único en el Estado a excepción de las tres provincias vascongadas, que continuaban exentas. «Curioso país éuskaro –decía *El Correo Militar*– donde no se acepta ninguna contribución de sangre y para combatir al Ejército nacional a cualquier hora encuentra soldados».[372]

---

371. Clemente, op. cit., p. 67.

372. Esparza Zabalegi, *¡Abajo las quintas!*, p. 316.

Cuarta parte

«No era extraño que los verdaderos carlistas fuesen defensores de la lengua vasca y de la tradición del pueblo vasco; aunque los liberales quisieron presentar a los carlistas como retrógrados no se trataba de otra cosa que las armas propagandísticas esgrimidas por una clase burguesa desnacionalizada y descastada, corrompida por un liberalismo opresor».

Federico Krutwig, *Vasconia*

Después de Zumalacárregui

Muerto Zumalacárregui y acabada la guerra carlista, siguieron apareciendo libros por toda Europa con testimonios y balances del conflicto pasado, la gran mayoría en la línea que hemos ido viendo en estas páginas. Al ser publicados fuera de los ardores del conflicto, se los puede considerar más reflexivos e imparciales, pero veremos que no varían mucho de las valoraciones anteriores: conceptos como fueros, independencia nacional o carácter «republicano» del levantamiento se repetirán hasta finales del siglo.

Un testimonio interesante es el del militar ceutí Carlos de Vargas. Niega la tesis independentista, pero da testimonio de que circuló. Se unió a Zumalacárregui y en 1842 publicó en Burdeos *Mémories historiques de l'armée basque-navarraise*. José María Azcona afirma haber visto en el archivo de Elío un manuscrito suyo titulado *Dos años de campaña... en las Provincias Vascongadas. Memorias secretas de un Gefe carlista desde la llegada de S. A. a las Provincias en noviembre de 1835 hasta que fue separado del mando del Ejército Vasco-Navarro*. Vargas cobró fama de soldado fiel y honrado, además de inteligente y de proverbial bravura. Militar español al cabo, cuenta cómo la camarilla de los furibundos hizo concebir sospechas a Don Carlos acerca de la lealtad de Zumalacárregui, suponiéndole «que quería proclamarse rey de Navarra y de las Provincias».[373] ¿Eran sospechas infundadas? No tenemos pruebas todavía para afirmar que Zumalacárregui tuviera algo de eso en la cabeza una vez que el pretendiente, y con él la alternativa monárquica, hubo aparecido en Urdax. Pero es evidente que hubo muchos que siguieron dándole vueltas a esa posibilidad, levantando sospechas, «barruntos» y propuestas concretas. Y a sus testimonios nos remitimos.

Uno de ellos es el vizconde Belsunce, de Iparralde, que en 1847 publicó en Pau su *Historie des basques*. Conocía de cerca lo sucedido con sus compatriotas meridionales, y dejó clara la «lucha del pueblo vasco por sus fueros, sus derechos y sus libertades», y añadía que esta tenía «a su frente un vasco, un guipuzcoano, hombre grande, de profundo genio y de un patriotismo mayor todavía».[374] ¿Alguien duda a qué patriotismo se refería Belsunce?

Otra consecuencia del final de la guerra fue el gran aumento de la emigración, y no faltaron autores que lo relacionaron con la pérdida de libertad. El escritor revolucionario y anticlerical Edgar Quinet pasó por nuestra tierra en 1843 y se preguntó si era la necesidad de la independencia lo que hacía que los vascos emigrasen en masa a América.[375]

Eran momentos de hacer balances sobre la guerra pasada y eso fue lo que hizo, el 1 de julio de 1842, el nuevo jefe político de Vizcaya Julián de Luna, que arremetió contra los Fueros, porque, según él, solamente habían servido, entre otras cosas, «para conservar a Vizcaya como provincia francesa y foco de enemistad y de injustas guerras con las hermanas,

---

373. Azcona, op. cit., p. 450.

374. Ibídem, p. 57.

375. Quinet, Edgar. *Mes vacances en Espagne*. Editions L'Harmatan. París 1998.

las provincias de España».[376] Francia de nuevo, como cobijo posible. La década siguiente veremos otra vez a Vizcaya haciendo carantoñas a París.

En 1847 fue el germano Emmanuel V. Guendias el que en su libro de viajes *Spanien und die Spanier* habla del intento independentista de la anterior guerra:

> ¿Sorprende que los vascos, acostumbrados a semejantes libertades, no quieran saber nada de los nuevos superiores y de la constitución española de despacho que les conllevaría centralización, sujeción burocrática y contribución a quinta? [...] Se puede considerar la guerra vasca como una lucha por su propia independencia. [...] No hay que olvidar que los vascos no reconocen a España como su madre patria, ni al pueblo español como su pariente consanguíneo.[377]

Dos años más tarde pasaba por el país el estadounidense Severn Teackle Wallis, que volvía a citar el carácter independiente de los vascos gracias a sus fueros y cómo la creciente centralización era considerada «como el mayor mal de la época».[378]

El escocés William Edward Baxter tampoco dejó dudas sobre el motivo de la guerra pasada. En su libro de 1852 dijo que los vascos se arrojaron en los brazos de Carlos para combatir a quienes pretendían quitarles sus libertades:

> Los Fueros ofrecían al pueblo la regulación de los impuestos y las milicias, les liberaba del reclutamiento y garantizaban su independencia de las molestas aduanas de Castilla. Estos montañeses no reconocían ese principio de

376. Estornés, op. cit., p. 136.

377. Guendias, Emmanuel V. Brüssel. Leipzig 1847. Cit. Laborda, p. 303.

378. Wallis, Sever Teackle. *Spain: her institutions, politics, and public men. A sketch.* Boston 1853, p. 389.

centralización que se ha convertido en una obsesión total de los gobernantes de Europa.[379]

También para Alexander Ziegler, que editó el mismo año, los vascos «constituían un pueblo libre e independiente» y el motivo de la guerra fue «el temor a que fueran abolidos unos fueros que habían conseguido mantener vigentes». «Difícil encontrar otro pueblo sobre la tierra que haya sabido conservar tan intensamente tal ansia de independencia», dijo el jurista alemán Alfred von Wolzoguen tras su visita, en 1852, a «Euskaleria», como la llama él.[380]

En 1848 apareció en Madrid el libro *La guerra en Navarra y Provincias Vascongadas*, de M. F. M. Vargas, dedicado a las cuatro Diputaciones. Comenzaba así:

> Una faja de tierra que parte de la robusta base del Pirineo y va a perderse en las mugientes aguas del Océano, forma el país conocido bajo el nombre de Navarra y Provincias Vascongadas; país rico en esas tradiciones y recuerdos que sostienen las costumbres y constituyen la ciencia de los pueblos. Los vasco-navarros, llamados en la antigüedad vascones, pretendían ser los primeros pobladores de España, fundándose para ello en la estructura original de su idioma, en que su raza tenía toda la pureza de las razas primitivas.

Para Vargas, los Fueros habían sido el motivo de la guerra carlista y también la realista anterior: «En la contienda del 21 al 23, la cuestión absolutista era para los vasco-navarros puramente accesoria». Como todos los autores de la época,

---

379. Edward Baxter, William. *The Tagus and the Tiber; or, notes of travel in Portugal, Spain and Italy in 1850-1851*. Bentley 1852. Cit. Laborda.

380. Baxter, William Edward. *The Tagus and the Tiber; or, notes of travel in Portugal, Spain and Italy in 1850-1851*. London 1852 / Ziegler, Alexander. *Reise in Spanien.* Leipzing 1852, p. 344 / Wolzoguen, Alfred von. *Reise nach Spanien.* Leipzig 1857, p. 16. Cit. Laborda, pp. 310, 313, 316.

ve un país singular, un pueblo primitivo, un territorio, cuatro provincias. «Valientes, entusiastas, constantes en la adversidad e idólatras de sus fueros e instituciones».[381]

La Euskal Herria en el mundo

Si en la guerra pasada los vascos no habían conseguido sus objetivos, al menos se dieron a conocer al mundo como un pueblo de siete territorios repartido en dos estados. En el *Dictionnaire de la Conversation et de la Lecture*, editado en París a partir de 1833 bajo la dirección de M. W. Duckett, se destaca la presencia en el extremo occidental de Europa de un pueblo que ha conservado estables sus costumbres en contra del progreso de la civilización. Euskal Herria, «la Cantabria actual» la llama, se compone de siete provincias:

> *Ce peuple, appelé par les Romains Cantaber, par les Espagnols Bascuense, Vascongado, par les Français Basque, Vascon, [...] ne s'est jamais désigne lui-même que par la dénomination d'Escualdunac; sa langue porte le nom d'escuara. La cantabrie actuelle [...] se compose de sept provinces, dont quatre sont en Espagne et trois en France. Les quatre provinces espagnoles sont la Biscaye, la Guipuzcoa, la Haute-Navarre et l'Alcava [sic]. Les provinces françaises sont le Labourd, Laphur-duy, solitude, terrain en friche; la Basse-navarre, en basque Garazi, pays de source minérales, et la Soule, Zuberua.*[382]

---

381. Vargas, M. F. M. *La guerra en Navarra y Provincias Vascongadas: historia de los acontecimientos que han tenido lugar desde 1833 hasta el 39 en que se verificó el convenio de Vergara, acompañada de una colección de biografías y retratos de todos aquellos personajes que más celebridad obtuvieron, tanto carlistas como liberales.* Madrid 1848.

382. Duckett, M. W. *Dictionnaire de la Conversation et de la Lecture.* París 1833.

También el historiador y lingüista francés Pierre-André Boudard define perfectamente en 1859 *«l'Euskalleria, le pays des Eskualduns; et leur langue, l'Eskuara»*, que curiosamente ya escribe con k. Y describe el mapa de las siete provincias, «*qui sont en Espagne, la Biscaye, le Guipuzcoa, l'Alava, et la haute Navarre, en France dans le département des Basses-Pyrénées, le Labourd, la basse Navarre, et le pays de Soule»*.[383]

De la misma época es la obra del literato, arqueólogo, historiador y viajero bearnés Justin Cénac-Moncaut, divulgador excepcional de nuestro país: *Historie des Pyrénées*, editada en 1855 y muy difundida. En ella, proclama el derecho a la independencia vasca, pues, asegura, «esta nacionalidad compacta, hablando la misma lengua, compartiendo las mismas vicisitudes, se encuentra destruida por una violenta separación en dos partes que nada puede justificar». Y va más allá todavía en el prólogo de las ediciones de 1860 y de la de 1873: hay una nacionalidad pirenaica, cuyos límites territoriales son, al norte del Pirineo, una línea que va de mar a mar, pasando por el norte de la curva del Adour (Tartas) a Adge, sobre el río Aude y, al sur del Pirineo, la línea del Ebro. Agrega que los esfuerzos llevados a efecto por esta nacionalidad durante la Edad Media, para constituir un reino o unidad política, no fueron menores que los hechos por Alemania e Italia. Añade que todavía en 1860 luchaban por constituirse en Estado y concluye diciendo que la nacionalidad pirenaica tiene tanto derecho a que tenga escrita una historia unitaria independiente de la de Francia y España, como el que tienen Alemania, Italia y otros pueblos, que aún no han logrado erigirse en estados únicos e independientes. Resulta curioso que en la edición francesa de 1855 ya recoge la letra del *Gernikako Arbola*, estrenado por Iparraguirre ape-

383. Boudard, Pierre-André. *Essai sur la numismatique iberienne précédé de recherchés sur l'alphabet et la langue des ibères.* París 1859, p. 57.

nas tres años antes, lo que muestra la rápida divulgación que tuvo el himno nacional.[384]

Jean Charles Davillier fue un noble francés e historiador del arte. La editorial francesa Hachette le editó un libro sobre el viaje que hizo en 1862 al sur de los Pirineos con Gustavo Doré. Un poco tardíamente, sigue reparando en el antiguo mito de la nobleza vasca de los pueblos de Bizkaia y de Nafarroa (*Biscaye et de Navarre*): «los vascos se dan a sí mismo el nombre de *euscaldunac*, llaman a su lengua *euscara* y a su país *Euscaleria* [...] Probablemente no hay pueblo en Europa que haya conservado con tanta pureza sus viejas tradiciones de raza, carácter y lengua. Estos montañeses sin miedo, que con éxito hicieron frente a romanos, godos y árabes, han conservado con gran esmero su independencia y libertad; hace siglos que tienen algunos derechos o privilegios –los Fueros– y por eso a estas provincias las denominan "exentas". Uno de los principales privilegios de los vascos es el de no estar sometidos como los demás españoles a la quinta o contribución de sangre».[385]

En 1866 apareció por fin el primer libro de viajes de una mujer, aunque como solía acaecer, lo firmó con el apellido de su marido. Julia Clara Byrne escribió que «esta población singular y exclusiva se niega a reconocer cualquier conexión con cualquiera de las dos naciones y se arroga, junto con ciertos privilegios e inmunidades prácticos, llamados fueros y poseídos con una tenacidad invencible, una individualidad nacional separada e independiente». Dice que todos los vascos se dicen nobles, «sin embargo, como cada uno se iguala a la par de sus compatriotas, su rango deja necesariamente de ser una distinción dentro de su propio país. En consecuencia,

---

384. Cenac-Moncaut, Justin-Edouard-Mathieu. *Histoire des Pyrénées...* París 1855, p. 324.

385. Davillier, Jean Charles y Gustave Doré. *Voyage en espagne 1862-1873*. París 1875.

hay muy poca idea de casta o clase y el resultado es una gran nivelación de la condición social». Es decir, independientes e igualitarios, tal y como nos definieron tantos observadores.[386]

Como Mónaco o San Marino: nueva intentona

A finales de 1854, bajo la dirección de Elío, se preparó una nueva insurrección carlista que debía iniciarse ocupando la ciudad de Pamplona. Dos tafalleses, Múzquiz y el famoso Teodoro Rada, *Radica,* estaban entre los principales implicados. La fecha prevista era el 1 de febrero y se calculaba que unos 1.800 civiles entrarían a la ciudad por puertas falsas para ser armados. El intento fue descubierto y se produjeron detenciones, exilios, fusilamientos y deportaciones a Ultramar. En Cataluña, Aragón, Burgos y otras regiones del Estado la sublevación tuvo más éxito que en Navarra, pero catorce meses después fracasó.[387] No por ello en Vasconia, o *Euskaldunia,* como aquellos años la denominó el navarro Pascual Madoz, cesó la agitación.

El 3 de mayo de 1855 se publicó en la *Gaceta de Madrid* la ley de desamortización de Pascual Madoz, dirigida, fundamentalmente, a poner en venta los bienes comunales de los pueblos, una vieja aspiración de los liberales. En ese momento apareció un manifiesto sin firma, dirigido a las tres provincias vascongadas y sin mención alguna a Navarra, que había iniciado un camino separado y separador con la Ley «Paccionada» de 1841.

El manifiesto protestaba porque la ley no hacía ninguna excepción con las tres provincias forales, a pesar de la

---

386. Byrne, Julia Clara. *Cosas de España. Illustrative of Spain and the Spaniards as they are.* 1866, Cit. Laborda, p. 351,

387. Martorell, Manuel. *José Borges. El carlista catalán que murió por la independencia del sur de Italia.* Txalaparta. Tafalla 2022, pp. 35-44.

demanda de «sus ayuntamientos todos y en pos de ellos las tres diputaciones [...] contra una infracción fragante de las venerandas instituciones de esta *tierra apartada*». Las cursivas son originales. Para el Gobierno, decía, «nuestro derecho, nuestro Fuero le son completamente indiferentes». Añadía que el Gobierno se reía de ellos diciendo que la ley era muy favorable, sabiendo que la mayor parte de las tierras a desamortizar y vender eran comunales de los pueblos.

La solución que se plantean, una vez más, es la independencia:

> ... Pues bien, ya que la lealtad vascongada no se presta a llevar sus memoriales en las puntas de las bayonetas, y que la lealtad vascongada se niega a permitir que ondeen en estas montañas enseñas de guerra; ya que la lealtad vascongada, siempre cumplidora de sus juramentos, ni quiere crear conflictos al Gobierno, ni dar asilo a los revoltosos de todo linaje que a menudo la están poniendo a prueba; y por otra parte, ya que nada tiene que esperar de un Gobierno que ha roto de un modo tan ingrato y tan agresivo el pacto de Vergara, la ley de 25 de Octubre de 1839 y otras mil promesas; ya que el frondoso árbol de la libertad vascongada va desojándose hoja por hoja, y se ve blandir el hacha que a su tronco amenaza, es llegado el día de que el país vascongado vuelva a ser lo que un tiempo fue: lo que sus instituciones, sus costumbres, su lengua, su historia, su misma denominación acreditan, *tierra apartada.* [...] Constituye el pueblo vascongado una nacionalidad muy compacta, su amor a los fueros es unánime, su creencia católica muy profunda e indestructible, y en derredor del Lauburu, pacífica, pero noblemente enarbolado, se agrupan con entusiasmo todos los hijos de este suelo [...] su unión constituye su fuerza.
>
> No es pues un desvarío, como algunos apocados pudieran creer, el que ya de no haberse cumplidos los pactos con los que el país vascongado se incorporó a Castilla, ni la ley moderna que los confirmaba, ya de haberse desechado tan repetidas veces sus justos clamores [...] se solicite, se reclame, se gestione para que el país vasco sea *tierra apartada.*

No es la primera vez que en circunstancias supremas se ha apelado a este remedio. Y ¿por qué se ha de dudar del éxito? Mónaco o San Marino ¿son por ventura más respetables que las tres Provincias Hermanas? Esos ducados italianos, esos principados alemanes, ¿encierran más elementos de nacionalidad, pueden presentar razones más justas, monumentos más grandiosos, o escitar más simpatías que este pueblo morigerado, laborioso, noble y valiente, para que su nacionalidad sea respetada y garantizada?

Desátense esos lazos políticos que ya han empezado a romperse por el Gobierno de una manera harto brusca, y vivan las Provincias Vascongadas una vida propia.[388]

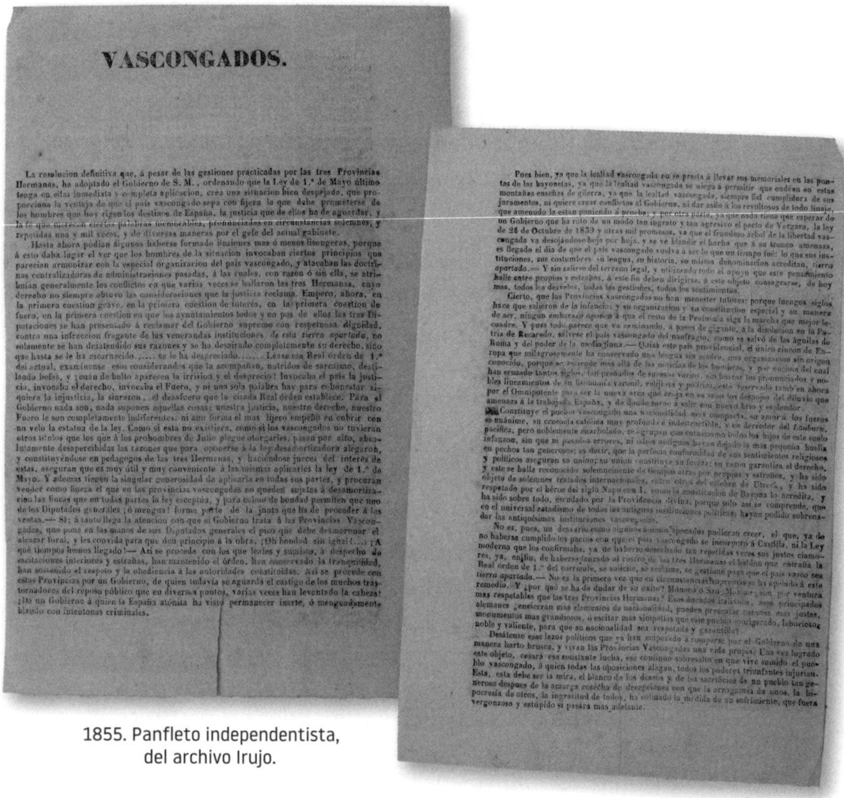

VASCONGADOS.

La resolucion definitiva que, á pesar de las gestiones practicadas por las tres Provincias Hermanas, ha adoptado el Gobierno de S. M., ordenando que la Ley de 1.º de Mayo último tenga en ellas inmediata y completa aplicacion, crea una situacion bien despejada, que proporciona la ventaja de que el pais vascongado sepa con fijeza lo que debe prometerse de los hombres que hoy rigen los destinos de España, la justicia que de ellos ha de aguardar, y la fe que merecen ciertas palabras memorables, pronunciadas en circunstancias solemnes, y repetidas una y mil veces, y de diversas maneras por el gefe del actual gabinete.

Hasta ahora podian algunos haberse formado ilusiones mas ó menos lisongeras, porque á esto daba lugar el ver que los hombres de la situacion invocaban ciertos principios que parecian armonizar con la especial organizacion del pais vascongado, y atacaban las doctrinas centralizadoras de administraciones pasadas, á las cuales, con razon ó sin ella, se atribuian generalmente los conflictos en que varias veces se hallaron las tres Hermanas, cuyo derecho no siempre obtuvo las consideraciones que la justicia reclama. Empero, ahora, en la primera cuestion grave, en la primera cuestion de interés, en la primera cuestion de fuero, en la primera cuestion en que los ayuntamientos todos y en pos de ellos las tres Diputaciones se han presentado á reclamar del Gobierno supremo con respetuosa dignidad, contra una infraccion flagrante de las venerandas instituciones *de esta tierra apartada*, no solamente se han desatendido sus razones y se ha desairado completamente su derecho, sino que hasta se le ha escarnecido...... se le ha despreciado........ Léase esa Real órden de 1.º del actual, examínense esos considerandos que la acompañan, nutridos de sarcasmo, destilando befas, y ¡cuán de bulto aparecen la irrision y el desprecio! Invocaba el pais la justicia, invocaba el derecho, invocaba el Fuero, y ni una sola palabra hay para cohonestar siquiera la injusticia, la sinrazon, el desafuero que la citada Real órden establece. Para el Gobierno nada son, nada suponen aquellas cosas: nuestra justicia, nuestro derecho, nuestro Fuero le son completamente indiferentes: ni aun forma el mas ligero empeño en cubrir con un velo la estatua de la ley. Como si esta no existiera, como si los vascongados no tuvieran otros títulos que los que á los prohombres de Julio plegue otorgarles, pasan por alto, absolutamente desapercibidas las razones que para oponerse á la ley desamortizadora alegaron, y constituyéndose en pedagogos de las tres Hermanas, y haciéndose jueces del interés de estas, aseguran que es muy útil y muy conveniente á las mismas aplicarles la ley de 1.º de Mayo. Y ademas tienen la singular generosidad de aplicarla en todas sus partes, y procuran vender como fineza el que en las provincias vascongadas no queden sujetas á desamortizacion las fincas que en todas partes la ley esceptúa, y para colmo de bondad permiten que uno de los Diputados generales ¡ó mengua! forme parte de la junta que ha de proceder á las ventas.— Sí; á tanto llega la atencion con que el Gobierno trata á las Provincias Vascongadas, que pone en las manos de sus Diputados generales el pico que debe desmoronar el alcazar foral, y les convida para que den principio á la obra. ¡Oh bondad sin igual!.... ¡A qué tiempos hemos llegado!— Así se procede con los que leales y sumisos, á despecho de escitaciones interiores y estrañas, han mantenido el órden, han conservado la tranquilidad, han sostenido el respeto y la obediencia á las autoridades constituidas. Así se procede con estas Provincias por un Gobierno, de quien todavía se aguarda el castigo de los muchos trastornadores del reposo público que en diversos puntos, varias veces han levantado la cabeza! ¡De un Gobierno á quien la España atónita ha visto permanecer inerte, ó menguadamente blando con intentonas criminales.

Pues bien, ya que la lealtad vascongada no se presta á llevar sus memoriales en las puntas de las bayonetas, ya que la lealtad vascongada se niega á permitir que ondéen en estas montañas enseñas de guerra, ya que la lealtad vascongada, siempre fiel cumplidora de sus juramentos, ni quiere crear conflictos al Gobierno, ni dar asilo á los revoltosos de todo linaje, que amenudo la estan poniendo á prueba; y por otra parte, ya que nada tiene que esperar de un Gobierno que ha roto de un modo tan ingrato y tan agresivo el pacto de Vergara, la ley de 25 de Octubre de 1839 y otras mil promesas, ya que el frondoso árbol de la libertad vascongada va desojándose hoja por hoja, y se vé blandir el hacha que á su tronco amenaza, es llegado el dia de que el pais vascongado vuelva á ser lo que un tiempo fué: lo que sus instituciones, sus costumbres, su lengua, su historia, su misma denominacion acreditan, *tierra apartada*.— Y sin salirse del terreno legal, y utilizando todo el apoyo que este pensamiento halle entre propios y estraños, á este fin deben dirigirse, á este objeto consagrarse, de hoy mas, todos los desvelos, todas las gestiones, todos los sentimientos.

Cierto, que las Provincias vascongadas no han menester tutores: porque luengos siglos hace que salieron de la infancia: y su organizacion y su constitucion especial y su manera de ser, ningun embarazo oponen á que el resto de la Península siga la marcha que mejor le cuadre. Y pues todo parece que va caminando, á pasos de gigante, á la disolucion en la Patria de Recaredo, sálvese el pais vascongado del naufragio, como se salvó de las águilas de Roma y del poder de la media luna.— Quizá este pais providencial, el único rincon de Europa que milagrosamente ha conservado una lengua sin madre, una organizacion sin origen conocido, porque se estiende mas allá de las noticias de los hombres, y por encima del cual han cruzado tantos siglos, tan preñados de sucesos varios, sin borrar los pronunciados y nobles lineamientos de su fisonomía varonil, religiosa y política, esté reservado tambien ahora por el Omnipotente para ser la nueva arca que acoja en su seno los despojos del diluvio que amenaza á la trabajada España, y de donde torne á salir con nuevo brio y esplendor.

Constituye el pueblo vascongado una nacionalidad muy compacta, su amor á los fueros es unánime, su creencia católica muy profunda é indestructible, y en derredor del *Laubúru*, pacífica, pero noblemente enarbolado, se agrupan con entusiasmo todos los hijos de este suelo infanzon, sin que ni pasados errores, ni odios antiguos hayan dejado la mas pequeña huella en pechos tan generosos; es decir, que la perfecta conformidad de sus sentimientos religiosos y políticos aseguran su union; su union constituye su fuerza: su razon garantiza el derecho, y este se halla reconocido solemnemente de tiempos atras por propios y estraños, y ha sido objeto de solemnes tratados internacionales, entre otros del célebre de Utrech, y ha sido respetado por el héroe del siglo Napoleon I, como la constitucion de Bayona lo acredita, y ha sido sobre todo, escudado por la Providencia divina, porque solo así se comprende, que en el universal estadismo de todas las antiguas instituciones políticas, hayan podido sobrenadar las antiquísimas instituciones vascongadas.

No es, pues, un desvarío como algunos ánimos apocados pudieran creer, el que, ya de no haberse cumplido los pactos con que el pais vascongado se incorporó á Castilla, ni la Ley moderna que los confirmaba, ya de haberse desechado tan repetidas veces sus justos clamores, ya, en fin, de haberse lanzado al rostro de las tres Hermanas el baldon que entraña la Real órden de 1.º del corriente, se solicite, se reclame, se gestione para que el pais vasco sea *tierra apartada*.— No es la primera vez que en circunstancias supremas se ha apelado á este remedio. Y ¿por qué se ha de dudar de su éxito? Mónaco ó San Marino ¿son por ventura mas respetables que las tres Provincias Hermanas? Esos ducados italianos, esos principados alemanes ¿encierran mas elementos de nacionalidad, pueden presentar razones mas justas, monumentos mas grandiosos, ó escitar mas simpatías que este pueblo morigerado, laborioso, noble y valiente, para que su nacionalidad sea respetada y garantida?

Desátense esos lazos políticos que ya han empezado á romperse por el Gobierno de una manera harto brusca, y vivan las Provincias Vascongadas una vida propia. Una vez logrado este objeto, cesará esa constante lucha, ese continuo sobresalto en que vive sumido el pueblo vascongado, á quien todas las oposiciones halagan, todos los poderes triunfantes injurian. Esta, esta debe ser la mira, el blanco de los deseos y de los sacrificios de un pueblo tan generoso despues de la amarga cosecha de decepciones con que la arrogancia de unos, la hipocresía de otros, la ingratitud de todos, ha colmado la medida de su sufrimiento, que fuera vergonzoso y estúpido si pasara mas adelante.

1855. Panfleto independentista, del archivo Irujo.

388. Archivo Familia Irujo. «Papeles propios» del tafallés Manuel Irujo Apastegui. 1855.

Bizcaya por su independencia

Sabemos más datos de este nuevo intento independentista de 1854 gracias al general Manuel Mazarredo, militar bilbaíno, anticarlista, senador, ministro de la Guerra, uno de los fundadores de la Guardia Civil y capitán general de las Vascongadas entre 1852 y 1854.

Mazarredo era consciente de que el carlismo, derrotado con las armas, estaba vivo, y escribía en privado: «así, un pasito tras otro se va volviendo la tortilla de tal manera que si Zumalacárregui resucitase de pronto y se viese en este país, al ver quién gobierna en él, preguntaría: ¿pues qué, hemos vencido?».

Viendo el entusiasmo que producía en las masas José María Iparraguirre, cuando cantaba su nueva composición, *Gernikako Arbola,* Mazarredo se arrepintió de haberle posibilitado el regreso del exilio, ordenó su detención y lo desterró de las cuatro provincias. El bardo de Urretxu abandonó el país, pero el himno se quedó para siempre.

En 1854 Mazarredo, expulsado por progresista, pasó al exilio de donde regresó al poco tiempo, para fallecer en 1857. Según un texto de su hijo, llamado como él, durante su enfermedad dejó un manuscrito inconcluso, fechado el 8 de agosto de 1856, en el que hace referencia a la situación política de las tres provincias y que parece tener relación directa con el manifiesto expuesto anteriormente. La independencia, otra vez, como alternativa vasca. Copiamos del Archivo General Militar de Madrid:

> 8 de agosto de 1856. Escrito inconcluso de Manuel de Mazarredo sobre las provincias Vascongadas, donde dice que los carlistas, aprovechando el estado de España, creen haber llegado el momento de llevar a cabo el proyecto de declarar Vizcaya independiente, bajo el protectorado de Francia.
>
> De las tres provincias vascongadas, en la que con más ahínco se ha fermentado el espíritu carlista y de oposición a

toda aveniencia de su régimen foral con el gobierno de Madrid, ha sido en Vizcaya. Es al propio tiempo la peor gobernada de las tres. Los abusos, de todas suertes, que a la sombra de un hipócrita apego a los fueros se han cometido desde 1839 acá, son infinitos. Las Diputaciones forales han estado compuestas casi siempre de carlistas. Han tenido por fin que irse convenciendo estos de que su casa no tiene ya porvenir; pero mal avenidos con todo lo que sea someterse de buena fe al gobierno de la Reina Isabel 2º, se hayan próximos a tremolar una bandera que pocos años hace no era fácil de prever se alzase nunca.

Apoderados hoy de la Diputación foral recientemente elegida los carlistas, y queriendo aprovechar el estado de España, creen llegado el momento de llevar a cabo el proyecto que han hecho germinar en aquellas montañas de declarar a Vizcaya independiente bajo el protectorado de Francia; los dos años de desconcierto del mando de Espartero, los han utilizado, con pretexto de la ley de desamortización, para adelantar en la preparación del proyecto. Para tentar el vado es para lo que se acaba de declarar en Guernica Vizcaíno originario al Príncipe Imperial Francés, y han salido ya de Vizcaya, y probablemente se hallarán ya en París, Don José Salvador de Lequerica y Don Antonio López de Calle, comisionados para entregar el acta original de la Junta de Guernica y las armas de Vizcaya al Emperador y la Emperatriz. Todo se hace sin contar con el Gobierno Español para nada y piensan ir directamente a St. Clond [¿?] Sin que la embajada de España lo entienda.

Cuanto importa que aquellos desalentados proyectistas lleven pronto, desde sus primeros pasos una severa lección y un saludable desengaño, cosa es que no necesita encarecerse.

Cualquiera que puedan haber sido de 1810 a 1813 las miras de Napoleón sobre las provincias de la izquierda del Ebro, las circunstancias de hoy son tan distintas de las de entonces, y lo son también las condiciones de la actual monarquía Imperial francesa, que no cabe en el carácter y la elevada inteligencia de Napoleón 3º fijar ni un instante el pensamiento en ningún proyecto de desmembración de alguna provincia de la Península Española, ni menos de aprovecharla para la extensión del territorio francés, ni aun bajo el disfraz de protectorado. Guipúzcoa, además, interpuesta entre el Bidasoa y Vizcaya, no seguiría el ejemplo de esta. ¿Iría a apoyar un ejército francés las tentativas de independencia de Vizcaya? ¿Y bastaría Vizcaya por si sola para conseguirla? ¡Delirios ambos! Pero delirio cuyo primer paso de ejecución traería inmediatmente la ocupación de Santoña por los ingleses; y de él harían bien pronto otro Gibraltar.

Importa pues sobremanera a España y a Vizcaya misma que desde el 1º paso que quieran dar entiendan aquellos ilusos lo vano de su propósito.

No dudo que se pueda conseguir que cuando los comisionados pidan audiencia al Emperador, se les conteste que la pidan por conducto de la embajada; y se les haga entender que el mensaje que traen es de tal naturaleza que daba ser acompañado de una autorización explícita de la Reina de España.

Existe ya en las encartaciones una partidilla que no ha proclamado aún bandera alguna; y parece ser hija de lo arriba dicho; tienen dinero.[389]

Cinco días antes de este escrito, la prensa ya venía hablando de esta «partidilla», que daban ya por prácticamente disuelta.[390]

Faltaban todavía nueve años para el nacimiento de Sabino Arana y 36 para que escribiera *Bizkaya por su independencia.* Los carlistas se le habían adelantado.

Diversos acontecimientos facilitaron ese nuevo acercamiento a Francia: En 1855 se firmó el tratado de Baiona, con el Bidasoa como muga, en parte para evitar la masiva deserción que se daba entre los mozos de Iparralde y tam-

---

389. Instituto de Historia y Cultura Militar. Archivo General Militar de Madrid Fondos 6-15. Colección Mazarredo. Carpeta 11, 1856.

390. *El Occidente: Diario político*, 3.VIII.1856.

8 de Agosto 1856.

De las tres provincias Vascongadas, en la que con mas ahinco se ha fomentado el espíritu carlista y de oposicion á toda avenencia de su régimen foral con el gobierno de Madrid, ha sido en Bizcaya. Es al propio tiempo la peor gobernada de las tres. Los abusos, de todas suertes, que á la sombra de un hipócrita apego á los fueros se han cometido de 1839 acá, son infinitos. Sus Diputaciones forales han estado compuestas casi siempre de carlistas. Han tenido por fin que irse convenciendo estos de que su causa no tiene ya porvenir, y pero mal avenidos con todo lo que sea someterse de buena fé al gobierno de la Reina Isabel 2ª se hallan próximos á tremolar una bandera que pocos años hace no era facil de prever se alzase nunca.

Apoderados hoy de la Diputacion foral

Manuscrito del General Manuel Mazarredo, en el que advierte de los intentos independentistas vascongados.

bién para romper la idea de un País Vasco a ambos lados de la muga. Importante fue también la proclamación de Napoleón III como emperador francés en 1852. Estaba casado con Eugenia Guzmán, hija de los condes de Montijo, heredera del solar de Arteaga, en Gautegiz (Bizkaia). En 1856 nació el primogénito del emperador, Eugenio Luis Bonaparte. Con motivo del nacimiento, las Juntas Generales de Bizkaia, reunidas el 17 de julio de 1856, lo nombraron «vizcaino originario de preclara raza». Como gesto de agradecimiento, Napoleón hizo múltiples regalos a la Diputación.

Hay otro elemento a tener en cuenta. Desde 1854, Montijo y Napoleón tomaron Biarritz como residencia varios meses al año. En 1857, tenían ya su palacio imperial en Biarritz y a su vera llegaba toda la corte francesa y la nobleza europea. Demasiado cerca de la muga para los españoles y un lugar perfecto para conspirar los vascos.

Aquel año de 1855 estuvo activo para las naciones peninsulares. En Lisboa se editó el libro *A questao de Iberia*, en el que Rodrigo Antonio D'Almeida defendía su oposición a cualquier tipo de unidad, monárquica o federal, con España. Como modelo para no fiarse del hegemonismo español, ponía el ejemplo de los vascos, y del engaño que habían sufrido tras la pasada guerra carlista: «Ved a las Vascongadas y Navarra [...] eran otras tantas tramas indecentes, con las cuales se especulaba, primero para desarmar al numeroso y valiente ejército de Don Carlos en esas provincias; después para calmar en ellas la agitación que se notaba y la desconfianza que comenzaba a tomar cuerpo de que habían sido grosera y torpemente engañados».[391]

En Vizcaya los liberales tampoco estuvieron quietos. Después del cierre gubernativo de su periódico *El Boletín de Comercio*, la empresa Delmas publicó el *Irurac Bat*: «Tres estados en uno, como lo son las nobilísimas provincias que constituyen la antiquísima Confederación vasca». El periódico avisaba de que no militaría «bajo ninguna bandera política que tremole en la península», y que solo pertenecería «al partido vascongado, más claro, al Partido Fuerista». El periódico mantendría las leyes viejas «siempre vivas, que las defienda de los disparos, que, encubiertos enemigos, so color de protegerlas, mañosamente les asestan».[392]

Panfletos carlistas por la independencia, periódicos liberales por los Fueros... todo referido a las tres provincias, separada Navarra desde la Ley «Paccionada». Diez años más tarde será la propia Diputación de Navarra la que intente retomar el camino de Laurac-Bat.

---

391. D'Almeida, Rodrigo Antonio. *A questao de Iberia.* Lisboa 1856, p. 34.

392. *Irurac Bat*, Año I, n.º 1. Bilbao 26.VI.1856.

La Unión Vasconavarra

Tras la guerra carlista, la unidad político-militar vasconavarra dio paso a los intentos de unidad política. Ya hemos visto en 1846 manifiestos llamando al *Laurak Bat*. Con diferentes matices e intensidades, tanto carlistas como liberales se mostraban foralistas y partidarios de la «unión vasconavarra», de tal manera que es difícil encontrar una sola excepción. Por eso es motivo de atención la postura del tudelano Rafael Navascués, jefe político de Vizcaya en 1847, que se posicionó abiertamente en contra de los Fueros vasconavarros y fue el primer navarro que apuntó alguna dosis de antivasquismo. «Desde que la unión de Navarra a Castilla es un hecho en la historia, no soy, ni quiero ser otra cosa, más que español», expresaba. En 1861, causó revuelo cuando afirmó en las Cortes que había en Navarra muchas personas «que piensan que Navarra debe ser una nación pequeña dentro de otra gran nación, y a eso me he opuesto yo siempre».

El lema *Laurac Bat* fue recogido por el movimiento iniciado por la Diputación de Navarra en 1866. Los días 11 y 12 de julio de 1867, las tres provincias «hermanas» acudieron a la Exposición Agrícola de Pamplona, invitadas por la Diputación de Navarra, muy interesada a la sazón en promover la unión de la «familia éuskara». Para recibirlos, se exhibió un escudo con las armas de las cuatro provincias, con cuatro manos unidas y la leyenda *Laurac-Bat*. El brindis de honor a favor de esta unión le correspondió a Iturralde y Suit:

Brindo porque del Pirene
al encumbrado Aralar
eco inmenso resuene
el grito del Laurac bat

El 15 de julio, la Diputación llama «hermoso lema» al *Laurac-Bat*, «símbolo de unión de cuatro pueblos gemelos; la noble alianza de cuatro provincias que asociadas para sus intereses pueden labrar su ventura y su engrandecimiento». Como forma de plasmar el *Laurac-Bat*, la Diputación navarra propuso a las otras tres la creación de una Universidad Vasco-Navarra, la creación de un manicomio vasconavarro, un establecimiento de Beneficencia y un banco vasconavarro conjunto: «No debe ocultarse –afirmaba la Diputación– a nadie que conozca la índole, naturaleza y circunstancias del país vasco-navarro que los intereses morales y económicos de las Provincias vascongadas y Navarra, dentro de sus respectivas condiciones forales, pueden desarrollarse ampliamente a favor de una unión patriótica y generosa». Según un informe de Baztán, secretario de la Diputación en 1873, este intento de unidad vasconavarra suscitó los recelos del Gobierno español. La revolución de septiembre de 1868 cortó la iniciativa institucional, pero no las privadas. El fuerista alavés Ortiz de Zarate proponía en 1870 la creación de una Biblioteca Vasco-Navarra y afirmaba: «hoy es un hecho la unión vascona». A la sazón, contaban con cuatro órganos de difusión: el *Semanario Católico Vasco-Navarro, La Unión Vasco-Navarra,* el *Laurac-bat* y *El País Vasco-Navarro,* que pregonaban diariamente que las cuatro provincias forales constituían «una verdadera nacionalidad y familia». «Soy entusiasta de la idea de unir y fusionar estas cuatro provincias –decía Ortiz de Zárate en diciembre de 1866– sin perjuicio de su respectiva autonomía», y llegó a abogar por una nacionalidad casi independiente: «nosotros deseamos que el pueblo vasco-navarro lleve su autonomía hasta el último límite posible y ostente una verdadera nacionalidad casi independiente».[393] A tal fin,

---

393. Extramiana, José. *Historia de las guerras carlistas,* vol. II. Haranburu 1980, p. 78.

redactó el texto *Confederación euskara,* donde además del *Laurak Bat* incluía el País Vasco de Iparralde.

Por parte del Gobierno estaban inquietos. Ese año de 1867 se publicó una Real Orden de Isabel II, prohibiendo el teatro en otra lengua que no fuera la castellana, como medio más eficaz para que se generalizase «el uso de la lengua nacional». Y ante la dificultad de aplicar la ley Moyano de educación en los pueblos euskaldunes, se editó el libro *Método práctico para enseñar el castellano en las escuelas vascongadas.* Pero el método más eficaz seguía siendo el del anillo y la vara de avellano, práctica que ya se utilizaba en Iruñea hacia 1800, según denunciaron Pablo de Mendibil y Juan Antonio Moguel y que ha tenido continuidad hasta nuestros días.[394]

Precisamente aquel año de 1868 se editó en París el libro *Itineraire des Pyrénées,* del periodista y erudito francés Adolphe Joanne, que también comenta la persecución del euskera: «los gobiernos de Francia y España hicieron todo lo posible para destruir la lengua vasca, aunque de los alrededor de 840.000 vascos que habitan los dos países, solamente 500.000 continúan hablando su lengua natal». Pese a todo, los vascos, añade, «han tenido el privilegio de conservar su nombre, su lengua y el sentimiento de su nacionalidad».[395]

En 1870, hubo un modelo de remodelación territorial de Napoleón III, que planteó unificar España y Portugal bajo una misma monarquía, a cambio de la cesión a Francia del territorio vasconavarro. Tras destronar al rey portugués, se proclamaría a su hijo, niño aún, emperador de España y Portugal bajo el protectorado y regencia de Prim y Saldaña. Los

---

394. Esparza Zabalegi, *Vascosnavarros...,* p. 501.

395. Adolphe, Joanne. *Itinéraire descriptif et historique des Pyrénées de l'océan a la Méditerranée.* París 1868, p. 112.

portugueses mantendrían su autonomía, legislación, gobierno y ejército. Algunos foralistas vascos protestaron por esa posibilidad: «El país Vasco-Navarro se pertenece a sí mismo y no puede ser cedido ni donado a nadie ni por nada –protestaba el editorial del periódico *El País Vasco-Navarro*–. Ni Prim, ni Saldaña, ni Napoleón ni nadie, absolutamente nadie, pueden disponer de los vasco-navarros como de un grupo de esclavos».[396] Otra ocasión perdida.

El himno nacional

Pese a lo que pretenden algunos historiadores, Euskal Herria en el siglo XIX era una nacionalidad en ebullición, al igual que ocurría en muchos lugares de Europa. Y como nación emergente, o en camino de serlo con plena consciencia, necesitaba de símbolos que la aunaran, como un himno nacional. Y eso fue obra de un joven urretxuarra que, en 1833, con trece años, vivía en Madrid cuando estalló la primera guerra. «A la muerte de Fernando VII tomé las de Villadiego y, como Dios quiso, llegué a las montañas éuskaras, y sin más opinión que el amor a mis paisanos, senté plaza de voluntario».[397]

Iparraguirre no quiso aceptar el Convenio de Vergara y pasó a Francia. Allí aprendió francés, se contagió de romanticismo, leyó libros de poesías de Lamartine, Chateaubriand, Lamennais; estudió algo de música «y como tenía buena voz y hermosa figura, era muy buscado y aplaudido en su carrera de cantor ambulante». De nuevo, la paradoja carlista: en 1848 se encontraba en las barricadas de París, entonando *La Marsellesa*, y arrastrando a la gente con himnos revolucio-

396. *El País Vasco-Navarro*, 8.VII.1870.

397. Olaso, José Francisco y Aguirre, Juan. *Iparraguirre. Erro-urratsak. Raíz y viento*, t. 1, p. 39.

narios, hasta que Napoleón III le arrojó de Francia, «después de pasar por 80 cárceles», que compartió con los patriotas demócratas franceses. Allí aprendió la simbología de los árboles de la libertad, que los revolucionarios americanos y franceses plantaron a miles en sus procesos políticos. Y se dio cuenta de que los vascos tenían su propio árbol, que ya había sido loado como «padre de los árboles de la libertad» hasta por el filósofo de Ginebra. Cuando regresó del exilio y comenzó a cantarlo en 1852, causó tal agitación entre las masas que el capital general de las Vascongadas, el citado Mazarredo, lo volvió a expulsar del país, coincidiendo en el tiempo con el amago independentista que ya hemos contado.

Así pues, siguiendo la paradoja vasca, un carlista fue el encargado de ofrecer a su patria un himno de hondo sentido liberal y republicano. El símbolo de los antiguos Fueros se unía al símbolo de las libertades que anunciaban los nuevos tiempos. Este puede ser el origen que explica la ambivalencia del himno nacional vasco, cantado igualmente por monárquicos y republicanos. «Absolutismo teocrático apoyándose en el árbol. Republicanismo revolucionario cantándolo», exclamó Caro Baroja. Es la paradoja del *Gernikako Arbola*.[398]

El «himno nacional de la Euskal Herria», como lo denominó Iturralde y Suit, entró en la literatura y en todas las enciclopedias y cobró pronto fama internacional. Era *L'hymne national des Basques* para los francófonos; el *Basque national anthem* para los anglos; el *Himna Bascu* checo; el *Baskische Nationalhymne* alemán y hasta el *malnova Baska himno* de los esperantistas. Y el himno del que hicieron bandera lírica liberales y carlistas en un primer momento fue pasando progresivamente al ideario de los republicanos, nacionalistas, socialistas y anarquistas, hasta llegar a las primeras generaciones de ETA.

---

398. Esparza Zabalegi, Jose Mari. *Biografía del Gernikako Arbola, Gernikako Arbolaren Biografía.* Txalaparta. Tafalla 2020, p. 21.

Manuel Irujo lo contaba así: «A la falaz e hipócrita fórmula de la ley de 25 de octubre, respondieron los vascos con las estrofas del *Gernikako Arbola,* entonado por los batallones carlistas como himno de la raza en la segunda guerra civil, dándose el caso, trágicamente cruel, de que aparecieran como fuerzas de la reacción, en lucha por el triunfo de la autocracia contra un régimen constitucional, los hombres que ofrecían sus vidas con la emoción del ideal de solidaridad humana recogido por Iparraguirre en aquel himno que termina con la estrofa: "Que el fruto del árbol de la libertad, sea otorgado a todos los pueblos de la tierra"».[399]

La última sublevación armada del siglo

El país seguía en ebullición. En septiembre de 1868, Carlos de Vargas Machuca, capitán general de las provincias vascongadas y Navarra, declaró de nuevo el estado de guerra en el territorio. Cuando en 1869 el carlismo pudo presentarse a las elecciones generales, las cuatro provincias, la «tierra del martirio español», destacaron del resto del Estado al elegir prácticamente todos sus diputados, quince de dieciséis, del bando carlista. Solo en el distrito de Tafalla, compartido con Estella y Tudela, dieron a los carlistas 14.035 votos de los 14.086 emitidos. Similares resultados se dieron en las elecciones posteriores, lo que provocó que el Gobierno liberal volviera al sufragio censitario, es decir, a reducir el voto a menos de un 5 % de la población masculina que tuviera un nivel económico y cultural determinado, lo que llevó a la gran paradoja de que, en estos conflictivos años, los carlistas y republicanos fueran los únicos que defendieran el sufragio universal.[400]

---

399. Irujo, op. cit., p. 87.

400. Martorell, Manuel. *Radica. Insurrección permanente.* Aftaffaylla-Txalaparta. Tafalla 2024. Citando a José Antonio Recondo en *La Segunda Guerra Carlista en Gipuzkoa (1872-1876).*

El carlismo aparece cada vez más como un fenómeno genuinamente vasco. Las tensiones entre los pueblos y el Ejército se agudizan hasta provocar sarracinas, como la que protagonizó el coronel Lagunero, liberal exacerbado, en Tafalla, el primero de mayo de 1869, con varios muertos. Fue la «noche lagunera» de infausto recuerdo hasta la actualidad. Incluso atacó de madrugada a los auroros, al confundirlos con los protagonistas del alzamiento carlista que todos esperaban. Una mala bestia Lagunero, que todos los años se quema en el carnaval tafallés.

El país carlista entra de nuevo en conmoción y en algunos aspectos va abriendo camino al futuro nacionalismo vasco. En su proclama *Jaungoicoa eta Foruac*, publicada en 1869 por el neocatólico Arístides de Artiñano, aparecen frases que bien las hubiera firmado Sabino Arana:

> Vizcaya como Estado independiente puede usar de su soberanía dentro de su derecho, por nadie negado. Nosotros nunca hemos jurado la Constitución de España; jamás la hemos reconocido. ¿En virtud de qué derecho se pretenderá sujetarnos a su imperio? Somos libres porque libres nacimos y libres hemos vivido [...] ¿Con qué derecho podrá exigir España que el País Vascongado acatase su decisión...? Solo con el de la fuerza, último y lamentable argumento de los que, desoyendo la voz de su conciencia, fían a las bayonetas el dilucidar de sus cuestiones.[401]

También este mismo año el carlista Dorronsoro cita la violencia como el principal argumento liberal: «Si una minoría de liberales ha podido imponer su ley en el País Vasco, es gracias a las bayonetas del sur del Ebro».[402]

---

401. Artiñano, Arístides de. *Jaungoicoa eta Foruak. La causa vascongada ante la revolución española.* Vitoria 1869, p. 64.

402. Cit. Sánchez Aranaz, p. 135.

También los liberales trataban de hacer vibrar la fibra foralista, como lo intentaba en su bando desde Vitoria el capitán general Allende Salazar, en septiembre de 1869: «A las provincias Vascongadas y Navarra debe interesarles únicamente la conservación de sus fueros, y serles indiferente que se siente en el trono de Castilla este o el otro monarca, siempre que por él queden garantizados». Incluso vuelven a reconocer el republicanismo de las instituciones vascas: «esta tierra en sus próximas romerías y fiestas llegará a infeccionarse con ese virus pestífero tan impropio de sus instituciones forales, como indigno de su majestad popular, de su secular republicanismo».[403] Y en las romerías valdría la pena investigar el rico cancionero popular:

Hilak falta dira baña
animo biziak!!
guerra irabaziko al degu
Lau Probintziak

En 1870, el capitán general Allende Salazar declara una vez más el estado de guerra en las cuatro provincias. En vísperas de la sublevación, aumentan los folletos recordando el desastre que había supuesto para los Fueros la guerra anterior. Al carlista garestarra Cruz Ochoa de Zabalegui se le considera autor de «La voz de Navarra contra un folleto liberal (Por un navarro neto)», folleto anónimo publicado en Madrid en 1871. El autor hace un ataque frontal al liberalismo y al «arreglo de fueros» de 1841, es decir, la llamada luego «Ley Paccionada». El documento es importante porque muestra, una vez más, el rechazo de las mayorías navarras a la ley del 41.

> Con el arreglo de fueros se introdujeron las quintas en Navarra. Liberales navarros que intervinisteis en él, los que seáis

403. Extramiana, t. II, pp. 461, 462.

> sus partidarios, id a los pueblos y haced su apología principalmente el primer domingo de abril de cada año; decid, si tanta es vuestra osadía, que tal arreglo no es malhadado, a los padres que todos los quedan en virtud de él desconsolados, a las madres acongojadas, a las hermanas desvalidas... ¡Que no es malhadado el arreglo fueros que introdujo las quintas en Navarra! Ante cinismo semejante no hay mejor arma de combate que el silencio [...] Navarra era un reino independiente [...] era un reino con su legislación especial, con sus poderes legislativo, ejecutivo y judicial, y con toda una vida peculiar y propia de un reino independiente, de una nación autónoma, como se dice ahora. Pues bien, el liberalismo mató de hecho con el advenimiento de doña Isabel II al trono, nuestra nacionalidad. [...] [Dicha ley] ha quitado a Navarra su ser nacional, la ha convertido en provincia de tercera clase y la ha puesto en situación de perder hasta los harapos de su antiguo asombroso poderío.[404]

Sorprende en el folleto la falta de alusiones a España y las numerosas a la nación navarra. A la vista está que a Sabino Arana le quedaba muy poco que inventar. Faltaban todavía catorce años para la formación del primer partido nacionalista vasco y vemos ya en una corriente del carlismo navarro todos los ingredientes («reino independiente», «nuestra nacionalidad», «nación navarra») que anunciaban el independentismo como nuevo paradigma político. No tan nuevo, como hemos visto.

En las elecciones de 1871 y 1872, vuelven a salir en Navarra seis diputados carlistas frente a un gubernamental. En todo el País Vasco son quince-catorce diputados carlistas frente a tres-cuatro gubernamentales. Estos datos dicen mucho del sostén político de la Ley «Paccionada» de 1841 y de sus mentores. El constitucionalismo español y el País Vasco-Navarro

404. Anónimo (Ochoa de Zabalegui, Cruz). *La voz de Navarra contra un folleto liberal (Por un navarro neto)*. Madrid 1871.

siguen por sendas diferentes y enfrentadas. Para Campión: «Fue el alzamiento carlista del Norte una reacción de carácter eminentemente nacional, provocada por la política revolucionaria: algo semejante a las arcadas de un estómago que ha ingerido sustancias venenosas y pugna por expelerlas».

Un sector liberal, más numeroso que en la guerra precedente, dio la bienvenida a la Gloriosa en los pueblos navarros y se aprestaron a formar, con el respaldo oficial, los Voluntarios de la Libertad, que la masa carlista identificó de inmediato con los impopulares «peseteros» de antaño. Los ricos, hacendados, corraliceros, comerciantes e industriales locales fueron los primeros en apuntarse, dando ejemplo, aunque ya era estimable el elemento liberal humilde, con convicciones progresistas al aire de los tiempos. Los más seguían siendo paniaguados, muchos venidos de fuera: ferroviarios, sastres del Ejército, maestros castellanos, militares de baja graduación, funcionarios y administradores de los nuevos estancos y loterías. La promesa de empleo, ropa y paga por cuenta de las arcas públicas terminó por animar a los indecisos.

Pero seguían siendo minoría. Jornaleros y pequeños labradores del país se habían empobrecido con las nuevas legislaciones, y habían visto enriquecerse a los abanderados de la democracia, la libertad de cultos, el voto universal y el parlamentarismo. Tierras, arbolados, trujales, molinos o pozos de hielo, de ancestral uso comunal, estaban en sus manos, arrancados, decían que legalmente, a los paupérrimos pueblos. Las quintas, el maldito invento liberal, seguían dejando navarros arruinados o sepultados en Ultramar. Recordaban con nostalgia un pasado que estimaban fue mejor y que se les arrebató por la fuerza y por la traición. Una nueva juventud, magistralmente retratada por Unamuno en *Paz en la guerra*, escuchaba embelesada a sus padres y abuelos las epopeyas de la pasada guerra, de cuando no había sorteos, ni cuotas de redención, ni Guardia Civil, ni estancos, ni *negros* enriquecidos. Había que echarse otra vez al monte, esta vez para ganar y barrer a los liberales hasta más allá del Ebro.

Una juventud *anti-ricos* –«con puntos y ribetes socialistas», como la llamó Campión– que volvía a ver amalgamadas sus esperanzas en el carlismo:

Comerciantes y abogados
todos son liberalones
ya nos librará don Carlos
de este atajo de ladrones

La prensa liberal se prodigaba con esos calificativos de «socialistas blancos». El periódico *La Época* era uno de los que hablan de esa tendencia socialista en el carlismo vizcaíno, de tal modo que si consiguen triunfar, quedará el país «a merced de las heces comunistas de la sociedad vizcaína sedientas de botín».[405] Esta visión de los liberales quedó muy clara en las palabras del diputado liberal por Bizkaia Gumersindo Vicuña: el carácter de la sublevación carlista era «ni más ni menos de origen socialista, predominando el odio del campesino contra el bilbaíno como símbolo del ataque del colono al propietario [...] Este carácter domina en el fuero y la existencia de bienes comunales, dando a los pueblos la propiedad de las minas, montes, marismas, etc., lo sostiene». Se trata, por supuesto, del carlismo rural y popular, que Unamuno, con otros autores, lo ve opuesto al carlismo del partido y sus dirigentes. Ese carlismo popular se identifica con el regionalismo –dice Unamuno– y con el socialismo al que llama «socialismo regionalista».[406]

---

405. *La Época,* 18.VII.1975. Cit. Garmendia, p. 174.

406. Unamuno, *El porvenir de España...* Cit. Extramiana, p. 138.

Pese al aumento de los habitantes de las ciudades, la nueva sublevación volvía a tener el carácter de lucha entre el campo y la ciudad. La «nación» liberal era un fenómeno urbano, mientras el carlismo era rural, aldeano, que se había quedado atrasado en el progreso y de ahí la necesidad de «civilizarlo». Sectores del liberalismo comenzaron a considerar como indígenas a los carlistas, buscando paralelismos con las «guerras indias» que se estaban dando en EEUU, Argentina, Chile o México. Había que traer a los vascos a la civilización al igual que las grandes naciones estaban haciéndolo con los sioux, malones, mapuches o yaquis. «Si el gobierno tiene formado un verdadero empeño en ser respetado por las provincias vasco-navarras ha de hacer una guerra de conquista en todo el territorio que comprenden, guerra necesaria para tener a raya a los indios que hablan la lengua euskara; de otro modo nunca tendrá fin la insurrección permanente de este país», decía el periódico *La Guerra* (19.XI.1873).[407]

Como en la guerra anterior, además de una sublevación de carácter nacional contra el centralismo constitucional español –por más que algunos la socapen de «regionalismo»– se trataba de una lucha del pueblo llano contra las oligarquías urbanas enriquecidas gracias al sistema liberal.[408] «En cierto modo –remacha Extramiana– el carlismo fue un movimiento profundamente *laico, democrático y popular*, desviado de sus objetivos».[409]

Desviado de sus objetivos también estaba el pobrerío que se apuntó al bando «de la Libertad». En su famosa novela, Unamuno repara también en esos sectores humildes, ya asentados en las ciudades, que apoyaron en esta guerra al bando liberal y repara que fueron también vencidos por

---

407. Cit. Molina Aparicio, p. 204.

408. Sánchez Aranaz, op. cit., p. 137.

409. Extramiana, José. *La guerra de los vascos en el 98*. Haranburu 1983, p. 87.

el liberalismo y capitalismo depredador. Ellos y el carlismo popular, «lucharon, en distintos bandos, por la misma liberación social».[410] A ojos del joven Unamuno, el socialismo, el anti-centralismo de estas masas, y hasta su carlismo, son tres ramas de un mismo movimiento popular. En esa perspectiva, «la última guerra carlista es una rebelión campesina de liberación social traicionada por sus dirigentes, como también otros dirigentes traicionan la causa del pueblo» que participa crédulo con la revolución liberal.[411]

Es la paradoja de José Burgui, el único de mis bisabuelos que no se echó al monte con Radica y se quedó en Tafalla de «pesetero» urbano liberal, creyendo las soflamas sobre la libertad que lanzaban los ricos. Luego acabaron todos juntos en la Restauración, levantándose contra las quintas y contra los tragasasos del comunal. A partir de la Revolución rusa, ya eran todos de izquierdas. Los pobres, como los ricos, al final se reencuentran en las veredas de su clase social.

Y siguiendo con el ejemplo tafallés, en mi pueblo utilizo una forma muy sencilla para destrozar ese falso axioma de liberal = progresista y revolucionario, versus carlista = atrasado y reaccionario. Consiste en invitar a mis contertulios a que enumeren las 15 casas-palacio más grandes y lujosas del pueblo. Y nadie duda en señalar las de Camón, Marqués de Feria, Huarte Mendicoa, Pérez Moso, Teófano Cortés, Azcona, Pérez de Ciriza, Mencos-Guendulain, García Goyena, Garcés de los Fayos, Pabolleta y Munárriz, palacio de los Mariscales... Todas, absolutamente todas, de destacados liberales. Hagan la misma encuesta en cualquier otro pueblo y el resultado será similar. Con la particularidad además de que las casas de los liberales son en su mayoría blasonadas, porque nuestra aristocracia aprendió la lección de la Revolución

410. Ibídem, p. 85.

411. Ibídem, p. 178.

Francesa y en lugar de poner el cuello en la guillotina prefirieron poner las manos en los bienes comunales y hacer de «burguesía revolucionaria» y paladines de «la Libertad».

Y coronando el ejemplo, no encontraremos ningún palaciano entre los 238 jóvenes tafalleses que se fueron con Radica en la última sublevación. Eran pobres, como sus jefes más carismáticos: Teodoro Rada, *Radica,* llegó a mariscal, lo mismo que Nicolás Ollo, muertos ambos en Somorrostro. El uno era albañil y el otro panadero. Otra leyenda navarra, el general José Lerga, de San Martín de Unx, regresó tras la guerra a su trabajo de peón caminero, tras desechar las ofertas del Gobierno de mantenerle sus prebendas. «Mientras haya hospitales no traicionaré mi conciencia» contestó.

Nuevo Estado Vasconavarro

> «¿Cuándo se estudiará con amor aquel desbordamiento popular que transcendía de toda forma? [...] Lo encasillaron y formularon y cristalizaron, y hoy no se ve aquel empuje profundamente popular; aquella protesta contra todo mandarinato, todo intelectualismo, y todo charlamentarismo, contra todo aristocratismo y centralización unificadora».
>
> Miguel de Unamuno,
> *En torno al casticismo*

En Navarra amenazaba la hambruna y las autoridades repartían limosnas, alubias, habas o lotes de leña, reconociendo sin disimulo que era necesario «evitar el conflicto». El popular Radica organizó en la comarca de Tafalla a cerca de mil hombres a la espera de la orden de alzarse. Los sorteos de la quinta se hicieron sin problemas bajo la promesa de que habría redención general.

Por fin, Eustaquio Díaz de Rada, general en jefe de las Vascongadas y Navarra emitió, en abril de 1872, un bando llamando a la sublevación del territorio a su mando: «A las armas, pues, valientes y heroicos navarros y provincianos, y muy pronto, ciñendo vuestras sienes el laurel de la victoria, asegurad para siempre nuestros venerandos fueros, la paz, felicidad y verdadera libertad de nuestra patria». La sublevación prende en todo el país y repite en buena medida el escenario de la guerra anterior: cercan Iruñea y otras plazas militares; desalojan al Ejército y a los partidarios del Gobierno de la mayor parte del territorio vasco e implantan un Estado propio, con todo el aparato administrativo de una nación moderna en pie de guerra: en la Casa de la Moneda acuñan los «perros grandes»; emiten sellos de correos; administran las aduanas; eligen diputaciones, juntas y ayuntamientos; crean el Real Tribunal Superior Vasco-Navarro de Justicia; extienden el telégrafo y la red de ferrocarriles, tantas veces cortados hasta entonces; imprimen prensa propia; organizan la sanidad y la enseñanza; abren el Real Seminario Vasco-Navarro de Vergara y la universidad de Oñate con distrito universitario para las cuatro provincias; construyen fábricas de armas y organizan el Ejército Vasco-Navarro, bajo la «Capitanía General de Navarra y provincias Vascongadas», con mando unificado y más de 40.000 hombres en armas, que prefieren llamarse «voluntarios» y «paisanos armados» a «soldados» o «militares». La base de este Estado lo constituyen las cuatro diputaciones forales, encargadas de la administración, los abastecimientos y las finanzas. En suma, un Estado vasco moderno que el mismo pretendiente no perderá la ocasión de blasonar cuando se dirija a las potencias extranjeras en busca de reconocimiento.[412]

Sin embargo, era lógico que este Estado creara recelos en la corte de Carlos, sobre todo cuando las diputaciones propusieron formar un organismo superior que coordinara los

---

412. Garmendia, Vicente. *La segunda guerra carlista (1872-1877)*. Siglo XXI, 1876, p. 19.

cuatro territorios. El 25 de abril de 1874, se redactó la «Exposición de las Diputaciones de Vizcaya, Guipúzcoa y Álava y la Real Junta Gubernativa de Navarra a Carlos VII, solicitando la constitución del Centro Vasco-Navarro». Según expresaron, la experiencia les había convencido de «la necesidad de crear un centro Permanente, formado con representaciones de las cuatro Corporaciones». A Carlos VII y a la camarilla del partido no se les escapó el calado político de la iniciativa y aceptaron la sugerencia, invitando a que se formase una comisión con un representante de cada territorio, pero limitando su campo de acción a aspectos prácticos como recaudaciones, suministros y sostenimiento del Ejército.[413] Es decir, algo similar a lo realizado por la «Junta de las Provincias Vascongadas y Navarra» durante la guerra anterior. Un país, con un Ejército y un Estado propio, dirigido por su Gobierno, era demasiado peligroso para cualquier monarquía que pretendiera gobernar a los vasconavarros.

Esos recelos sobre la estructuración política del país se daban igualmente en las filas liberales. En julio de 1873 el presidente de la comisión constitucional, Emilio Castelar, terminó de redactar el proyecto de Constitución, en el cual Navarra y Vascongadas formaban conjuntamente un Estado federal. Los dirigentes liberales navarros se hallaron en la tesitura de constituir una entidad propia en dicho Estado o bien formar parte con las provincias hermanas. La mayor parte de Navarra estaba fuera del debate, ocupada por el nuevo Estado carlista. Finalmente, los liberales navarros se manifestaron a favor de que Navarra constituyera por sí misma «un Estado federal, salvando en todo caso su autonomía foral dentro de la unidad constitucional como hasta el presente». Las razones políticas que los liberales navarros esgrimieron las expuso con claridad el Ayuntamiento de Pamplona, cuan-

413. Montero Díaz, Julio. *El estado carlista*. Aporte XIX. Madrid 1992, p. 441.

do decía que con ningún otro territorio estaría Navarra en más armonía que con las Vascongadas, pero eso planteaba un grave problema de orden público: si las cuatro provincias estaban en armas en una nueva insurrección carlista, «¿cuál sería el peligro, cuando con la mutua unión adquiriesen los medios de concertarse para levantar ejércitos y crear tributos a su placer a la sombra de las leyes?». También el informe de Baztán, secretario de la Diputación, fue determinante: «Por un lado, el incuestionable auge del carlismo, cuyos partidarios ocupan buena parte del territorio navarro, que se vería acrecentado al coaligar sus tropas si el establecimiento de este Estado integrado por las cuatro provincias fructificara, con el consiguiente peligro para las instituciones y poblaciones liberales de Navarra y Vascongadas. Por otro, las suspicacias que conllevaría la consumación del Estado federal vasco-navarro para el gobierno central». De nuevo, recelos de Madrid y de sus apoyos indígenas a la unidad de las cuatro provincias. Había ocurrido en 1841 y en 1866, y ocurriría posteriormente en 1893, en 1932 y en 1978. La territorialidad de Baskonia, siempre cuestión de Estado.

¿Cómo no iban a sentirse los vasconavarros como la nación diferente de la que dejaban constancia tantos periodistas y observadores extranjeros? Un territorio, su país, constituido en un Estado moderno, avanzado en muchos extremos, con su propio Ejército y administración, su propia lengua y cultura y hasta con su himno nacional, que se ve invadido por un ejército extraño, –por no decir «extranjero» como sugiere Valle Inclán–. ¿Qué más ingredientes hacían falta para sentirse parte de una lucha de liberación?

Además, el Gobierno español y el Ejército –que se solía apellidar a sí mismo «de ocupación»– ya se encargaban de confirmar esa sensación. Mientras que los miembros del Ejército vienen de fuera, son *belarrimotzak*, extraños, los aldeanos carlistas se identifican con el lugar que pisan; desde sus primeros disparos, «tienen la sensación de que defienden a su familia y a su pueblo contra una ocupación extranjera [...] y cómo podía convencerse a la población de que el Ejército carlista no es el suyo y que las tropas venidas de fuera representaban la legalidad, el orden y el progreso».[414] Si alguno tenía dudas de lo que defendía cada partido, no tardaban en disipárselas los bandos militares, dirigidos a los «Habitantes de Navarra y Provincias Vascongadas», «Al País Vasco-Navarro», a los «Navarros, alaveses, vizcainos y guipuzcoanos» o «Al País rebelde». En ellos se bascula entre la amenaza de arrasar el país y las loas a sus antiguas libertades, que prometen respetar si deponen las armas. Lo de siempre. Es el caso del periódico liberal *El Imparcial* de Madrid que, en mayo de 1872, nada más estallar la guerra, decía que «la democrática Euskaria merece un profundo respeto de parte de todos los amantes de la libertad, si no es más, porque ella ha sido baluarte inexpugnable donde las antiguas libertades nacionales han sostenido ruda lucha de tres siglos contra todo el torrente del absolutismo». Y junto a la zanahoria, el palo: el bando del general Concha en 1874, al pasar el Ebro por Lodosa, no ofrece dudas:

> Señores: Navarra quiere la guerra y Navarra la tendrá; no la guerra a la que está acostumbrada ahora, sino la guerra de verdad, que obligue a los habitantes de pueblos como Lodosa a vivir en paz con España o a refugiarse en sus montañas [...] Desde hoy vosotros, que no pagasteis contribuciones de ninguna especie, sentiréis la diferencia si el Gobierno os exige algún día el doble, triple o cuádruple que a otros pueblos de España y obliga a vuestros hijos a entrar en las Quintas para cumplir como buenos españoles.

---

414. Extramiana, op. cit., t. 2, p. 164.

La conscripción siempre como la mayor amenaza. Es reseñable cómo el comportamiento del Ejército español y de organismos como la Guardia Civil han animado a la desconexión emocional de los vascos tanto como la han evitado militarmente. Un pamplonés escribía en mayo de 1873: «Para perseguir y destruir una facción que apenas cuenta con 4.000 hombres mal armados, se ha planteado un sistema de destrucción que no se comprendería luchando con extranjeros ni aun con salvajes... Se destruye por el placer de destruir, por lujo de devastar sin plan ni concierto, sin causa ni motivo». Añade que incluso «se prohíbe el uso de boinas, uso del país» y en Madrid eran frecuentemente golpeados quienes las portaban.[415] Y todo, claro está, en nombre de la Libertad.

Manuales como el titulado *El Quid* teorizaban sobre el modo de arrasar las cuatro provincias, «a sangre y fuego, y someter a las poblaciones a un régimen militar draconiano [...] Bloqueo absoluto por mar y tierra. Incendio de todas las mieses; tala de todos los bosques y del arbolado de toda especie; destrucción de todos los puentes...». Todo servía contra unas provincias «fanáticas de sus fueros» que por cuarta vez se sublevaban, y «de una masa de gentes tranquilas brota un ejército de guerreros; en un país patriarcal y en la esencia republicano, halla siempre su cuna la guerra civil, la rebelión absolutista».[416]

El Correo Militar (7.III.1876) reclamaba la formación de un «ejército de ocupación de 50.000 voluntarios, bien pagado y a costa de las cuatro provincias». Alguna prensa catalana discrepaba del método: el *Diario de Barcelona* decía que un ejército de ocupación permanente siempre resultaría más caro que mantener una buena paz, y que nadie impediría nuevas

---

415. García-Sanz, op. cit., p. 132 / Berruezo, José. *Mañé y Flaquer. Un catalán defensor del País Vasco.* Publicaciones de la Excma. Diputación de Guipúzcoa 1974.

416. V. Gresac. *El Quid. La pacificación de las Provincias Vascongadas, obtenida pronto, sin sangre y para siempre.* Madrid 1873.

insurrecciones porque «si los navarros, a los treinta y tantos años de perder unos Fueros, se han insurreccionado con tanto entusiasmo para recobrarlos. ¿Qué no podrá suceder si, con igual objeto, se reúnen más tarde vascongados y navarros?».

En esta guerra la reivindicación de los Fueros está todavía más marcada que en la guerra anterior, sin duda porque ya se sabía cómo las gastaba el régimen liberal. Y la sublevación sigue teniendo el mismo apoyo popular. En Navarra especialmente, «todos los hombres en condiciones de manejar las armas se unen a los insurrectos. Estos mantienen relaciones amistosas con el pueblo, de cuyo seno proceden». El mundo rural apoya en masa al carlismo. Los ricos burgueses liberales son extorsionados con gran contento del pobrerío. En Vizcaya «son carlistas hasta las piedras y hasta los obreros de Somorrostro se van con la sublevación, poniendo en peligro la actividad minera».[417] Como en la guerra anterior, esta guerra, que en gran medida opone a los vascos al resto de España, les mueve a tomar conciencia de su propia personalidad y pone en relieve una serie de características que las distinguen marcadamente del resto del Estado.[418]

No falta bibliografía liberal que en esta guerra insiste de nuevo en el aspecto religioso, fanático, oscurantista y reacio a las «luces del siglo» de los insurrectos. Pero para estas sazones disponemos ya de datos concretos. El censo de 1860 había recogido por vez primera los porcentajes de analfabetismo de todas las provincias. En Badajoz alcanzaba el 75 % de la sociedad y en Almería subía hasta el 78 %. Nafarroa tenía un 44 %, un 40 % Bizkaia y Gipuzkoa, y Araba un 34 %. Y eso teniendo en cuenta que la mayoría del país era euskaldun,

---

417. Extramiana, op. cit., p. t. II, pp. 213, 449.

418. Garmendia, op. cit., p. 420.

buena parte del mismo monolingüe, y sin acceso por lo tanto a la escolarización castellana. ¿Atraso dicen? ¿Dónde?

Al hilo de esas pretendidas «luces» de las que tanto presumían los liberales, no me resisto a narrar una anécdota recogida a la familia Irujo, oriunda de Tafalla, cuando en 1838 tuvieron que escapar del Ejército español. El informe de los militares que registraron la casa se sigue guardando en el archivo familiar: «Confiscada la casa del jefe de partida carlista Manuel de Irujo Apastegui, no se ha encontrado nada de valor. Solo libros».

Sobre este tipo de datos pasa de puntillas la historiografía vasco-española actual, que nunca admitirá que los países donde con más fuerza prendió el carlismo y más se cuestionó el nacionalismo liberal español, Cataluña y el País Vasco, fuera donde más ilustración y mayor nivel de vida había. Eran los «cuatrocientos años de civilización» que el liberal Prosper Mérimée calculó que había entre Burgos y Vitoria. El carlismo, y el foralismo en general, dicen esos paniaguados, «acabó planeando sobre las grandes conquistas humanistas del siglo de las Luces, el concepto de estado de Hobbes, la libertad de pensamiento de Voltaire, la división de poderes de Montesquieu, la democracia pactista de Rousseau». En el relato foral, «lo que menos contaba era el individuo y sus derechos», nos dice Molina Aparicio, citando a Antonio Elorza, Mikel Azurmendi y Martínez Gorriarán.

Seguíamos pues siendo «trogloditas» y estábamos «más cercanos a los monos antropoides», así que, siguiendo el discurso de nuestros conspicuos historiadores, eso explica «el surgimiento del nacionalismo de Sabino Arana e, incluso, de la violencia terrorista de ETA».[419] Escriban de lo que escriban, venga o no a cuento, siempre tienen que acabar en lo mismo, en el odio al independentismo vasco.

---

419. Molina Aparicio, op. cit., p. 80.

¡Antes turco que español!

Tampoco faltaron en esta guerra los «barruntos» independentistas por ambas partes: en abril de 1873, *El Correo Vascongado* se hizo eco de las negociaciones entre los jefes carlistas, encabezados por Elío, máxima autoridad militar carlista, y el general republicano Nouvillas, llegándose «a un acuerdo en todos los puntos, a excepción hecha de la independencia absoluta de las Provincias Vascas y Navarra, que parece ser la única dificultad que aún resta por vencer».[420] Lo curioso es que *El Correo Vascongado,* que dio la noticia citando fuentes de Navarra, no se sorprendió de la misma, ni nadie al parecer se rasgó las vestiduras.

Justo Gárate cita un impreso según el cual «por 1873 hubo una reunión de jefes carlistas de toda Vasconia peninsular que se reunieron en Zumárraga y en la que se mostraban dispuestos a prescindir de la monarquía, según impreso propiedad de Don Julián Elorza y existente en la biblioteca de Don Julio Urquijo».[421]

El historiador Garmendia cita el testimonio de la esposa del pretendiente, recogido por un antiguo combatiente carlista llamado Aldalur, que afirmaba cómo Cánovas propuso a Carlos en un principio, con la intención de evitar el conflicto, la creación de un principado autónomo que agrupara a las cuatro «provincias Vascongadas», que se regirían por sus propias leyes, bajo el reinado de Don Carlos.[422]

Con tinte liberal, el 10 de junio de 1873, en plena guerra, se divulgó con profusión un folleto firmado por *El Aldeano navarro,* titulado «¡Viva Navarra!», en el que planteaba abiertamente «dejar de ser españoles, de pertenecer a la degra-

420. *El Correo Vascongado,* 19.IV.1973.

421. Garate Arriola, Justo. *El carlismo de los vascos.* Auñamendi. Zarautz 1980, p. 98.

422. Garmendia, op. cit., p. 662.

dada patria de Cádiz, Barcelona, Montilla, Málaga, Badajoz, Madrid, etc., a esa España atea, que solo expide patentes de liberal al que, a trueque de un currusco, se burla de lo más santo y respetable de la conciencia del hombre... ¡Antes turco que español!». El anónimo autor era el vecino de Caparroso y exalcalde, Juan Yanguas Iracheta. Decía que estaba rota «la política de simpatías o de no hostilidad» que existía con Castilla; marcaba sus distancias ideológicas con el carlismo, «causa cuya existencia no cabe en pleno siglo XIX», pero no deseaba su derrota, porque un desastre carlista sería un desastre para Navarra. Recordaba la «gran obra» de Maroto, pero deploraba el resultado de la ley de 1841, tan endeble «que para darle alguna consistencia a fin de que su descomposición se aplazara todo lo posible, le propinaron y propinamos de ley pactada». Ataca a Castilla y a su Ejército, que actúa en Navarra con «sentimientos de rencor, de venganza y exterminio», robando y destruyendo los pueblos. Levantar «las aduanas del Bidasoa y trasladarlas al Ebro», unirse a Francia, es según él la solución única, para la cual es necesario un caudillo, cuyo nombre no cita, «que nos reúna bajo este pabellón salvador».[423] Francia de este modo sería compensada de la pérdida de Alsacia y Lorena con la adhesión de las cuatro provincias, o bien la creación de un estado independiente al norte del Ebro. El proyecto de este liberal moderado no triunfó, pero vale la pena incluirlo en la larga lista de escaramuzas independentistas del siglo.

La situación internacional, con su popurrí de nuevos estados y naciones, ayudaba para este tipo de especulaciones independentistas entre los mismos liberales: el 29 de julio, *La*

---

423. Disponible en: https://binadi.navarra.es/registro/00008259. Irujo, op. cit., p. 109 / García-Sanz, *El navarrismo liberal: Juan Yanguas Iracheta.* UPNA 2008, p. 120.

Nación publicó un artículo con el expresivo título de «Patria» en el que advertía del peligro de que los países europeos se repartieran España como una nueva Polonia. En otro periódico se leía: «Las Vascongadas, gracias a sus fueros, no están ligadas a España sino por una unión personal semejante a la de Hungría y Austria, Noruega y Suecia. Así es que como se dice nación sueco-noruega, austro-húngara, debiera decirse nación hispano-vasca». La abolición foral era pues algo imprescindible para evitarlo.

Otros comentaristas del momento iban todavía más lejos en las comparanzas: «Algunos publicistas extranjeros al ver que hoy luchan las Vascongadas y la Herzegowina contra España y contra Turquía, recuerdan que estas luchas se reproducen cuando las primeras creen llegada una oportunidad; y osan deducir que así como Turquía se desmorona y es preciso repartírsela, se desmorona y es preciso repartirse España [...] Ello es que tal deducción halaga a Francia, que desea ensancharse de los Pirineos al Ebro».[424]

Era un tiempo en que la cartografía de Europa era líquida y muchos estados estaban sometidos a la tensión secesionista. La fuerza y no la historia –menos aún la razón– era la partera de las naciones. La antigua Vasconia, simplemente, era fuerte pero pequeña. «Cuestión de fuerza gravitatoria. Del mismo modo que las estrellas necesitan gran cantidad de masa cósmica y fuerza centrípeta que posibiliten su violento natalicio, las naciones precisaban tamaño, centralismo y violencia extrema para consolidarse. Como España; como Francia. Los vascos fueron demasiado pequeños, demasiado autónomos y demasiado pacíficos para imponerse a sus codiciosos vecinos. Sí lo suficiente porfiados para seguir existiendo, en eterna espera de que la ocasión se tercie».[425]

---

424. *El Imparcial,* 12.XII.1875. Cit. Molina Aparicio, p. 212.

425. Esparza Zabalegui, Jose Mari. *Cien razones por las que dejé de ser español.* Txalaparta. Tafalla 2006, p. 64.

¡Idos con Francia!

Sería prolijo citar las docenas de libros escritos por españoles que exigían hacer tabla rasa con las particularidades vascas, y que desde el inicio de la guerra prepararon el terreno para la abolición foral. Francisco Ruiz de la Peña es uno de ellos. Patriota español, no entraba en su cabeza que alguien pudiera sentirse diferente: «*Español* es nombre que ofende vuestro oído e irrita vuestro corazón: os hace más grato efecto el de *francés* o el de *chino* [...] ni *algos* siquiera tenéis de patriotas. Os oigo hablar de la nación con fría indiferencia, sino con durísimos desdenes [...] *Laurac-bat* (cuatro en una) dicen. Yo les respondo: somos cuarenta y nueve provincias en una gran provincia, en una gloriosa nacionalidad llamada ESPAÑA». Eso sí, advierte que no desea hacer rigurosa divisoria de límites: «Bajo los antiguos nombres de Vasconia y Euskaria he querido comprender la totalidad geográfica de las cuatro provincias». La solución estaba muy de moda aquellos días: que se *españolicen*, de lo contrario: «¡No más Vasconia! [...] Entre la angustiosa alternativa de devastar unas tierras, y la de sufrir toda una populosa nación el azote constante y sanguinario de los que en ella moran, la elección no es dudosa, por más que sea durísima». Además, ya se encargaban de recordarlo, se trataba de una lucha de 16 millones de habitantes, «siendo ellos bien poco más de medio».

Finalmente, vuelve a salir el fantasma de la independencia: «La Francia os codicia, vosotros la aduláis... ¡idos con Francia! Soñad en que ella os ha de perpetuar el Fuero... Y tú, república traspirenaica, que con tu complicidad facciosa, y contradictoria, conculcas el derecho internacional en daño de país vecino, ten presente que todo se paga en el tiempo». También recurre al ejemplo de Polonia «que de vez en cuando sacude una explosión de independencia que hace temblar a la Rusia, su colosal opresora». No hay pues solución: «¡Guerra tendréis! –dice la Patria España a los eúskaros– ¡y guerra desoladora pese a mis maternales entrañas!».

Lo curioso es que el furibundo español, cuyo espíritu sigue vigente en muchos columnistas de la prensa española actual, reconoce que todas las preminencias, el bienestar, el progreso, e incluso la falta de delitos, lo tienen los vasconavarros gracias a sus fueros, sobre todo a la exención del servicio militar... Al final era la envidia insana la tinta con la que se escribían muchos de aquellos libros y folletines.[426]

Campión tiene otra interpretación de esa querencia navarra hacia su vecina:

> La rivalidad nacional que entre España y Francia ha existido fue causa de que muchos españoles hayan criticado de reojo la vida histórica de Nabarra... los españoles han alabado los actos de su gobierno encaminado a destruir la idea nacional nabarra, porque se les antojaba que esta era una vida puramente francesa, ocultándoseles todas las divisas de una independencia nacional propia a la cual Navarra, como cualquier otro pueblo, tenía perfecto derecho.

Testigos de la segunda guerra

Como en la guerra anterior, los testimonios de los viajeros nos aproximan al ambiente y al sentimiento popular de los vascos y vascas. Son aquellas «miradas extrañas», que a lo largo de la historia han descubierto los pueblos del mundo para los demás, incluso para los mismos observados, por aquello de que nadie ve su propia joroba. En 1870 el reverendo británico Samuel Manning veía que los vascos «mantienen una orgullosa independencia de todo control extranjero

---

426. Ruiz de la Peña, Francisco. *Los vasco-navarros ante la España y ante los otros españoles*. 1874, pp. 10, 15, 16, 18, 62.

y que se niegan a someterse a los impuestos regulares o al reclutamiento militar».[427] Refiriéndose a las tres provincias que todavía conservaban sus fueros, Louis Teste, escritor y periodista francés, decía en 1872 que los vascos «forman un pequeño pueblo aparte [...] Viven de forma aislada e independiente de España. El gobierno no les aplica ningún impuesto de sangre o fiscal».[428]

Castillon es otro viajero francés atraído por la sublevación carlista de 1873. Los guipuzcoanos, navarros, vizcaínos y alaveses son según él de un carácter «realmente celoso de cuanto respecta a su independencia política [...] Cuando se instauró el régimen constitucional en España, se comenzó a restringir algunos de los derechos de que gozaban las cuatro provincias. Las sometió, sucesivamente, a obligaciones que les imponía, tales como contribuir al impuesto general, suministrar hombres al contingente del ejército, sacar suertes [la quinta], etc.; en definitiva, intentó quitarles en lo sucesivo parte de sus privilegios. De ahí nació la repulsión que los vascos siempre han mostrado hacia el régimen constitucional y que aún hoy se manifiesta contra el régimen republicano».[429]

El escritor francés Louis Petit de Meurville publicó en 1874 un relato sobre sus andanzas por el País Vasco: *Blancos y negros. Excursion en Pays Carliste.* En él nos presenta «un país singular el de las provincias vascas y Navarra», que «es beligerante por naturaleza, es esencialmente rebelde contra cualquier servicio activo en los ejércitos. Su independencia es lo más importante para él; ante todo, él es vasco». Admira la lengua y reconoce que «las dificultades de esta lengua

---

427. Manning, Samuel. *Spanish pictures drawn with pen and pencil. 1870.* Cit. Laborda, p. 363.

428. Teste, Louis. *L'Espagne contemporaine. Journal d'un voyageur.* París 1872. Cit. Laborda, p. 367.

429. Castillon, H. *Un voyage en Espagne, pendant l'Insurrection carliste,* en *L'Ilustration. Journal Universel,* 1873. Cit. Laborda, p. 371.

hacen que el espionaje no sea fácil en estas provincias para el ejército republicano; además, ¿quién es el vasco que se atrevería a espiar para el enemigo?».[430] Otro periodista francés, M. E. Doussault, a su paso por Hondarribi constató cómo se ha conservado «este gusto por la independencia, este orgullo sombrío, este orgullo ingenuo que es el carácter indeleble del vasco».[431]

El periodista suizo Auguste Meylan escribía sobre todo relatos de viajes, que realizaba por Europa por cuenta de los grandes periódicos francófonos. Sus experiencias del País Vasco en plena guerra carlista las recoge en su libro *A travers les Espagnes*. Del euskera señala que el pueblo persiste en conservarlo con la misma entrega con la que defiende sus fueros. «Son provincias que tienen vida propia, independiente y federativa, vida independiente que el gobierno de Madrid casi siempre ha respetado, pero que tendrá que desaparecer en la amalgama, esa fusión que los siglos disponen por mil circunstancias de cada día. Esto es lo que entienden los vascos y navarros, y esto es lo que los impulsa a aumentar las filas del pretendiente que quiere defender su autonomía».[432]

Luciano Cordeiro, escritor, historiador y político portugués, llegó en barco de vapor a Portugalete en plena guerra. Como les ocurre a tantos, se pregunta por qué un pueblo tan republicano puede apoyar a Carlos: *«E porque é que as Vascongadas teem sido o baluarte da reacção do despotismo e do clericalismo?»*. Y se contesta que «como dice Viardot la libertad es vieja y el despotismo nuevo». Dice que las tres provincias vascongadas son tres repúblicas y que «solo el despotismo no puede suprimir los fueros de las Vasconga-

430. Petit de Meurville, Luis. *Blancos y negros. Excursion en Pays Carliste*. París, Poussielgue Frères, 1874. Cit. Laborda, p. 364.

431. Laborda, op. cit., p. 372.

432. Meylan, Auguste. *A travers les Espagnes*. París 1876, p. 107. Cit. Laborda, p. 369.

das, como peleara con la espada y el verdugo los fueros de Aragón, de Castilla y del resto de España». «La constitución, emancipando a España, igualando los deberes y los derechos públicos, vio en los fueros de las Vascongadas un privilegio. Vio la excepción donde debía ver, hasta cierto punto, la regla. [...] Tomó las Vascongadas por tres provincias y no por una nacionalidad y por un Estado que era de verdad, y olvidó que en vez de un privilegio se trataba de un contrato. [...] Las Vascongadas son una región etnográficamente e históricamente distinta del resto de España y de Europa».[433]

El novelista y periodista irlandés John Augustus O'Shea llegó en 1872 como corresponsal de guerra del *Standart*. En su libro posterior escribe: «Hospitalarios y fanáticos, leales e ignorantes, comedidos y sucios, tales son los rasgos más destacados del carácter de los bravos vascos de las comarcas rurales que querían gobernar España, pero que no eran españoles ni de raza, ni de lengua, ni de temperamento, ni de sentimiento».[434]

Hasta Espartero el *Pacificador* reconocía esos mismos días la particularidad de la lucha vasca. En una entrevista que le hizo el diario británico *The Herald* reproducida por el periódico alfonsinista *La Época* (21.x.1872) dijo sobre las provincias vascas que «se hallan más cerca del internacionalismo que de la monarquía, aunque ellas mismas no lo conozcan».[435]

Vicent Kennett-Barrington, filántropo británico, estuvo en Euskal Herria, sobre todo en Navarra, cumpliendo misiones humanitarias con la Cruz Roja. A pesar de su estricta neutralidad, no puede evitar su admiración hacia lo que él

433. Cordeiro, Luciano. *Viagens. Hespanha e França*, Lisboa 1874, p. 110 / Laborda, op. cit., p. 373.

434. O'Shea, John Augustus. *Romantic Spain: A record of personal experiences*. London 1887, p. 266.

435. Shubert, Adrian. *Espartero el pacificador*. Galaxia Gutenberg. Barcelona 2019, p. 520.

llama «pueblo carlista», en el que ve inmerso todo el país vasconavarro: «era curioso ver cuánta hermandad y amor parecía existir entre los carlistas –escribía en 1876–. Ellos están completamente convencidos de que luchan por una causa noble y buena, la causa de Dios y de su rey, pero no dudan en admitir que también están luchando por sus libertades y fueros, que el resto de España no parece estar dispuesta a permitirles».[436]

El periodista estadounidense del *New York Herald*, Nicolás Thiéblin, nos visitó para informar sobre la segunda guerra carlista y acabó escribiendo un libro *Spain and the Spaniards* (Londres, 1874), en el que refleja el entusiasmo de todos los vascos con la causa carlista: «La quinta columna carlista –dice– era nada menos que todo el campesinado vasco-navarro». Y sobre todas las historias que circulaban por Europa sobre la barbarie carlista, Thiéblin afirma que se podía transitar por la zona que ocupaban sin armas y con la mayor seguridad y que hasta los curas se mostraban progresistas; por ejemplo, estaban en todas partes hablando de defensa de los Fueros y del rey, pero «nunca trataban de catequizar a los visitantes extranjeros». En repetidas ocasiones, repara en la buena acogida que entre los campesinos tenían las partidas carlistas y la indiferencia que mostraban ante los soldados de Ejército. En las filas carlistas vio un ambiente de camaradería propio de las tropas anarquistas de posteriores guerras. «De disciplina, tal y como se entiende en un ejército regular, no había prácticamente nada. Soldados y oficiales parecían estar en perfecto pie de igualdad y familiaridad [...] Si un voluntario carlista conoce a un oficial, cualquiera que sea su rango, le estrecha la mano sin ningún otro tipo de saludo».[437]

---

436. Esparza Zabalegi, *Vascosnavarros...*, p. 435.

437. Thiéblin, Nicolas. *Spain and the Spaniards.* Londres 1874. Cit. Laborda, p. 377.

El gaditano Emilio Castelar, escritor, gran orador y político republicano español, fue presidente del Gobierno durante la Primera República. En 1868 decía preferir la república federal «porque tenemos de ella, ejemplo en regiones como Navarra y Provincias vascongadas, gérmenes un día de la patria, gérmenes aún de la libertad». Siendo presidente de la comisión constitucional, terminó de redactar el proyecto de nueva constitución federal, según la cual Navarra y Vascongadas formarían conjuntamente un solo Estado federal. Hizo grandes discursos loando las antiguas libertades vascas, pero como ocurre al progresismo español, tenía un límite: la independencia. En mayo de 1874, en un discurso en Granada, veía así la guerra en las cuatro provincias:

> Entre nosotros, las poblaciones semi-separatistas por excelencia, son las poblaciones vascas [...] los que han nacido bajo el árbol de Guernica, el monumento más antiguo de la democracia en el mundo, los que han salvado a sus repúblicas de todas las invasiones, haciéndolas tan fuertes como las montañas contra las que rompen las bravas aguas del mar Cantábrico; los que se gobiernan a sí mismos por las instituciones más federales, quizás, de toda la tierra; porque están unidos a sus altares y a sus ídolos, porque viven apartados en sus hogares, a la vez del espíritu moderno y de la unidad nacional, porque ellos no respiran el aire cargado que respira nuestra conciencia; ellos han hecho de sus rocas, que nosotros saludamos como la base de los eternos municipios, los dólmenes sangrientos en donde se sacrifica la libertad; ellos han hecho de su árbol, cantado por los poetas y saludado por los oradores, el venerable manzanillo de la democracia; ellos han hecho de su hierro, que habían jurado emplear en defensa de sus libertades, espadas contra nuestros corazones, cadenas para nuestros brazos: ellos son hoy los esclavos de un rey absoluto y los parricidas asesinos de la patria. En el fondo de la guerra vasca, hay una tendencia separatista.[438]

---

438. Garmendia, op. cit., p. 620.

Una vez acabada la guerra y comenzada la poda total del árbol foral, Juan de Tellitu, político vizcaíno y padre de la provincia, escribió a la Diputación de Gipuzkoa la siguiente carta, motivada por la penosa situación por la que atravesaba el país:

> En Vizcaya radica el Árbol, y a Vizcaya está reservada su defensa en el último atrincheramiento presentando al Gobierno del Rey Alfonso XII, enteramente desnuda y franca la cuestión del derecho que tiene el país aforado a separarse, pacífica y amistosamente de la Corona de Castilla; procediendo al intento dentro de la más estricta legalidad, con todos los miramientos de buenos hermanos, y conciliando la justicia con la conveniencia de la Nación al realizarse este pacto. El país aforado, era libre e independiente, y al incorporarse respectiva y voluntariamente a la Corona de Castilla, lo hizo sin perder absolutamente nada de su especial modo de ser, así fue reconocido y ratificado con la solemnidad del juramento, por una serie continuada de Monarcas, durante una serie no interrumpida de siglos.
>
> Es pues llegado el caso, de que el país aforado, solicite legalmente la reparación de los desafueros inferidos, o se le reconozca el incuestionable derecho de formar entre el Pirineo y el Ebro, un Estado independiente, a la manera de una pequeña Suiza que siendo declarado neutral, sirva al mismo tiempo de una verdadera salvaguardia para España, evitando por esta parte una invasión extranjera.[439]

Ese mismo año de 1877, al final de la guerra, visitaba el país el escritor francés Louis Lucien Lande, redactor de la prestigiosa revista *Revue de Deux Mondes*. A su regreso en 1878 publicó *Basques et Navarrais*, donde de nuevo recurre al ejemplo suizo. Sostiene que los vascos han peleado en la guerra pasada por una libertad que se les niega y que si «tuvie-

439. Estornés Zubizarreta, Idoia. *Auñamendi Eusko Entziklopedia*. Voz «Tellitu Antunano, Juan de».

sen solamente el poder material que poseen Bélgica, Suiza o Portugal, no habría un diplomático que no se apresurara a reconocer su existencia oficial en todos los tratados».[440]

Como viene ocurriendo a lo largo del siglo, cabría preguntarse a cuántos cientos de observadores de la Segunda Guerra deberíamos recoger su testimonio para que la historiografía carpetovetónica reconozca el ambiente que vivía la gran mayoría del pueblo vasconavarro y su rechazo a las ofertas de españolidad que le hacían. «Orgullosa independencia... Viven de forma aislada e independiente de España» (Manning); «Su independencia es lo más importante para él; ante todo, es vasco» (Petit de Meurville); «Ha conservado este gusto por la independencia» (Doussault); «Tienen vida propia, independiente y federativa» (Meylan); «Luchaban por una nacionalidad y por un Estado que era de verdad» (Cordeiro); «No eran españoles ni de raza, ni de lengua, ni de temperamento, ni de sentimiento» (O'Shea); «Se hallan más cerca del internacionalismo que de la monarquía» (Espartero); «Luchando por sus libertades y fueros» (Kennett-Barrington); «En el fondo de la guerra vasca, hay una tendencia separatista» (Castelar); «Pelean por una libertad que se les niega» (Lande)... Se dice que para muestra basta un botón, pero a la historiografía oficial española no le basta ni una botonería.

Dos pueblos antagónicos

Entre 1865 y 1879 estuvo por el país el escritor italiano Antonio Carlo Napoleone Gallenga, e hizo reportajes sobre el desarrollo de la guerra, que luego reflejó en un libro, *Ibe-*

---

440. Lande, Lucien Louis en *Revue de Deux Mondes*, París 1877 / *Basques et Navarrais. Souvenir d'un voyage dans le Nord de L'Espagne*. París 1878.

rian Reminiscences. Fifteen years' travelling impressions of Spain and Portugal, en el que asegura que «la generalidad de la población de la parte norte y sur –Francia y España– de las montañas son de una misma raza vasca y por ella corre la misma sangre carlista [...] Una raza de montaña colocada como barrera, imposible de asimilar, incompresible; nada de francesa, nada de española».[441]

Este antagonismo lo refleja también Carlos de Bonilla, que publicó en Baiona el libro *La Guerre Civile en Espagne, 1833-1848-1872,* sobre todas las contiendas carlistas: «Hay en esta guerra civil de España una cuestión de principios y una cuestión de provincianismo. Para mucha gente en Navarra, un castellano es un extranjero; distinción inoportuna que podría tener algún día pésimas consecuencias».[442]

La diferencia de los vascos con lo que les rodeaba debía de ser destruido, nos dice Adolfo de Foresta, magistrado y político italiano, que publicó su experiencia nada más acabar la Segunda Guerra. Para Foresta, el problema vasco tenía un claro trasfondo religioso: «el carlismo no vive más que de su alianza con la superstición y el fanatismo clerical [...] Estas provincias formaron en su día la Vasconia y disfrutaron, junto con la vecina Navarra, de los famosos privilegios conocidos como "fueros". Los habitantes de estas provincias, los antiguos "euscari", son conocidos desde la antigüedad por su valor, su heroísmo y su amor a la independencia». Y vaticina: «Se puede decir que no tardará mucho en desaparecer el pueblo vasco como población autónoma y diferenciada [...] Ahora, con la gradual abolición de los fueros y la introducción del reclutamiento militar, ese gran factor de unidad [...] y con la paulatina penetración del ferrocarril, la enseñanza

441. Gallenga, Carlo Napoleone. *Iberian Reminiscences. Fifteen years' travelling impressions of Spain and Portugal.* London 1883, vol 1, p. 309.

442. Bonilla, Carlos de. *La Guerre Civile en Espagne, 1833-1848-1872.* Bayonne. Paris 1874. Cit. Laborda, p. 387.

obligatoria y las demás artes del progreso, del germen destructor de la ignorancia, el aislamiento y el fanatismo, las cosas cambiarán».[443] Este tipo de crónicas abundaron en el campo liberal y se parecen bastante a las que justificaban la conquista y desculturización de los pueblos indígenas americanos. Aquellos también vivían independientes, aislados en la superstición, y necesitaban que los estados modernos les llevaran el servicio militar, el ferrocarril, la enseñanza obligatoria en castellano, la privatización de sus tierras comunales, etc. Es el ABC del imperialismo.

La escuela estatal se encargará luego de que los pueblos oprimidos tengan dificultades en hilar su propio relato histórico. De eso era consciente un famoso etnólogo y lingüista francés, Léon de Rosny, gran conocedor de las culturas mesoamericanas. Escribió que los vascos eran conscientes de que «no son ni españoles ni franceses, y que se les enseña que su patria es, para unos, España, y para otros Francia». Pero desgraciadamente, les resulta difícil encontrar en los archivos las huellas de sus gestas, «para determinar sus derechos a la autonomía, si no a la independencia».[444]

De lo que albergo pocas dudas es que el día que Euskal Herria consiga ser un Estado independiente, o algo que se le parezca, las guerras carlistas serán analizadas sin ambages como guerras nacionales, en defensa de su identidad, en contra de sus invasores. La polémica sobre el carácter dinástico y contrarrevolucionario de las mismas, sin negar su interés, desaparecerá como lo harán el resto de resortes ideológicos del colonialismo. Mientras seamos dependientes, cualquier vistazo a la historia puede resultar subversivo, de ahí el obli-

---

443. Foresta, Adolfo de. *La Spagna. Da Irun a Malaga*. Bologna 1879, p. 120. Cit. Laborda, p. 394.

444. León de Rosny. *Souvenirs du voyage en Espagne et en Portugal*. París 1882. Cit. Laborda, p. 407.

gado uso de las orejeras oficiales –cronistas, universidades, libros de texto– con las que hasta nuestras grandes rebeliones nacionales se nos presentan como meros problemas domésticos «entre españoles».[445]

El filósofo catalán Ulises Moulines nos invita a consultar la *Enciclopedia Internacional de las Ciencias Sociales* para comprobar que en las guerras carlistas encontraremos fácilmente el embrión de nuestra nación, como «grupo humano ligado por la solidaridad común, cuyos miembros colocan la lealtad al grupo como totalidad por encima de cualesquiera otras lealtades contrapuestas». Interpretación que tiene tradición, pues proviene de John Stuart Mill y sus *Consideraciones sobre el Gobierno representativo*, publicadas en 1861. Lo que caracteriza una nación, según Mill, no es que ella ya *sea* un Estado, sino que es algo que *quiere tener un Estado*, y ello es así porque la esencia de la nación radica en el vínculo de solidaridad y cooperación, el cual es más fuerte entre sus miembros que con los miembros de otros pueblos.

Algunos autores sostienen que la comunidad de cultura, la conciencia de pertenencia, el proyecto común y relación con un territorio son las cuatro condiciones necesarias para que un grupo humano ostente el rótulo de «nación». No cabe duda que en las carlistadas se cubrió buena parte de las exigencias: cultura y etnia eúskara, administración independiente, territorialidad y hasta himno nacional en la segunda guerra. «Las naciones son etnias *políticamente conscientes* de sí mismas –nos matiza Moulines– o dicho más concretamente, son etnias que disponen de un programa político (en sentido amplio, no solo referido a partidos políticos) de preservación y desarrollo de su propia identidad». En los levantamientos del siglo XIX quizás faltó mayor claridad sobre el proyecto común, pese a esas incipientes, insistentes y signi-

445. Esparza Zabalegi, *Cien razones...*, p. 115.

ficativas demandas independentistas, que tomarían cuerpo definitivo poco tiempo más tarde.[446]

Delenda est Carthago

«El amor, madre, a la Patria
no es el amor, ridículo a la tierra
ni a la yerba que pisan nuestras plantas;
es el odio invencible a quien la oprime
es el rencor eterno a quien la ataca».

José Martí

En 1874, los carlistas dominaban todo el territorio vasconavarro, desde el Cantábrico y la frontera hasta el Ebro, a excepción de las cuatro capitales y las villas de Guetaria, Irún, Tolosa, Hernani y la Ribera de Navarra. La Junta Gubernativa de Navarra y la Diputación carlista de Álava declararon antiforales las ventas de comunales y multaron a los compradores. Los alaveses fueron más allá y anularon las ventas realizadas, lo que sin duda respondía al sentir popular entre las bases carlistas.[447] El Gobierno decretó deportaciones masivas de la población «maltratando» a los que simpatizaban con la causa carlista, «embargando y vendiendo sus bienes en pública subasta, incendiando sus hogares y talando sus campos». El general Moriones lo justificaba así: «más que los carlistas en armas, el país es quien nos hace la guerra». Mutatis mutandis, es el mismo argumento genocida que utiliza hoy día Israel para bombardear Palestina mientras escribo este libro.

El 30 de marzo de 1874 murió en Somorrostro el popular Teodoro Rada *Radica*, acontecimiento que recordó la muerte de Zumalacárregui en el mismo sitio de Bilbao y que trajo malos presagios entre las tropas, que lo consideraban incorruptible. «Habían perdido a Radica –escribió Unamuno en

446. Ibídem, p. 130.

447. Beltza, p. 67.

Paz en la Guerra–, su caballero Bayardo, el albañil de Tafalla, el que llevó tantas veces a la victoria a su segundo de Navarra. Nació entre los navarros con esta desgracia el desaliento, irritación y desconfianza [...] Y corría ya de boca en boca la palabra fatal: ¡traición!».

A finales de 1875, vísperas de la derrota, todavía se dieron amagos independentistas. El 19 de septiembre se leía en el periódico *La Bandera Carlista*: «Nos consta de una manera indudable que, gracias a la política de exterminio del partido alfonsino y a la inquebrantable fe de nuestros hermanos, el país vasco-navarro antes que someterse a D. Alfonso, se proclamaría independiente, caso de que Don Carlos VII, envuelto en su gloriosa bandera, cayera postrado en el campo de batalla». Como en 1834, a falta de rey, independencia.

En 1875, el Gobierno lanzó contra el país un ejército «de ocupación» de 120.000 hombres («el ejército más numeroso que ha visto España desde hace siglos», escribió la prensa) partido en dos: el «ejército de la izquierda», que por Araba atacó Bizkaia y Gipuzkoa, y el de la derecha, que rompió el frente carlista por Tafalla. En Peralta, Alfonso XII lanzó la última proclama a los vasconavarros de respetar los Fueros a cambio de abandonar las armas. Ni los suyos le creyeron. En la misma proclama, estúpida como las de su tataranieto, ofrecía a los vascos los «dones espléndidos de la civilización» y citaba como muestra «el silbido de las locomotoras».

«Es imposible hallar un país más faccioso que este. Las gentes, azoradas, nos miran como conquistadores», decía un corresponsal que acompañaba al ejército español. El mismo corresponsal contaba que por todas las partes recibían al rey vencedor con «Vivas a los fueros».[448] Extramiana aumenta la cifra del ejército de ocupación en 160.000 hombres, frente a

---

448. Giménez Enrich, Saturnino. *Memorias de la Pacificación*... Barcelona 1877, pp. 101, 157.

40.000 de los vasconavarros. Un responsable militar escribe al general Quesada: «¿Qué se propone el gobierno de Madrid desterrando a millares de familias, maltratando a todos los que simpatizan con la causa carlista, embargando y vendiendo sus bienes en pública subasta, incendiando sus hogares y talando sus campos?».[449] Estas prácticas de guerra salvaje se utilizarán poco después, y por los mismos mandos militares, contra el independentismo cubano, en la llamada «reconcentración».

THE GRAPHIC

SATURDAY, AUGUST 7, 1875

THE CIVIL WAR IN SPAIN—CARLIST FUGITIVES FROM VILLATUERTA

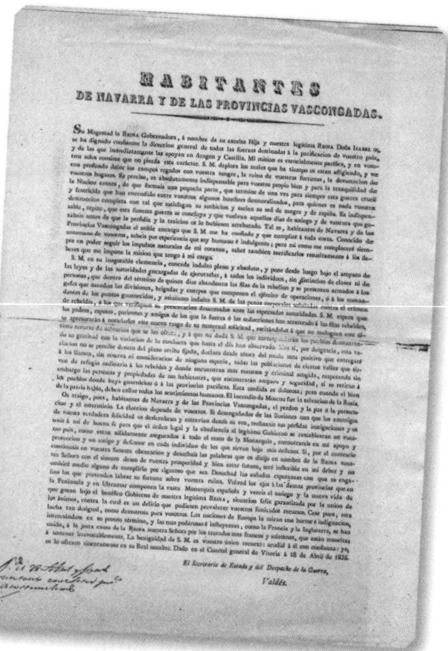
HABITANTES

DE NAVARRA Y DE LAS PROVINCIAS VASCONGADAS.

[illegible]

El Secretario de Estado y del Despacho de la Guerra,

Valdés.

do su gratitud con la variacion de la conducta que hasta el dia han observado. Mas si, por desgracia, esta variacion no se percibe dentro del plazo arriba fijado, declaro desde ahora del modo mas positivo que entregaré á las llamas, sin reserva ni consideracion de ninguna especie, todas las poblaciones de ciertos valles que sirven de refugio ordinario á los rebeldes y donde encuentran mas recursos y criminal acogida, respetando sin embargo las personas y propiedades de sus habitantes, que encontrarán amparo y seguridad, si se retiran á los pueblos donde haya guarnicion ó á las provincias pacíficas. Esta medida es dolorosa; pero cuando el bien de la patria habla, deben callar todos los sentimientos humanos. El incendio de Moscou fue la salvacion de la Rusia.

Os traigo, pues, habitantes de Navarra y de las Provincias Vascongadas, el perdon y la paz ó la persecucion y el esterminio. La eleccion depende de vosotros. Si desengañados de las ilusiones con que los enemigos

Portada del *The Graphic* del 7 de agosto de 1875. Los habitantes de Villatuerta huyendo del Ejército español tras sus bandos de exterminio.

---

449. Extramiana, op. cit., t. II, pp. 340, 342.

Fue la deshecha, la corajina final que dijo Unamuno: «el defenderse como gato tripa arriba para morir matando. Defendiéndose de la avalancha, reculando de risco en risco y de monte en monte, cediendo valle a valle y palmo a palmo, aquella tierra en que implantaron un Estado chico, con sus sellos de correos, sus perros grandes y su Universidad». El resto ya es sabido: exilio, ocupación militar del país, abolición de los Fueros vascongados, implantación definitiva del sistema de quintas, venta forzosa de inmensos terrenos comunales, emigración... «Conviene no olvidar que el conflicto –dice el historiador Garmendia– se reduce rápidamente, grosso modo, a una guerra entre España, con todo su aparato de estado, y casi la totalidad de la población vasca que apenas representa el 5 % de la población del estado. Es indudable que la guerra ha contribuido a que nazca o se acreciente la conciencia nacional de una parte de la población vasca».

Efectivamente, las sublevaciones carlistas fueron una de las grandes epopeyas que jalonan el imaginario de los pueblos y los reafirman como naciones. A veces no importan tanto los objetivos concretos de la lucha como lo que se quiere combatir, por temor, odio, autodefensa o reacción de tribu. «Por amor a mis paisanos» que dijo Iparragirre. El antagonismo con lo español, tanto en política (fueros) como en idiosincrasia, fue la gran levadura del conflicto. La brutal invasión militar hizo el resto.

El final de las guerras unificó todo Euskal Herria, pues tuvo grandes complicidades hasta en las provincias de Iparralde. El *Laurak Bat*, el *Zazpiak Bat*, el *Gernikako Arbola*, *«Jaungoikoa eta Foruak»*, el euskera, la prohibida txapela, el folclore, las tradiciones, etc. pasarán a formar parte del imaginario del fuerismo y del nacionalismo vasconavarro posterior. Unamuno lo representa así en uno de sus personajes: «Juan José, fuera de sí desde la abolición de los fueros, echa chispas, pide la unión de los vasconavarros todos, tal vez para una nueva guerra, guerra fuerista... Ha dado en desear saber vascuence».

Los intentos de los liberales fueristas por conservar los Fueros fueron inútiles. El gobernador militar de Vizcaya prohibía en 1876 «la publicación de todo escrito favorable a los Fueros»,[450] otra muestra más de liberalismo español. El Ayuntamiento de San Sebastián insistía al Gobierno en que «todos los vascongados liberales aman con delirio los Fueros, en que estos son completamente compatibles con la unidad de la monarquía y en que su abolición creará focos de agitación y de trastornos». No andaban desencaminados los liberales fueristas, y acertaron en su pronóstico. Pero lo que no se había logrado con las armas en la mano ya no se iba a conseguir con escritos y lamentos.[451]

El fin de la guerra se celebró en España como una conquista: «¡Soldados... Fundada por vuestro heroísmo la unidad constitucional de España, hasta las más remotas generaciones llegará el fruto y las bendiciones de vuestras victorias!», había dicho Alfonso XII a su ejército en Somorrostro. «Antes que nada [...] un entusiasta saludo a esa bandera de Castilla que dio sus leyes al Nuevo Mundo, al verla hoy extenderse hasta las márgenes del Bidasoa», se leía en *El Imparcial*.

¡¡¡Abajo los Fueros!!!
Coro de cuarenta y cinco provincias:
¡¡¡Abajo... Abajo!!!! ¡¡¡ Viva la Unidad Nacional!!!
Tenemos, pues, la razón y el número:
en los países libres no se necesita más para vencer.[452]

El periódico *El Imparcial* (7.XII.1875), bajo el título *«Delenda est Carthago»*, se refería de este modo a la necesidad de suprimir los «privilegios» forales: «es preciso que así con-

450. Beltza, op. cit., p. 157.

451. Ibídem, p. 73.

452. *El Imparcial*, 4.III.1876.

servadores como liberales, así los partidos moderados como los más extremos, recuerden a toda hora que, mientras una sola de las libertades del fuero impida la completa identificación española de aquellas regiones, acechará el euskaro el momento de debilidad de su generoso vencedor».

En 1876 se editó en Madrid *La abolición de los fueros vasco-navarros*, de Francisco Calatrava, en el que acusa a los vascos de haber traído la ruina a España y exige abolir los Fueros, no solamente como castigo a los culpables, sino como seguro y defensa contra nuevas rebeliones. «Es anómalo, injusto y absurdo que dentro de un Estado, haya otro pequeño Estado venturoso, bendito y sagrado, que se ampare en todo lo beneficioso». El pueblo vasco es fanático, ciego. Las cuatro provincias «ignorantes, atrasadas, incomunicadas con el espíritu de la época, refractarias a la idea liberal», estaban pobladas por gentes que tenían en sus venas «no gotas, sino litros de la sangre de Caín». Eran, como rubricó Pérez Galdós, «la tierra del martirio español». Colocada entre el Ebro y los Pirineos, «habitada por campesinos fanáticos de la religión y el feudalismo». Había pues que destruir el semillero cainita e incorporarlo definitivamente a la nación.[453]

El diputado Augusto Ulloa fue igual de expresivo: «A los vascongados les sucede como a los niños que es preciso darles, contra su voluntad, lo que les conviene. Sin duda para los vascongados se inventó el proverbio español: "quien bien te quiere te hará llorar"». Y continuaba enumerando lo que hubo que darles por su bien y contra su voluntad: jueces de primera instancia, aduanas, Guardia Civil, industria... Los vascos eran un pueblo en minoría de edad, infantil, que no entendía ni su propio interés, como correspondía a su carácter campesino.[454]

---

453. Molina Aparicio, op. cit., pp. 32-36.

454. Ibídem, p. 162.

No faltaron en el liberalismo español voces que advertían del peligro, de no atajarse a tiempo, de que al final se formase una nacionalidad competitiva con la española, ya que «el principio que constituía el modo de ser del pueblo euskaro no era español, pues el carácter nacional estaba animado por el liberalismo y el de los vascos por la teocracia». Calatrava, el visceral liberal, insistía en esa idea: «este es otro país diferente al resto de España en usos y costumbres, en ideas y pensamientos [...] aquí hay vivientes dos espíritus, dos doctrinas, dos civilizaciones [...] no revelan una sola nacionalidad completa, un solo Estado unido, un solo pueblo fusionado; sino dos pueblos sin fundir, dos colectividades por unirse, que teniendo igual fuerza material para la resistencia, podrían formar dos diferentes Estados, dos distintas nacionalidades».[455] En las páginas de *El Cañón Krupp* se podía leer la sentencia de Daniel Ortiz: «Las provincias Vascongadas tienen tanto de españoles como yo de obispo», reflexión que era, si queremos creer a Molina Aparicio, «ampliamente compartida en la esfera pública liberal».[456]

Son curiosas este tipo de citas, muy abundantes en el campo anticarlista de entonces y de ahora, hablando del antagonismo entre las dos nacionalidades, cuando al mismo tiempo se insiste, y por los mismos autores, en que en las sublevaciones carlistas no existió un imaginario nacional vasco. Les da igual: el papel aguanta lo que le echen.

Arrancar de raíz el Árbol de Gernika

El 21 de julio de 1876, Cánovas suprime los Fueros de las tres provincias, e impone a las cuatro un estado de excepción que durará hasta noviembre de 1879. Tres años de régimen

455. Ibídem, p. 180.

456. Ibídem, p. 180.

militar a un país que ya no estaba en guerra, con deportaciones, detenciones y una férrea censura de prensa que prohibía expresamente cualquier crítica a la abolición foral. También se prohibió cantar el *Gernikako Arbola.* Fue, como decía Sagarmínaga, «la edad de las bayonetas», para «robustecer el pensamiento de la unidad constitucional apoyado en el brillo de las bayonetas triunfadoras». A algunos todo les parecía poco: «lo más conveniente hubiera sido arrancar de raíz ese árbol de Guernica [...] objeto de idolatría para los vascos, y que solo frutos de maldición ha tenido para el resto de españoles», decía el periódico *La Patria.*[457] El liberalismo burgués había conseguido sus objetivos militares: España sería un estado centralizado y uniforme. Los vascos irían a quintas; los comunales serían privatizados, lo que originaría una conflictividad social que, en muchos pueblos, sobre todo en Navarra, concluiría con las matanzas de 1936.

Coincidiendo con la abolición foral, se desata una fuerte campaña en todo el Estado contra la lengua vasca, para que «allí el soldado de la Nación, el sacerdote en el púlpito y el maestro en la cátedra hablen la lengua de España sin otras menudencias».[458] El euskera, una menudencia. Castelar ya había explicado en el Congreso la necesidad de una activa nacionalización de los vascos, y una imposición de «muchos maestros de escuela pagados por el presupuesto nacional que enseñen las nociones de una ciencia nacional». ¿Recuerdan en tiempos del franquismo la asignatura de «Formación del Espíritu nacional»? Pues eso mismo. A los dos días de su discurso, desde la prensa apoyaron a Castelar diciéndole que con la abolición de los Fueros, además de la educación pública, «los vascos podrán ir poco a poco calmando su espíritu [...] y los ferrocarriles irán introduciendo en el país la lengua

457. Ibídem, p. 123.

458. *La Época*, 21.v.76.

patria, las costumbres y la nacionalidad, pues el mejor agente de civilización hoy día es, además de los principios del cristianismo, la locomotora, el vapor aplicado a la maquinaria y la telegrafía eléctrica».[459] Así pues, un Estado que en la mayoría de sus provincias duplicaba en analfabetismo al País Vasco nos daba lecciones de cultura. Locomotoras introduciendo la lengua española... Como en el Far West, introduciendo el inglés en tierras comanches. Nada más patético que el liberalismo español, cuando se salía del guión exclusivamente militarista y recurría a las ideas para extirpar el euskera y abolir nuestras libertades.

La campaña antifuerista echó mano de los recuerdos históricos para demostrar el secular antipatriotismo vasconavarro. Y se remontaron a la Guerra de la Convención y al oneroso precio que hubo que pagar a Francia –la isla de Santo Domingo– a cambio de recuperar a las «provincias traidoras». También en la guerra de la Independencia, el mito fundador de la nación española, los vasconavarros estuvieron dispuestos a transar con los franceses a cambio de conservar sus fueros. Y las provincias vasconavarras, siempre dispuestas a organizar ejércitos de 30 y 40.000 hombres, apenas habían suministrado «al valiente Mina 3 ó 4.000 en la Guerra de la Independencia». La desidia de los tercios vascongados en las guerras de África y Cuba; la participación de los vascos en favor de la independencia de las colonias americanas... Lo bueno que tenía todo aquel argumentario españolista liberal es que reafirmaba la idea de que, efectivamente, los vasconavarros no formaban parte del proyecto nacional español.

La presión castrense fue decisiva para la abolición foral. *El Correo Militar* (25.III.1976), periódico de Madrid «dedicado a defender los intereses del Ejército», se preguntaba: «Las provincias vasco-navarras, ¿son o no españolas? En el primer

---

459. *El Diario Español*, 11.XII.1876. Cit. Molina Aparicio, p. 223.

caso no deben repugnar el ser regidas por las mismas leyes que las demás, no deben insistir en la conservación de privilegios siempre odiosos. Si prefieren ser antes vascas que españolas, queden enhorabuena con sus Fueros, pero formen estado aparte, prohíbanse que ningún natural de allí desempeñe cargo alguno en ningún ramo, póngase estrecho sitio a sus fronteras». El mismo periódico decía que «los Fueros de las provincias vascas dejaron de existir desde el momento en que sirvieron de tacos para cargar los fusiles contra los soldados de la Patria», y se exigía su abolición porque «el Ejército no los quería» (7.III.1876). Y todos los militares cobardes, que habían corrido como conejos ante Gandul, el caballo de Radica, se apuntaban ahora a la degollina de los Fueros. A moro caído, gran lanzada, había dicho el clásico español.

Como castigo de guerra, se impuso a Navarra el convenio Tejada-Valdosera, que estranguló económicamente a la provincia. «Con una Diputación nombrada por Real Orden [...] el país ocupado militarmente, Navarra no tuvo más remedio que callar», resumió el tudelano Gregorio Iribas. El Ejército de ocupación fue de vital importancia para sofocar las protestas por la imposición de las quintas, así como para sujetar las revueltas campesinas derivadas de la privatización de los comunales. El Regimiento América 66 fue acuartelado de forma permanente, con una misión concreta y policial, que todavía puede leerse descaradamente en los anales del regimiento: «La custodia de Navarra».

Angulo y Hormaza expresó así esta situación de histeria general: «En ningún tiempo de la historia, en ningún país del mundo ni aún entre naciones rivales y enemigas, se ha visto jamás estallar el odio con formas tan violentas y con encono tan ardiente como se vio en España en esta ocasión contra los hijos del País Vasco. Y en cambio, a los que hacían alardes de fueristas o se defendían de los ataques de antifueristas, se les encerraba en una cañonera y eran conducidos a apartados destierros, solo por el crimen nefando de amar a su país se consideraban como subversivos».[460]

Las consecuencias posteriores de la derrota son por todos conocidas. No se puede explicar la historia contemporánea de Navarra sin entender las guerras carlistas, ni entender estas fuera del contexto de la unidad vasca y de una creciente conciencia nacional y social. Pero del mismo modo, el centralismo español sacó sus enseñanzas sobre esta unidad vasca del siglo XIX, y la separación de las cuatro provincias se convirtió, con más o menos virulencia, en su objetivo estratégico hasta nuestros días.

Hubo honrosas excepciones y aquí vale la pena recuperar las palabras que Pi i Margall, presidente español durante la Primera República, escribió al acabar la guerra carlista:

> Vencidos, se trata actualmente no de arrancarles sus fueros, pero sí de quitarles la exención del servicio militar y de los tributos. ¿Serán porque se los quiten más españoles? ¿Participarán más de nuestras ideas y de nuestros sentimientos? ¿No será resultado natural de la diversidad de razas ese antagonismo que entre ellos y nosotros existe? A poco que se combinen aquí los diversos criterios para la teoría de las nacionalidades, tengo para mí que se habría de estar por la independencia de los vascos. ¿La consentirá España?[461]

No, no la consintió, sino todo lo contrario. Empero, Euskal Herria sigue viva. Los sociólogos, politólogos e historiadores deberían observar el mapa de aquel Estado carlista en Navarra, repetido en las dos guerras, con sus mugas por el sur hasta el río Aragón, y compararlo con el mapa lingüístico de

---

460. Angulo y Hormaza, J. M. de. *La abolición de los fueros e instituciones vascongadas.* Auñamendi 1976, p. 87.

461. Pi i Margall, F. *Las nacionalidades.* Madrid, 1877. Centro de Estudios Constitucionales, 1896, pp. 62-63. Cit. Joseba Agirreazkuenaga.

Bonaparte de 1863; con el referéndum de la OTAN de 1986 y con el voto independentista en las recientes elecciones autonómicas de 2023. Son asombrosamente calcados. Los mismos pueblos y valles que antaño fueron calificados de reaccionarios, fanáticos, ultra religiosos, serviles y monárquicos hoy son tildados de revolucionarios, ultraizquierdistas, laicos y republicanos. Eso sí, hoy como entonces siguen teniendo difícil encaje en el constitucionalismo español y son catalogados de rebeldes, anticapitalistas, fanáticos de sus libertades y tan apegados a su lengua y tradiciones cuan desafectos al Ejército, a la Guardia Civil y a la monarquía constitucional española. ¿Atavismos raciales y políticos? ¿Tendrán los pueblos memoria propia más allá de los anales y de lo que digan los historiadores? Tal vez sí, y tendría razón Eduardo Galeano cuando escribió: «La memoria guardará lo que valga la pena. La memoria sabe de mí más que yo; y ella no pierde lo que merece ser salvado».

Gernikako Arbola: «objeto de idolatría para los vascos, y que solo frutos de maldición ha tenido para el resto de españoles».

Entrada en Baiona con el himno nacional

> «Si no tienes la fuerza,
> debes tener la leyenda de la fuerza».
>
> Proverbio vietnamita

Los historiadores suelen finalizar la última guerra carlista de forma un tanto aristocrática, con el grito de «¡Volveré!» pronunciado en Arnegi por el pretendiente Carlos, promesa que nunca cumplió. Sin embargo, hay otro final mucho más político, bello y popular, que no se cita en los libros de historia y que ayuda a explicar muchas cosas de aquella sublevación y de los acontecimientos posteriores.

La guerra anterior también tuvo un final epopéyico. Fue la entrega negociada y honrosa del último bastión carlista, el castillo alavés de Guevara, cuando, según recogió el cronista inglés Alexander Ball, «se dieron tres vítores por los Fueros, con tal vehemencia, especialmente entre los carlistas, que sonó el eco en los montes cercanos como un trueno».[462]

El final épico de la Segunda Guerra lo contaremos de la mano del Comte Remacle, que a la sazón era subprefecto del distrito de Baiona entre marzo de 1875 y junio de 1877, y nos ofrece un recuerdo personal de los últimos meses de la carlistada. Los restos del ejército vasconavarro, 6.500 hombres, entre ellos algunos batallones castellanos, empujados por el Ejército «de la Nación», llegaron a la frontera bajonavarra frente a Donibane Garazi. No querían rendirse ni volver derrotados a sus pueblos. Preferían el exilio o el pasaje para las Américas. El 28 de febrero, los carlistas depusieron las armas y cruzaron la frontera. El pretendiente dijo su «Volveré», marchó a Pau y unos días después fue dirigido a París.

---

462. Santacara, op. cit., p. 368.

Según el subprefecto, los soldados acababan de hacer veinte leguas en las montañas por senderos de cabras, donde literalmente habían dejado el calzado, tanto que tuvo que traer de Baiona varios miles de pares de zapatos. El general Pourcet llegó a Garazi para garantizar el desarme de las tropas carlistas.

> La pequeña ciudad de Saint Jean, incapaz de alimentar a la masa de refugiados con sus propios recursos, gritó hambre. A petición del general, requisé los suministros de alimentos de reserva de la ciudadela de Bayona y se los envié de turno. Cuarenta y ocho horas después, el general me telegrafió que dirigía a Bayona a cinco mil soldados carlistas, mil quinientos oficiales y trescientos caballos. [...] El telegrama del general Pourcet me llegó a las diez de la noche; los refugiados debían llegar en la mañana del día siguiente. Se sabe que los refugiados militares, una vez desarmados por la autoridad militar, están a expensas y a disposición de la autoridad civil. Por la noche, pedí lotes adicionales de todos los panaderos de la ciudad, compré carnes curadas y preparé las vastas instalaciones del arsenal naval en desuso. Cuando llegaron las columnas de refugiados, todo estaba listo para recibirlos.
>
> Estas valientes personas acababan de caminar ciento veinte kilómetros de pie y con el estómago hueco. Sin embargo, caminaron en muy buen orden y con un paso alerta, coreando su marcha con el canto nacional de los vascos: *Guernicaco Arbola*, bien equipado por el camino y el aire marcial bajo sus boinas en varios colores, según los cuerpos a los que pertenecían. Uno no podía evitar admirar su resistencia física y moral.[463]

Ojalá alguna vez la literatura o el cine vasco representen esa hermosa entrada en Baiona con más fidelidad que los histo-

463. Comte Remacle. «Les Carlistes. Souvenirs de la frontière», *Revue des deux mondes*. París 1899, p. 197.

riadores. Porque ¿qué hubieran dicho algunos de estos si en lugar de entrar cantando el himno nacional vasco lo hubieran hecho entonando el *Dios, Patria y Rey*[464] o con gritos en favor del monarca?

Pero no. Fue cantando el «*chant national des Basques: Guernicaco Arbola*» como finalizó la última gran sublevación armada vasca del siglo XIX:

Gernikako Arbola
da bedeinkatua
euskaldunen artean
guztiz maitatua
eman ta zabal zazu
munduan fruitua
adoratzen zaitugu
arbola saindua

Tras un esfuerzo titánico, que todavía no ha reconocido la historiografía vasca como merece, la conciencia nacional había quedado asentada en Euskal Herria y se siguió manifestando durante el siguiente siglo y medio, hasta nuestros días. Pese a las prohibiciones, a los embates del centralismo español y a los avances del liberalismo depredador, el pueblo vasco siguió cantando el *Gernikako Arbola* en todas sus expresiones reivindicativas, como si aquella entrada en Baiona solo hubiera sido el anuncio lírico de un nuevo ciclo liberador. Y se escuchó en todos los pueblos navarros en las jornadas vibrantes de la Gamazada; y en la Sanrocada donostiarra, donde no pudo acallarlo ni la masacre –seis muertos– de la Guardia Civil; y lo cantó Sabino Arana en Castejón, uniendo su nueva bandera con la de los jóvenes republicanos

---

464. *Dios, Patria y Rey, Hymno patriótico a S. M. Carlos VII de Borbón y de Este*. Poesía y Música José Amat, Teniente Coronel del ejército Real. Museo Zumalakarregi.

vasconavarros[465]; y sonó en Verdún, y en los campos de concentración de Prusia, donde los soldados vascos, *«morts pour la Patrie»,* se sabían diferentes; y lo cantaban los obreros de Gallarta, para que lo aprendiera una joven y apasionada Dolores Ibárruri; y sonó ilusionado en Eibar y en todos los pueblos que celebraron un 14 de abril el parto republicano; y en las Cortes españolas cuando se formó el Gobierno del Frente Popular; y en todo el mundo, y en todas las lenguas, tras el bombardeo de Gernika. Y hasta los anarquistas quisieron que fuera el himno de todas las naciones ibéricas. Luego, en extraña coincidencia, Tomás Meabe de las Juventudes Socialistas, Julián Zugazagoitia del PSOE y Txabi Etxebarrieta de ETA dejaron escrita la misma idea: *La Internacional* y el *Gernikako Arbola* son dos caras de una misma moneda libertadora. En los años 60 el carlismo antifranquista ocupó *manu militari* emisoras para difundirlo y hasta los jóvenes de Jarrai pusieron la letra en sus manuales de formación porque, como dijo Lissagaray, «el hijo debe saber por qué derrotaron a su padre».

Uno de aquellos manuales de formación había sido utilizado por Mikel Castillo, antes de que lo mataran en la calle del Carmen de Iruñea, junto al domicilio de Zumalakarregi. Algunos dirán que lo uno nada tiene que ver con lo otro... Yo no estaría tan seguro. Un reconocido historiador, Vicente Garmendia, destaca la relación entre carlismo y psicología vasca, relación que alarga hasta nuestros días: «En el fondo de todo vasco, sea quien sea, está eso que llamamos carlismo. Algún nombre hay que dar a esa querencia. La última versión de ese carlismo es la ETA».[466]

---

465. Galarza Arranbide, Teodoro. *Memorias de un liberal. Tafalla, 1808-1932.* Altaffaylla 2024.

466. Cit. Molina Aparicio, p. 276.

Y acabo el libro haciendo una pregunta unamuniana: la vida de Mikel, la de Tomás, la de Radica, la de miles de paisanos y paisanas que la ofrecieron pensando en lo mejor para su pueblo... ¿fueron vidas perdidas? «Eran almas hermosas –nos contesta don Miguel– [...] Tales vidas son la atmósfera espiritual de un pueblo, la que respiramos todos y a todos nos sustenta».[467]

Agur eta ohore.

467. Unamuno, *Paz en la guerra*. Cit. Azurmendi, Joxe. *Bakea Gudan. Unamuno, historia eta karlismoa*. Txalaparta. Tafalla 2012, p. 50.

Epílogo

Xabier Irujo Amezaga
Historiador
Director del Centro de Estudios Vascos
de la Universidad de Nevada

En *Zumalacárregui y la República de los Pirineos*, Esparza expone un discurso historiográfico y defiende cinco tesis fundamentales sustentadas de forma rotunda en una magnífica compilación de datos, documentos y otros recursos bibliográficos y archivísticos. Es un discurso, porque está escrito en una prosa ágil que se lee fácil y discurre lógicamente a través de las diversas ideas nucleares que lo jalonan. Al mismo tiempo es una amonestación, porque nos recuerda qué éramos hace dos siglos, cuando el pueblo vasco se levantó para defender lo que cualquier otro pueblo de la tierra habría defendido, su identidad colectiva, su ser como nación y su realidad política, económica, social y cultural. Pero es asimismo una admonición, porque el autor nos recuerda qué es lo que perdimos en aquel siglo convulso, y de cuánto nos hemos olvidado por no oír a nuestros mayores o no haber sabido leer nuestra historia.

Muchos de nosotros hemos andado por las campas de Abartzuza, en el Deierri, a las faldas de Andimendi, Urbasa y Lokitz. Es un paisaje magnífico. Allí está la encina de Eraul, que habiendo cumplido medio milenio fue designada «monumento natural» desde 1991. A tan solo cuatro kilómetros al norte se encuentra el monasterio de Irantzu, de 1176, que fue declarado bien de interés cultural en 1931. Y a un kilómetro al sur se eleva otro monumento. Se trata de un pilar truncado que fue erigido en conmemoración del general Manuel Gutiérrez de la Concha, marqués del Duero y Grande de España. En junio de 1874 el ejército liberal inició su ofensiva contra Estella, y los más de 40.000 hombres al mando del general y sus 80 cañones se enfrentaron entre el 25 y el 27 de junio contra los escasos 14.000 hombres y tres cañones de los generales carlistas Antonio Dorregaray y Torcuato Mendiri. Sin apenas víctimas, derrotaron a Concha, que murió en Abartzuza junto a 1.500 de sus hombres. No hay referencia al bando carlista en Abartzuza, ni placas ni inscripciones, pero el monolito truncado conmemora al general Manuel Gutiérrez de la Concha, marqués del Duero y Grande de España, sin mencionar la derrota y la inútil pérdida de vidas humanas que supuso su catastrófica acción. Tampoco hay una inscripción informando que después de siete siglos, el ministro de Hacienda de Madrid, Juan Álvarez Mendizábal, ordenó incautar Irantzu, que pasó a ser propiedad del Estado, y obligó a los monjes a desalojarlo. Así se ha escrito la historia de nuestro pueblo. Ninguna placa recuerda la ofensiva de los tres batallones navarros y el de Azpeitia en Eraul, cuando en mayo de 1873, al mando de Dorregaray, capturaron al coronel liberal Joaquín Navarro y uno de sus cañones.

Hay que leer para no olvidar.

Primera tesis. La hermandad de Araba, el señorío de Bizkaia, la provincia de Gipuzkoa y el reino de Navarra eran estados independientes en 1833.

Cuando Zumalakarregi se echó al monte en el otoño de 1833, Navarra era un estado independiente. Son ya muy pocos los autores que niegan este hecho histórico: Navarra fue un estado independiente de iure y de facto durante mil años, desde que Eneko Aritza fue coronado en 824 hasta el verano de 1841, cuando, tras una guerra de siete años, una ley convirtió al reino en provincia. Es una realidad contundentemente documentada. En castellano se suele traducir así: «Navarra es una de las actuales comunidades autónomas españolas que durante algún tiempo disfrutó de un régimen jurídico propio». En este contexto «algún tiempo» significa «diez siglos» y «régimen jurídico propio» significa «independencia».

En este contexto es preciso explicar qué significan los conceptos «estado» e «independencia» desde una perspectiva historiográfica.

El reino de Navarra no fue la dependencia ni estuvo bajo la influencia de ningún otro reino, ni de ninguna otra potencia durante mil años. Los Estados Generales de Navarra publicaron una defensa de la independencia de Navarra en 1789 titulada *Le Tableau de la Constitution du Royaume de Navarre*, y declararon sin ambages que Navarra era un «reino distinto e independiente» de Castilla y de Francia, y que Francia, Castilla y Navarra eran «reinos independientes». Añadieron que los reyes de Navarra habían jurado durante siglos que no podían hacer unión, anexión ni incorporación del reino a otro reino o tierra, y que, si lo hicieran, todo sería nulo por su naturaleza y sin efecto ni valor legal. Añadieron aún que era decisión de los Estados Generales de Navarra y deseo de los navarros que el reino fuera independiente y conservara su constitución, que en el vocabulario de las cortes eran sus fueros.

Las cortes utilizaron siempre el término «reino» para hacer referencia al estado navarro y hay quien afirma que historiográficamente el término «estado» solo se puede aplicar a aquellos territorios soberanos posteriores a 1789, y que utilizar el término conlleva una «trampa epistemológica». Yo no coincido con esa opinión.

El concepto de estado al que me remito en este epílogo es, por definición, una entidad política que posee un gobierno, un territorio definido y una población permanente. Un estado tiene la capacidad de establecer y hacer cumplir leyes dentro de su territorio y es reconocido por otros estados soberanos. Entre los elementos constitutivos de un estado se incluye el territorio, la población, el gobierno y la soberanía. La soberanía implica la independencia y la capacidad de autogobierno. Algunas de las funciones principales de un estado son mantener el orden público, garantizar la seguridad, administrar justicia, proveer servicios públicos y representar a la nación en asuntos internacionales. Además, según los Estados Generales de Navarra, sobre muchas otras materias urgentes, la función principal del estado navarro era garantizar el bienestar y la felicidad de sus habitantes.

Es cierto que un «estado» contemporáneo difiere de un «estado» moderno, lo mismo que un «reino» del siglo IX tenía unas instituciones e idiosincrasia diferentes de las que tenía un «reino» en el siglo XVIII, pero la palabra «reino» o «estado» se utilizan de forma genérica para referirse a estas entidades políticas con gobierno, territorio y población definida. Desde esta perspectiva, considero que el significado legal, político e histórico de «reino de Navarra» encaja a la perfección con la definición de «estado», y este es el sentido en el que la utilizo.

Por lo que se refiere al concepto de «independencia» o «soberanía política», este tiene un profundo significado histórico. Que Navarra fue un estado independiente significa que, para asegurar su existencia como nación, la identidad y felicidad de sus habitantes y la preservación de sus libertades, este pueblo creó, defendió y mantuvo un estado durante mil años. Su territorio se extendía originalmente desde Atapuerca hasta Ribagorza. Prueba de ello son los torreones defensivos que se erigieron para defender sus fronteras. Entre 1035 y 1200 estados vecinos conquistaron sendos territorios al este y al oeste de la vieja Iruñea, desgajando Aragón, La Bureba, La Rioja, Gipuzkoa, Araba y Bizkaia, y otros muchos territorios de aquel original reino de Pamplona de principios del siglo IX. El Príncipe de Viana lo describió así: *«Utrimque roditur»*, me roen por todas partes.

Pero el estado navarro conservó su legislación original, los Fueros, y sus instituciones intactas. Esto significa que sustentó un poder ejecutivo, legislativo, judicial y administrativo propios, además de un sistema fiscal privativo, con aduanas y fronteras a todo lo largo de su perímetro nacional. Las cortes legislaron hasta su última sesión en 1829 sobre todos los aspectos referentes a la vida de sus ciudadanos, sin más limitación que la que aquella asamblea soberana se impuso a sí misma y la que la naturaleza confederal del reino exigía. Ciudades como Lizarra, Naxera, Donostia, Zangoza y Mutriku o valles como Larraun, Baztan, Durango y Erronkari, entre todos los demás, tenían sus propias leyes y gobierno. Obviamente, ninguna legislación extranjera limitó durante esos diez siglos la soberanía de las Cortes o la de las instituciones regionales de sus ciudades, villas y valles. En suma, no hubo más ley que la ley navarra y no rigió ningún otro régimen legislativo que el navarro durante mil años.

Lo mismo podemos decir del poder judicial, compuesto por jueces «de la tierra» que hablaban la «lengua de los navarros». Y durante mil años los habitantes de este país fueron juzgados según sus leyes por jueces legales nombrados por fuero. Y las leyes del reino establecían con toda claridad la independencia del judicial navarro con respecto a las cortes extranjeras al afirmar que los jueces debían ser «de la tierra» y juzgar con respecto a las leyes de cada estado, «si en Navarra, navarros, si en Castilla, castellanos, si en Aragón, aragoneses, si en Catalunya, catalanes, si en León, leoneses, si en Portugal, portugueses». La última instancia siempre radicó en los tribunales navarros.

El rey, el consejo real y la diputación del reino constituían los pilares institucionales del ejecutivo y el sistema fiscal se organizó de forma excepcionalmente efectiva con su sede en la cámara de comptos a partir de 1365. El rey de Navarra no fue nunca –ni de iure ni de facto– «rey de Castilla» ni la corona de Navarra estuvo –como se ha acostumbrado a repetir–

dentro de la de Castilla. Los reyes de Navarra fueron reyes del estado navarro, y a ello hacen referencia multitud de fueros y leyes anteriores y posteriores a 1512. Por lo que respecta a la Navarra peninsular, en virtud del pacto rubricado en las Cortes de Burgos el 11 de junio de 1515, los reinos de Castilla y de Navarra continuaron siendo dos estados independientes, aunque ambas coronas reposaran sobre la cabeza de una única persona que en adelante detentaría ambas dignidades, la de rey de Navarra por un lado y la de rey de Castilla por otro. El acuerdo, sancionado el 7 de julio de 1516, estipuló claramente que el reino de Navarra conservaba sus antiguos fueros, usos, leyes y costumbres, y las leyes 33, tít. VIII, lib. I y 59, tít. II, lib. I de la *Novísima Recopilación* son muy explícitas a este respecto. Por ejemplo, la Ley X «sobre las armas y letrero de la moneda de este reino», de 1576, recordó a Felipe IV de Navarra que en el estado navarro él no era sino rey de Navarra, como todos «los demás reyes que han sido en este reino, se han puesto sino reyes de Navarra, y no de España; pues aquella la hace como solo rey de Navarra, y en respecto de ella tampoco se puede decir: Philippus Secundus, sino Quartus». Dicho de otro modo, la persona que ejercía el título de rey de Navarra podía ejercer otros títulos en otras tierras, pero en Navarra sería considerado por ley tan solo en virtud de su título de rey del estado navarro y sería nombrado y titulado según la nomenclatura de la corona navarra. En suma, Felipe era rey de Navarra como Felipe IV y rey de Castilla como Felipe II.

En virtud de su juramento, el rey debía por fuero mantener a los vasallos en derecho y justicia, mejorar siempre sus fueros y no empeorarlos, deshacer las injusticias e infracciones legales, «repartir los bienes de la tierra con los naturales y no con extranjeros» y no podía admitir en su servicio y honores a más de cinco «hombres de otra tierra». El rey no podía congregar a las cortes sin consejo de los ricos hombres «naturales del reino», ni declarar guerra o paz, ni treguas, «ni otro granado fecho o embargamiento del reino» sin el consejo y participación «de los doce ricos hombres o doce de los más ancianos sabios de la tierra». Esto es, el rey del estado navarro no podía tomar ninguna decisión sin el concurso de las cortes y las demás instituciones del reino.

El estado navarro gozó de territorio, fronteras, aduanas y fiscalidad propia durante mil años. En Iruñea se acuñaron las primeras monedas estatales en el siglo XI, y las últimas en el XIX. Navarra gozó de una buena salud fiscal durante un milenio. El edificio gótico de comptos, uno de los tribunales de cuentas más antiguos de Europa, es testigo vivo de esta historia.

Lo mismo se puede decir de la hermandad, el señorío y la provincia entre los siglos XIII y XIX. En Araba, Bizkaia y Gipuzkoa no rigió más ley que la propia de la tierra, no existieron más instituciones que las propias del país, y no se dispuso de más autoridad que la autoridad de cada uno de los territorios. Y no se bebía más sidra que la del país. En cuanto a los estados del norte, el reino de Navarra, el bailío de Lapurdi y el país de Zuberoa también fueron estados independientes hasta 1789. Así lo demuestran las reuniones de las cortes o las juntas generales y su magna obra legislativa, y la vida misma del pueblo vasco y de sus estados hasta 1789 y 1841. La presencia del virrey o del senescal en Navarra, del baile (*bayle*) en Lapurdi o del corregidor en Araba, Bizkaia y Gipuzkoa como representante de la corona no suponía una merma de las capacidades institucionales ni la soberanía de estos países, donde se gobernaba según el fuero.

Traducido al plano personal, ello significa lo siguiente: alguien como Gregorio Urra, nacido en Estella en 1838, tenía carta de naturaleza (ciudadanía) navarra, y pasaporte navarro si decidía salir al extranjero; Gregorio, como cualquiera de nuestros antepasados, estaba aforado al sistema legal navarro y solo respondía ante las autoridades de su ciudad, villa o valle. Allí pagaba sus impuestos, ya que ningún habitante de esta tierra pagó más impuestos que los que debía a las arcas de su estado durante esos mil años. Si Gregorio quería importar o exportar mercancías extranjeras de Burgos, Soria o Zaragoza, debía pagar las tasas correspondientes según las leyes de comercio del estado navarro. Nunca tuvo que servir en otra milicia que las de su ciudad, ni más allá de las fronteras del reino, y no existía servicio militar. Gregorio habló euskera, y sabía castellano y algo de gascón. Estos no eran privilegios, era la ley.

En definitiva, es precisamente porque Navarra era un estado independiente en 1789, que la asamblea nacional francesa tuvo que abolir, de iure, los Fueros, el título de «Rey de Navarra» y todas las instituciones del estado navarro. Lo propio ocurrió en el sur a partir de 1812 cuando se quiso imponer en la alta Navarra la supresión del reino.

Segunda tesis. Las Guerras Carlistas fueron guerras en defensa de los Fueros.

Desde el restablecimiento de las instituciones forales en 1823, después de su abolición –a todas luces ilegítima e ilegal– en 1820, el pueblo vasco se preparó para su supervivencia institucional, organizando una fuerza cívico-militar armada, para la defensa de los Fueros. Esta defensa dividiría al país entre una mayoría fuerista realista, en defensa del statu quo anterior a 1834, y aquellos liberales que a pesar de su defensa del constitucionalismo apoyaron el mantenimiento de las instituciones forales vascas en el marco de la revolución liberal.

Obviamente, cuando a instancias de Francisco Martínez de la Rosa, presidente del consejo de ministros del estado español entre 1834 y 1835, la reina María Cristina promulgó el estatuto real de 1834, la diputación del reino y las juntas generales del resto de los estados vascos declararon «sin fuerza de ley» por el simple hecho de que, además de contravenir una gran cantidad de normas forales, no había sido aprobada por las diversas asambleas del país. A pesar de ello, el Gobierno de Madrid ordenó que se publicase en el *Boletín Oficial* de Pamplona. La Diputación de Navarra, que se reunió por última vez el 6 de septiembre de 1836, consideró, al igual que lo habían hecho los Estados Generales de la Navarra ultrapirenaica en 1789, que el requerimiento de que asistiesen representantes navarros a las cortes de Madrid era un contrafuero, contrario a la legislación e independencia del reino.

El Gobierno de Madrid reaccionó como lo había hecho el Gobierno de la Francia revolucionaria años antes: utilizando la razón de las armas. Desde Madrid se depuso arbitrariamente y en contravención de la legislación del país a la diputación el 7 de septiembre de 1836. Además, se ordenó la creación de una comisión provincial elegida a dedo, que se convirtió en la primera «diputación provincial».

Es obvio que el pueblo vasco reaccionó ante la supresión de sus leyes e instituciones privativas, como lo habría hecho cualquier otro pueblo, en defensa de su identidad.

Las carlistadas fueron dos guerras en Euskal Herria, la de los siete años (1833-1839) y la de los cuatro años (1872-1876); en suelo vasco no hubo tercera carlistada. El motivo, razón de ser y origen de estas guerras fue la defensa de los Fueros, lo que significa la defensa de la independencia política de los cuatro estados de Hegoalde. La «defensa de los fueros» significa la defensa de la legislación e instituciones que había regido en el país durante siglos, pero asimismo significaba la defensa de un «modo de vida» que se basaba en el sistema de organización sociopolítica y de explotación del medio muy particular, sustentado en gran medida en el cooperativismo, ya sea mediante la administración de los comunales, consorcios y otras formas mancomunadas de gestión de la tierra, como mediante las cofradías y otras instituciones cooperativas en las villas y ciudades del país. Todo ello explica que la mayoría de las gentes del país se alzara en armas en defensa de los Fueros, esto es, en defensa de las leyes y de las instituciones que habían gobernado sus vidas y las de sus antepasados durante un milenio. ¿Qué pueblo no lo habría hecho?

Se ha caracterizado al carlismo como un movimiento fanáticamente monárquico y religioso, dirigido a placer por las élites eclesiásticas y la oligarquía local. Esto es una caricatura historiográfica. No hay más que observar qué se incluyó en las leyes de 1839 y 1841 que dieron término al conflicto para entender cuáles fueron las razones que hicieron estallar aquellas guerras. Dichas leyes sellaron la Guerra de los Siete Años y, en consecuencia, es en ellas donde vemos las razones subyacentes al conflicto. La primera observación que podemos hacer es que no hay nada en la ley de agosto de 1841 en referencia a la religión o la monarquía, pero mucho acerca de los Fueros. A la ley de 25 de octubre de 1839 (publicada en la *Gaceta de Madrid* del 26 de octubre de 1839), se le dio el eufemístico nombre de «Ley de Confirmación de Fueros» porque eran los Fueros y no otra cosa la razón de ser y causa primera de aquella larga y sangrienta guerra.

La ley «de confirmación» de fueros constaba únicamente de dos artículos que, subrayo, hacen referencia obviamente a las causas radicales que dieron lugar a la contienda. El artículo primero expresaba que «se confirman los fueros de las provincias Vascongadas y de Navarra, sin perjuicio de la unidad constitucional de la monarquía». Esto es, en virtud de esa ley los estados vascos, antes independientes, pasarían a formar parte de la familia política constitucional, por lo que conservarían aquellas secciones de su legislación propia que «no perjudicase la unidad constitucional». De aquí se deduce lógicamente algo de gran trascendencia: de facto y de iure, había algo en la legislación de los estados vascos que «perjudicaba» la unidad del estado. Más aún, en virtud del artículo segundo, el Gobierno propondría a las cortes de Madrid la modificación de los Fueros vascos para «conciliar» los «intereses» de los estados vascos con el «interés general» del estado y de la constitución de la monarquía. Esto es, había algo en la legislación vasca que no dejaba «conciliar» la unidad política del estado.

Cuando el debate llegó a las Cortes, el ministro de Gracia y Justicia Lorenzo Arrazola, el ministro de la Gobernación Juan Martín Carramolino y el conde de Ezpeleta concurrieron en un debate en torno a la realidad jurídica de los estados vascos que se centró en el concepto de «sin perjuicio de la unidad constitucional». Carramolino expresó claramente en el debate parlamentario de Madrid del 25 de octubre de 1839 que jurídicamente las cortes de Madrid no tenían capacidad legal para legislar en Navarra ni, obviamente, para eliminar su legislación. El conde de Ezpeleta expresó que la fórmula legal «sin perjuicio de la unidad constitucional» carecía de fuerza legal y era por tanto inaplicable en lo referente al Reino de Navarra. Pero se pasó por encima de todos los razonamientos legales y se abolieron de forma totalmente ilícita aquellos artículos de los Fueros que impedían la conciliación constitucional. Eran artículos sobre carta de naturaleza, territorialidad, instituciones, fiscalidad y otros; en definitiva, todos aquellos en virtud de los cuales los estados vascos habían sido estados independientes. No hay más que leer la ley de agosto de 1841 para ver que se trata de una ley cuyo principal objetivo es convertir a un estado soberano en una provincia. La lógica subyacente al articulado de la ley es la siguiente:

1. Ocupación militar de Navarra e imposición del servicio militar. Art. 1 sobre la jefatura militar y art. 15 sobre servicio militar.
2. Imposición de una jefatura civil estatal en sustitución del ejecutivo navarro. Art. 13 sobre el jefe político.
3. Imposición de un gobierno estatal o «diputación provincial» en sustitución a la «diputación del reino». Arts. 8, 9, 10 y 11.
4. Imposición de un nuevo sistema de justicia en sustitución del sistema foral. Arts. 2, 3 y 4.

5. Imposición de una nueva organización municipal estatal, en sustitución del sistema foral, lo que supuso la supresión de fueros y ordenanzas que habían legislado durante siglos. Arts. 5 y 7.
6. Legislación sobre montes y pastos públicos, un primer paso a la política desamortizadora de futuros gobiernos liberales al legislar que las atribuciones de los ayuntamientos, relativas a la administración económica interior de los fondos, derechos y propiedades de los pueblos, se ejercerían bajo la dependencia de la diputación provincial. Arts. 6, 10 y 14.
7. Eliminación de la territorialidad navarra y sustitución del sistema foral de impuestos y aduanas. Arts. 16 a 25.
8. Establecimiento de un nuevo sistema de relaciones entre el estado navarro y la iglesia, en virtud del cual las facultades sobre dotación del culto y clero en Navarra se arreglaría según la ley general y a las instrucciones del gobierno del estado. Art. 26.

No hay nada ahí sobre monarquía ni religión, solo se habla de la eliminación de normas incompatibles con la unidad del estado, todas las cuales fueron suprimidas. Esto dio lugar a una segunda y sangrienta guerra carlista entre 1872 y 1876.

Tercera tesis. Guerra entre el constitucionalismo español y el foralismo vasco.

La guerra carlista fue, en consecuencia, la confrontación del naciente constitucionalismo español con el foralismo vasco. Es, en esencia, una reproducción de lo ocurrido en Iparralde entre 1789 y 1790 cuando la asamblea nacional asumió los poderes legales y políticos de los estados vascos transgrediendo ilícitamente la ley en vigor.

También en Hegoalde, el recién estado se construyó en patente violación de la legislación vigente en Araba, Bizkaia, Gipuzkoa y Navarra. Y ello fue lo que dio lugar a la guerra.

Ambos ejércitos estuvieron organizados, compuestos, dirigidos y sufragados por sus respectivos bandos. Por supuesto que hubo vascos liberales (representación del foralismo liberal o constitucionalismo foral) y españoles carlistas en las dos guerras que se lucharon en suelo vasco, pero el ejército liberal se organizó, compuso, dirigió y sufragó fundamentalmente desde Madrid, mientras que el ejército carlista estuvo organizado, compuesto, dirigido y sufragado fundamentalmente por las diputaciones y los ayuntamientos vascos. Hubo españoles, catalanes, aragoneses y gallegos en los batallones carlistas, pero la inmensa mayoría de la tropa y de la jerarquía militar era vasca. Y viceversa.

Se formó un estado carlista que organizó la vida administrativa en los cuatro territorios vascos durante las contiendas. Tal como apuntó Andres Urrutia, entre 1872 y 1876 se restablecieron las correspondientes diputaciones forales y la junta de merindades de Navarra como gobiernos forales con todas las atribuciones propias de un gobierno, y se suprimieron las leyes constitucionales tocantes a lo administrativo y el poder judicial. Dicho gobierno restableció, por ejemplo, el tribunal superior de Estella en agosto de 1874, con competencia territorial en los cuatro territorios vascos.

Las guerras carlistas fueron la confrontación armada entre dos realidades político-legales divergentes, la foral y la constitucional. La primera guerra carlista no es una guerra de independencia al uso, como las que lucharon Bolívar o San Martín en Sudamérica, ya que no se trataba de defender un ideal de independencia, sino la independencia de facto, el statu quo: Navarra era independiente y quería seguir siéndolo, y lo mismo cabe decir del resto de los territorios vascos. Alguien podrá argüir –contra toda evidencia y en contra de lo que escribieron los síndicos de los dos reinos de Navarra, Étienne Polverel y Ángel Sagaseta Ilurdoz, que proclamaron a petición y en nombre de sus instituciones y al amparo de ellas que en efecto eran estados independientes– que los estados vascos no eran soberanos en 1833. Podrán, tal vez, defender sus argumentos, pero está claro que el pueblo vasco no pensaba como ellos y por eso fue a la guerra: por mantener el statu quo político, legal y administrativo anterior a 1833. Ello significaba defender su modo de vida, su forma de explotación del medio y su identidad como pueblo. La verdad, como el corcho, no se puede mantener siempre debajo del agua.

Como ha documentado Esparza, el carlismo se enfrentó a la monarquía isabelina porque no respetaba los Fueros, y tomó la bandera de la monarquía y proclamó a Carlos VII como rey porque Carlos juró mantener y proteger los Fueros. Ahora bien, cuando al inicio de la guerra, Carlos de Borbón no respondía a la causa carlista, Zumalakarregi contempló sin problemas la posibilidad de declarar una república federal, siempre que se respetasen los Fueros. Así figura en la carta que el 9 de abril de 1834 José Antonio Zurbano, agente de negocios de la diputación provincial de Navarra en Madrid, dirigió al secretario de la misma, José Basset: «en atención a la inadtitud [inacción] y abandono con que mira la defensa de su causa Don Carlos, se declara el Reino de Navarra y provincias vascongadas en República Federal y para ello se convocarán a los estados, luego que las circunstancias de la guerra lo permitan». Resulta muy difícil negar la verosimilitud de esta noticia a la luz del enorme caudal de documentación que se descubre en este libro.

Cuarta tesis. El partido carlista, con Zumalakarregi a la cabeza, se alzó en armas en defensa de las libertades vascas.

La literatura ha dibujado a Zumalakarregi como un absolutista reaccionario «que apoyaba al infante Don Carlos en defensa de la monarquía tradicional». A la luz de la documentación que aporta este libro parece que el general no fue ni tan absolutista ni tan reaccionario como lo han querido ver. Al margen de sus opiniones políticas, que nunca dejó plasmadas, tal como anunció a sus tropas en una de las primeras proclamas que dio en Los Llanos de Estella, se levantó en defensa de los Fueros.

Si analizamos su pensamiento y sus ideas a la luz de los casi tres años de campaña en suelo vasco, emerge con claridad su firme compromiso con la defensa de los Fueros. Más allá de las etiquetas políticas que se le han asignado, Zumalakarregi se distinguió por su defensa apasionada de los Fueros, y mostró un compromiso arraigado con las tradiciones y los derechos locales. Este aspecto de su figura histórica cobra relevancia al analizar su papel en el contexto de la primera guerra carlista, en el que destaca su motivación por preservar las leyes, usos e instituciones privativas frente al intento de crear un estado centralizado bajo una constitución que nunca antes había existido. Esta crónica evidencia que la narrativa que lo retrata a él y, por extensión, al resto de los carlistas, como meros reaccionarios políticos y fanáticos religiosos no es sino una caricatura de la realidad. Esta visión parcial de los hechos ha sido desafiada por una comprensión más completa y documentada de las motivaciones y acciones del partido carlista durante este período crucial de la historia del país.

El éxito de Zumalakarregi no fue establecer una corriente de pensamiento o un ideal político, sino defender aquello que el pueblo vasco quiso defender. Por eso se convirtió en un líder indiscutido, porque supo ver o simplemente sintió con la mayoría del pueblo que su forma de vida estaba siendo desmochada sin derecho ni razón.

Quinta tesis. Sentimiento nacional e independentismo en el siglo XIX vasco.

Antes de 1789 en la zona norte del país, y antes de 1839 en el sur, hubo escasas expresiones de vasquismo o movimientos patrióticos vascos. Esta ausencia se debe a la falta de necesidad: hasta 1789 disfrutaban de su independencia, y de todas las libertades al abrigo de su aforamiento. No fue hasta 1789 que los vascos del norte comenzaron a expresar sus aspiraciones de restaurar la independencia perdida y a luchar activamente por la revitalización de la lengua y la cultura vascas en su conjunto. Antes de esto, las expresiones culturales vascas habían permanecido intactas porque durante siglos no habían sido sesgadas.

Como había ocurrido en el norte, el panorama cambió dramáticamente después de que la Guerra de los Siete Años y la legislación posterior a 1841 afectara al sur del Euskal Herria. En el sur, instituciones milenarias fueron abruptamente abrogadas, las leyes consuetudinarias anuladas y las expresiones culturales suprimidas prácticamente de la noche a la mañana. No es coincidencia que Eusko Pizkundea, el movimiento popular de renacimiento cultural vasco, surgiera en 1853, como respuesta a la erosión del patrimonio cultural catalizado por el establecimiento de los estados francés y español, y la imposición de políticas monolingües y monoculturales.

Las semillas del nacionalismo vasco echaron raíces gradualmente, y encontraron un terreno fértil, especialmente después de la conclusión de la segunda guerra carlista en 1876. No fue hasta el éxodo masivo provocado por los conflictos carlistas que los primeros indicios del nacionalismo vasco llegaron a las costas de las Américas. De hecho, no es casualidad que la primera euskal etxea, el primer centro vasco de América, se creara en 1876, y no es menos fortuito que la formación del primer «partido» nacionalista vasco, la Asociación Euskara de Navarra, se diera también en 1877, al término del segundo conflicto carlista. 1876 marcó un momento crucial en el surgimiento de movimientos políticos y culturales vascos organizados: era preciso ganar en el terreno político y cultural lo que se había perdido en el campo de batalla. Como habían hecho sus mayores, dedicaron sus esfuerzos a defender los Fueros. Los Euskaros crearon una sociedad para defender los intereses culturales vascos, y entre 1877 y 1878 se mostraron como fervientes partidarios de las leyes vascas y la independencia (en la forma jurídica de reintegración foral plena) durante la discusión en Madrid sobre la abolición de las leyes vascas.

A partir de 1876 se organizaron los primeros partidos políticos, y tras los acontecimientos que tuvieron lugar en Navarra durante la Gamazada de 1893 a 1894, se creó Euzko Alderdi Jeltzalea, el Partido Nacionalista Vasco. Durante el siglo XX, el proyecto de «reintegración foral plena» que nutrió las filas carlistas durante dos guerras generó el movimiento independentista de principios de siglo XX. Tras el final de la Primera Guerra Mundial en 1918, Francisco Basterretxea y otros antiguos carlistas sustituyeron el concepto de «reintegración foral plena» por el de «derecho de autodeterminación». En el fondo es el mismo mensaje, la devolución de la autoridad legal y política de la que gozaban los vascos con anterioridad a 1789. Es muy relevante señalar que aquellos que habían sido tachados de monárquicos y absolutistas radicales eran ahora republicanos, sin que mediara ninguna revolución. No hay apenas líderes nacionalistas vascos monárquicos entre 1918 y 1931. Como declaró Estanislao Aranzadi en Lizarra a finales del siglo XIX: «¡No queremos rey sin fueros, ni fueros con rey; queremos fueros sin rey!».

La idea de «reintegración foral plena» alimentó el sentimiento independentista vasco a partir de la desamortización civil de Pacual Madoz de 1855, y aún resuena en el sentimiento independentista vasco contemporáneo. Un pueblo no olvida 1.000 años de historia.

Otros libros de Txalaparta sobre historia del siglo XIX, carlismo y Fueros

Bernoville, Gaëtan. *La Cruz sangrienta. Historia del cura Santa Cruz.* 2000.

Esparza Zabalegi, Jose Mari. *¡Abajo las quintas! La oposición histórica de los navarros al Ejército español.* 1994.

——. *Biografía del Gernikako Arbola. Himno de Euskal Herria.* 2020.

——. *Gernikako Arbolaren Biografia. Euskal Herriko ereserkia.* 2020.

Estévez, Xosé. *Historia de Euskal Herria* T. II. *Del hierro al roble.* 1999.

Guzmán, Martín Luis. *Mina el Mozo. Héroe de Navarra.* 2003.

Irujo Amezaga, Xabier. *Gamazada. Batasunaren indarra.* 2023.

Irujo Ollo, Manuel. *Inglaterra y los vascos.* 2004.

Martorell, Manuel. *Radica. El pueblo en armas.* 2024.

Olóriz, Hermilio de. *La cuestión foral.* 1895, 1994.

Unamuno, Miguel. *Paz en la guerra.* 2008.

Zabalo, Joseph. *Xaho. El genio de Zuberoa.* 2004.

Este libro,
ZUMALACÁRREGUI Y LA REPÚBLICA DE LOS PIRINEOS,
se terminó de diseñar, componer y maquetar
en Elo-Monreal, utilizándose la familia tipográfica Celeste
creada digitalmente por Chris Burke en 1990,
en el 185 aniversario de la aprobación
de la ley del 25 de octubre de 1839,
que abolió casi definitivamente
los Fueros vasconavarros.

Aurkeztu dizugun liburuaren eduki, itxura edo inprimaketari buruzko iritzia guri helarazi nahi izanez gero, bidal iezaguzu. Zinez eskertuko dizugu.

La Editorial le quedará muy reconocida si usted le comunica su opinión acerca del libro que le ofrecemos, así como sobre su presentación e impresión. Le agradecemos también cualquier otra sugerencia.

EDITORIAL TXALAPARTA S.L.
San Isidro 35
31300 TAFALLA
Nafarroa
Tfno.: 948 70 39 34
txalaparta@txalaparta.com
www.txalaparta.eus